داستان پارسی

زبیگنیو

دگردیسی ناکام ایرانی

علی نگهبان

زبیگنیو

دگردیسی ناکام ایرانی

علی نگهبان

نام نبیگ: زبیگنیو، دگردیسی ناکام ایرانی

پدیدآور: نگهبان، علی

نوبت و جایگاه چاپ و پراکنش: دوم، ونکوور، کانادا ــ ۲۰۲۴

پراکنشگر: شهرزاد نامگ

شابک چاپ: ۴-۴-۹۸۶۹۳۲۱-۰-۹۷۸

شابک نبیگ رایانه‌ای: ۱-۵-۹۸۶۹۳۲۱-۰-۹۷۸

نام نبیگ به انگلیسی:

Zbigniew, a Persian Hapless Metamorphosis

گونه‌ی آرته‌ای: داستان (رمان)

نگارگر پوشینه: محمدرضا شاهینی

نشانی‌های شهرزاد نامگ:

رایانامه: shahrzadnamag@gmail.com

تارنما: www.shahrzadnamag.com

برای شهرزاد سلطان ♡

به کدامین مرز و بوم روی آورم؟ به کجا، به کدام سرزمین بروم؟ سپاهیان و پیشوایان از من دوری گزینند و برزیگران مایه‌ی خشنودی من نگردند. فرمانروایانِ دروغ‌پرستِ کشور با من ستیزه ورزند.
ای مزدا اهورا! برگو چگونه تو را خشنود توانم ساخت؟

گاثاها، هات ۴۶، بند ۱
برگردان: جلیل دوست‌خواه

از همه چیز بریده‌ام. بی‌تعلق. انگار من نبوده‌ام که آن زندگی را زیسته‌ام. احساس ورزشکاری را دارم که مسابقه‌اش را داده و حالا با خیال آسوده دیگران را تماشا می‌کند که دارند عرق می‌ریزند. آرامش یافتن وقتی نیست که کاری را با موفقیت تمام کرده باشی، بلکه وقتی است که مطمئن شده باشی که هر چه بوده، خوب یا بد، پیروزی یا شکست، برای تو تمام شده و بازیت را کرده‌ای. آرامش وقتی می‌آید که پرونده بسته شده باشد.

به همان اندازه که زندگی برای زبیگنیو تمام شده، برای من هم تمام شده. تنها فرق من و او در این است که من محکوم شده‌ام آن گذشته‌ی لعنتی را هر روزه دوباره زندگی کنم.

نگذاشتند بروم سر گورش یک گل بگذارم. شنیدم که روی سنگش نوشته‌اند ابوالحسن. این درست نیست. باید می‌نوشتند زبیگنیو. این اسمی بود که خودش انتخاب کرده بود، دوست داشت. دست کم می‌توانستند کنار ابوالحسن، توی پرانتز بنویسند زبیگنیو.

از آن آدم‌هایی بود که در می‌مانی چرا به کانادا آمده‌اند. کمی که خودمانی شده بودیم، همین را ازش پرسیدم. بی درنگ سؤال را به خودم برگرداند، "مگه من از بقیه چه کم دارم؟ خودت چرا اومدی؟" گفتم، "خیلی ممنون. جوابم را گرفتم."

زبیگنیو را نمی‌شد خارج از این دو قیافه دید، تی‌شرت سفید و شلوار جین نخ نما در هوای گرم؛ همان تی‌شرت و شلوار جین به اضافه‌ی یک ژاکت چرمی قهوه‌ای در روزهای دیگر. توی مغازه‌ی سیگارفروشیش هم همیشه پیراهن سفید و شلوار مشکی تنش بود. موی سرش را نه تیغ می‌زد، نه می‌گذاشت بلند شود، آن را در اندازه‌ای نگاه می‌داشت که نشود شانه کرد. ریش و سبیل سیاه-سفیدش را هم هفته‌ای یک‌بار می‌تراشید.

روزی که زبیگنیو را در پارک ویکتوری اسکوئر کتک‌خورده و زار دیدم، کنار دوچرخه‌اش افتاده بود. آن دوچرخه هم یکی دیگر از اندام‌های جدانشدنی او بود. هرگز نمی‌شد او را بی دوچرخه دید. آن روز آفتابی تابستان، داشتم از کلاس زبان برمی‌گشتم که شنیدم یکی از داخل پارک داد می‌زند، "خواهر و مادرتونُ گاییدم خواهر جنده‌ها."

من از آن آدم‌هایی نیستم که به دعواها و معرکه‌گیری‌های خیابانی توجه می‌کنند یا خودشان را در آنها دخالت می‌دهند، ولی آن صدا کنجکاوم کرد. نه تنها انگلیسی را با لهجه‌ی غلیظ فارسی حرف می‌زد، بلکه فحش‌هایش هم ترجمه‌ی فحش‌های ایرانی ناب بود. به خواهر و مادر طرف بد و بی‌راه می‌گفت، نه به خودش. غربی‌ها این جوری فحش نمی‌دهند. اگر هم یادی از خانواده‌اش بکنند، طوری است که سرزنش متوجه طرف درگیری باشد و نه خانواده‌ی او. برای نمونه می‌گویند "مادر خودتُ گاییدی"؛ که در واقع خود پسر به دلیل کار ناروا سرزنش می‌شود، نه مادرش. ولی در فحش‌های ایرانی سرزنش پسر برای این است که مادر یا خواهرش کاری ناروا می‌کنند و او عرضه‌ی فرمان‌روایی بر آنها را نداشته است. راهم را کج کردم و به سمت صدا رفتم. خودش را سینه‌خیز به سمت نیمکتی می‌کشید که در چند قدمی‌اش بود. سه نفر را دیدم که دوان دوان به سمت چهار راه می‌دویدند و به داخل خیابان هیستینگز پیچیدند. چشمش که به من افتاد وارفت. انگار خجالت کشید. از ریخت من فهمیده بود که ایرانی هستم. ما ایرانی‌ها دوست نداریم نزاری و ناتوانی‌مان را آشنایان ببینند. پرسیدم چه شده. گفت، "داشتم رد می‌شدم که یهو این دزدای بی شرف افتادن دنبالم. اومدم گورَمو گم کنم در برم، رفتم تا دم اون پارک آشغالدونی که اون مادر به خطا لگد زد به دوچرخه‌م، افتادم زمین. می‌خواستن کیف پولَمُ قاپ بزنن. نذاشتم."

کمکش کردم روی نیمکت بنشیند. دوچرخه‌اش را هم کنارش گذاشتم. تی‌شرت سفیدش خاکی شده بود. شقیقه‌اش خراش برداشته بود و خط نازک سرخی تا پیشانیش کشیده شده بود. تی‌شرتش را بالا زد و با آن خون روی شقیقه‌اش را پاک کرد.

دستمالی از کیفم در آوردم و خواستم قطره‌ی خون گوشه‌ی چشمش را پاک کنم که متوجه شدم چشم راستش عیب دارد. به جای مردمک، عنبیه و مخلفات دیگر، یک تیله‌ی خاکستری سفید بی هدف توی کاسه چشمش می‌چرخید. اجازه نداد به پلیس زنگ بزنم؛ چرا که معتقد بود آنها کاری نمی‌کنند. دو ساعت تو را سین جیم می‌کنند و وادارت می‌کنند چهل نمونه فرم پر کنی و ازت امضا می‌گیرند. آخر سر هم تنها چیزی که دستگیرت می‌شود این است که برای خودت یک پرونده‌ی قطور در اداره‌ی پلیس درست کرده‌ای. نگفت که توی آن پارک چه می‌کرده. آن پارک جایی نیست که انتظار داشته باشی یک کاسب تنهای ایرانی نیمه‌ی روز کارش را رها کند و برای هواخوری به آنجا برود. زبیگنیو لبخندی زد و گفت همین جوری از آنجا رد می‌شده. بعدها که با هم ندار شدیم گفت که رفته بوده ماری‌جوانا بگیرد.

کارت نشانی مغازه‌اش را داد و ازم قول گرفت که به‌اش سر بزنم. اسمش را از روی کارت خواندم: زبیگنیو.

فکر کردم کارت باید مال صاحب مغازه یا همکارش باشد. فکر نمی‌کردم که یک ایرانی بتواند اسم خودش را زبیگنیو بگذارد. گفت، "چندتا سیگار برگ اعلا برات کنار می‌ذارم، بیا مغازه بگیر."

اگر اسمش یک اسم معمولی ایرانی بود، بعید بود که به‌اش سر بزنم. ایرانی معمولی مثل محمد و مریم و فرهاد را فراوان دیده بودم و انگیزه‌ای برای دیدن آن جور آدم‌ها نداشتم.

حالا به من بسته‌اند که باعث مرگ او شده‌ام. بی‌خود می‌گویند. زبیگنیو تنها دوست من بود.

آن‌قدر که در مرگ پدرم گناهکار هستم، در مرگ زبیگنیو نیستم.

پدرم خودش را به آب و آتش زد تا مرا نجات دهد، فراری دهد. من این را می‌دانستم و هیچ نگفتم. حتا ازش نپرسیدم که تکلیف خودش چه می‌شود. او همه‌ی جان و مالش را به خطر انداخت تا مرا به خارج بفرستد، در حالی که خودش توی سیاهه‌ی وزارت اطلاعات بود. گفت، "من هیچ چیز دیگه‌ای ندارم که از دست بدم. تو که بری، دیگه هیچ نگرانی ندارم."

پدرم یک قاچاقچی پیدا کرد و کلی پول داد تا مرا از کشورم خارج کند. گفت، "وقتی صدات را از اون‌طرف دنیا بشنوم، یک نفس راحت می‌کشم."

من نقطه ضعفش بودم. گفت، "تو که بری، سه‌تا چیز دیگه برام می‌مونه؛ فکرم، جسمم و اموالم. فکرم که قابل تملک هیچ‌کسی نیست. جسمم هم که کارشُ کرده و برام مهم نیست که چی به‌سرش بیاد. می‌مونه اموالم؛ اون هم که دار و ندارم همین چندتا کتابه، که از هر کدومشون یه کپی گرفته‌ام، اینجا." انگشتش را روی شقیقه‌اش گذاشت. "همه چی مرتبه. جای هیچ نگرانی نیست. لا تخافوا و لا تحزنوا." حرفش را با آیه‌ی قرآن تمام کرد.

حالا من این برِ دنیا تمرگیده‌ام، ولی دیگر پدری نیست که صدایم را بشنود و نفس راحت بکشد. گمان هم نمی‌کنم این صدایی که این برِ دنیا از من در می‌آید، از آن صداهایی باشد که بشنود با آن نفس راحت کشید. این چُس‌ناله‌ها را هر کسی که بشنود بیشتر غم‌باد می‌گیرد. شاید پدرم هم برای همین زود دق مرگ شد. وقتی می‌دید پسری که آن همه آرزو برایش داشت، بعد از هشت سال هنوز

نتوانسته جز شغل شریف روزنامه پخش‌کنی کاری پیدا کند، خوب معلوم است که دق می‌کند. این جور پسری به درد لای جرز می‌خورد! باز هم خوب شد که نماند تا ببیند پسرش چه دسته‌گل‌های دیگری دارد که به آب بدهد. پسری که حتا جُربزه‌ی خودکشی هم ندارد.

ولی به هر کسی که اینها را می‌گویم جواب می‌دهد که به جایش آزادم. من آزادم؟ ما به راستی آزادیم؟ البته که آزادی هست. آن جاست. ما استطاعتش را نداریم. من عادت داشتم که کارم را تحقیر کنم. فکر می‌کردم اگر آزادی داشتم، کاری خیلی بهتر از کتاب‌فروشی می‌توانستم پیدا کنم. تازه فهمیدم که اول باید شغل خوب پیدا کنی، بعد هوس آزادی به سرت بزند. اگر قرار بود با پخش روزنامه به آزادی برسی، مطمئن باش بیل گیتس هم هر روز کله‌ی سحر روزنامه پخش می‌کرد.

می‌دانید؟ همچو چیزی دروغ است که بگوییم ما آزادانه میهنمان را انتخاب می‌کنیم. معنی ندارد. تو نمی‌توانی سرزمین مادری‌ات را کنار بگذاری و یکباره سرزمین نو را بغل کنی. شورت و جوراب که نیست. سرزمین مادری یعنی خودِ تو. یعنی چیزی که وجودت ازش درست شده. من یک کهکشان نظریه و بهانه و توجیه‌گری در باره‌ی مهاجرت خوانده‌ام ولی هیچ‌گاه قانع نشده‌ام. از همه‌شان غلط‌اندازتر حرف‌هایی شبیه این است، "کانادا به فرهنگ شما احترام می‌گذارد. به شما اجازه می‌دهد که هویت خود را حفظ کنید. پس بیایید با خیال راحت در ساختن آن بکوشید."

به همین آسانی؟ آنها گفتند و ما هم باور کردیم. باید به‌اشان گفت احمق خودتانید. آیا آنها نمی‌توانند بفهمند که اگر من کشورساز بودم، توی سرزمین مادری‌ام می‌ماندم و همان‌جا را آباد می‌کردم؟

البته که آنها احمق نیستند. آنها مردمی بسیار زرنگ‌تر و حساب‌گرتر از من هستند. شکی نیست. برای همین هم هست که به امثال من شغلی بالاتر از ظرف‌شویی یا راننده تاکسی نمی‌دهند. خوب، معلوم است که شغل‌ها هم سلسله مراتب دارند. همه چیز دارد. خود ما مگر نداریم؟ من را که می‌بینی، اینجا توی سلسله‌ی بازنده‌ها تشریف دارم. وقتی کسی مثل من رزومه‌اش را به یک کارفرما می‌دهد، طرف چه می‌بیند؟ یک بازنده که جَنَمش را نداشته

توی مملکت خودش کار کند و موفق شود. معلوم است که مهاجرها همه یک مشت بازنده هستند. همین مهاجر بودنشان به تنهایی حرف مرا تأیید می‌کند. نمی‌شود که توی زادگاه خودت موفق باشی و باز هم مهاجرت کنی. اگر موفق بودی، پس چرا همان‌جا نتمرگیدی برای خودت صفا کنی؟ لابد می‌گویند آمده‌اند اینجا موفق‌تر باشند. این پسوندِ "تر" مرا کشته. حالا با پر رویی توی رزومه‌اش نوشته که من چنین و چنان شایستگی‌ها و تجربه‌های مدیریت و مدرک و چی و چی دارم. آنجای آدم دروغگو. کارفرما هم می‌گوید، "تو؟ همین تویِ ورشکسته که تو مملکت خودت هیچ گُهی نتوانستی بخوری، حالا ادعا می‌کنی که می‌توانی به شرکت من کمک کنی تا به هدف‌هایش برسد؟ گوز تو بازار مسگری و لاف در غریبی."

شکوه خلیج فارس اما یک چیز دیگری است. درخت‌های کاج و سروهای خمره‌ای استنلی پارک در این طرف و برج‌های خلیجک بورارد در آن طرف. قبول دارم که زیبا هستند. ولی من نمی‌توانم چیزی در باره‌شان بگویم. دیدن چیزهای زیبا به تنهایی کافی نیست تا بتوانی آن زیبایی را حس کنی، وصفش کنی. چیز دیگری لازم است. می‌دانم که میدان شوش چه زشت است، یا خیابان امیرآباد چه بلبشویی است. اما هر لحظه وسوسه می‌شوم که آن همه زیبایی‌شان را بنویسم. حتا زشتی‌هاشان هم برای نوشتن زیباست. چیز دیگری غیر از این‌هاست که به نوشتن وامی‌داردت. چیزی مثل تعلق. من همیشه از مالکیت بیزار بوده‌ام. می‌گویند تمدن وقتی پیدا شد که انسان توانست مفهوم مالکیت را سر هم کند. چه ننگی بالاتر از این؟ اما چیزی بین تو و زادگاهت هست که می‌تواند به نوشته‌ات جان بدهد، گوشت و گرما بدهد. اگر ندانی برای که یا چه می‌نویسی، نمی‌توانی بنویسی. اگر هم بنویسی، یاوه از کار در می‌آید. اینجا فقط می‌توانم بگویم که چشم‌انداز لاینزگیت عالی است. بیشتر از این نمی‌توانم بگویم. حسی دارم. حس می‌کنم کاج‌های خمره‌ای استنلی پارک، همین‌طور که در باد می‌رقصند، به آواز به من می‌گویند، "ما تو را نمی‌شناسیم. تو ما را نمی‌شناسی." حسی دارم، حس اینکه من اینجا چه‌کاره‌ام. مایه‌ی شرمندگی است اگر این حس، حس مالکیت باشد. اما نه. این نیست. چون من که مالک میدان شوش هم نیستم. آنجا هم چیزی ندارم.

برای من دیگر کافی است دنبال آزادی دویدن. تا آنجا که می‌توانستم، دویدم. این چند سال را هم که در همسایگی‌اش زندگی کردم. باید خریدش. ولی من نمی‌توانم. درآمد کسی مانند کارگر پمپ بنزین یا امور مشترکان شرکت تلفن بِل یا کارگر فروشگاه زنجیره‌ای والمارت که کفاف خرید آزادی را نمی‌دهد. پدرم فکر می‌کرد که هزینه‌ی آزادی همه‌اش همان است که در ایران می‌پردازد. یعنی بازجویی‌ها و شکنجه‌ها و در آخر هم پول دادن به دلال و قاچاقچی و خروج از مرز. انگار یک حکم ازلی است که ما فکر می‌کنیم تنها با پناه بردن به غرب می‌شود از دیکتاتوری فرار کرد. پیش از اینکه غرب غرب بشود، فراریان از دیکتاتوری چه کار می‌کردند؟ به کجا پناه می‌بردند؟

با یک وکیل مهاجرت تماس گرفتیم. قبل از امضای قرارداد، پدرم
ازش پرسید که چقدر طول می‌کشد تا ویزا به دستمان برسد. وکیل
گفت، "حدود سه سال." پدر قرارداد را امضا نشده گذاشت روی میز
و بلند شد. وکیل گفت، "امضا، کاوه جان."

پدر جواب داد، "ویزای سه سال دیگه برای سر قبر من خوبه. این
بچه باید هر چه زودتر در بره."

چند روزی دنبال قاچاقچی بودیم. پدر به دوستان و خویشان سفارش
کرد. با چند نفر هم صحبت کرد ولی معامله‌شان نشد؛ اعتماد
نمی‌کرد.

پدرم خودش را می‌خورد. مرتب به من سفارش می‌کرد که آفتابی
نشوم. با دوستش پرویز که در فَشَم زندگی می‌کرد تماس گرفت و
قرار گذاشتند که من بروم و مدتی در زیرزمین خانه‌ی او مخفی
شوم. گفتم، "بابا، تو خیلی حاج باقر رو گنده کردی. اون یه حرفی
زده. مگه آدم کشتن کشکه."

پدرم پشت میز کارش نشسته بود و صورت‌حساب‌های کتاب‌فروشی
را راست و ریست می‌کرد. کاغذها را توی کشو ریخت و آن را
محکم بست. درِ مغازه را بسته بودیم. پدر سرم داد کشید، "از این
نانجیب هر کاری بر می‌آد. اینا از هیچی نمی‌ترسن. بچه، تو
نمی‌دونی. خواهر منو همینا کشتن. شوهرشو اینا کشتن. می‌خوای ده
تا از دوستای صمیمی‌مو اسم ببرم که اینا کشتن؟ کشکه. معلومه
کشکه. کی می‌تونه جلوشون وایسه. از من چه کاری بر می‌آد؟"

ساکت شدم. ما گاهی بحث سیاسی می‌کردیم، ولی پدر دیگر تمایلی نشان نمی‌داد. بیشتر بحث‌های فلسفی می‌کرد. می‌گفت دیگر به سیاست باخته است. نمی‌خواست خاطره‌های زندان خودش و اعدام خواهرش و دوستانش را به یاد بیاورد. صدایش می‌لرزید و چشم‌هایش انگار از برق زدن افتاده بود. حالا به روشنی می‌دیدم که بحث نمی‌کند. در چشم‌هایش خواهشی موج می‌زد. انگار از من می‌خواست که حرفش را همان‌جور که هست بپذیرم. دیگر خودش را به تمامی بی دفاع می‌دید. می‌دانستم که همه امید و آرزوهایش را در من خلاصه کرده. نمی‌توانستم جلز و ولز کردنش را ببینم. گفتم، "قبول. پس برنامه اینه که بنده برم منزل آقا پرویز، آب خنک؟ باشه، به روی چشم. کی؟"

گفت که شب پیش خوابش نبرده بود. همه‌اش دلواپس بوده و تا صبح به خودش لعنت می‌فرستاده که چرا حرف باقر را جدی نگرفته. گفتم، "خوب یک زنگی به آقا پرویز بزنیم و راه بیفتیم."

پدر گفت که آنها صحبت‌هایشان را کرده‌اند و پرویز می‌داند که ما داریم می‌رویم. به تلفن هم نمی‌شود اعتماد کرد، چون آن بی‌شرف‌ها همه چیز را کنترل می‌کنند. ساعت نه شب بود و تیر ماه. پدر کشو میز را قفل کرد و کرکره‌ها را کشید. من کلید ماشین را برداشتم و رفتم بیرون. خیابان داشت از تب و تاب می‌افتاد. رفت و آمد کمتر شده بود. رفتم به طرف ماشین که جلو مغازه پارک شده بود. پدر گفت که با ماشین نمی‌رویم. پیاده به سمت میدان امام حسین راه افتادیم که سد متری بیشتر دور نبود. یک تاکسی دربست کرایه کردیم. پدر خواست که اول سری به آیواز بزنیم. آیواز تأمین‌کننده‌ی ودکایمان بود.   صدای پدر را می‌شناخت و ازش اسم رمز نمی‌پرسید. ولی گاهی که من می‌رفتم، تا اسم رمز را نمی‌گفتم، در را باز نمی‌کرد. زنگ که می‌زدم، می‌پرسید، "کیه؟" جواب می‌دادم، "بوشهری." دوباره می‌پرسید، "کدام بوشهری؟" می‌گفتم، "ناخدا بوشهری." بعد در را باز می‌کرد. یک دبه ودکا گرفتیم. پدر از آیواز پرسید کسی سراغ دارد که آدم رد کند. آیواز گفت که دامادش کسی را می‌شناسد و او را به سراغ ما می‌فرستد.

دم میدان ورودی فشم از تاکسی پیاده شدیم و کوچه‌های سنگ‌فرش را پیاده رفتیم. همین که پرویز در را باز کرد، با عجله وارد شدیم و در را پشت سرمان بستیم. توی حیاط دو تا درخت گردوی تنومند

بود. دستشویی هم پایین کنج حیاط بود. دیوارهای حیاط از سنگ و ساروج بود. از پله‌ها بالا رفتیم و وارد ایوان شدیم. در دو انتهای ایوان، آشپزخانه و اتاق‌خواب‌ها بودند و در میان اتاق نشیمن و پذیرایی قرار داشت.

پرویز بساط عرق‌خوری را جور کرد. دبه‌ی پلاستیکی عرق- سگی را هم خالی کرد توی چندتا شیشه‌ی ودکای روسی و گفت، "حالا دیگه خیال‌مون راحته که ودکای اصل می‌خوریم."

مبل‌ها را به عقب هل دادیم. میز چای‌خوری را هم کناری گذاشتیم. یک قالی نایین وسط اتاق پهن بود. پرویز سفره‌ی کوچکی را وسط قالی پهن کرد و سه تا پشتی ترکمنی دور آن گذاشت. ودکا را با ماست و خیار، کالباس، نان و زیتون سیاه رودبار توی سفره چید.

یکی دو پیک زده بودم و سرم کمی گرم شده بود. پدر جعبه‌ی سیگار را جلو پرویز گرفت و او هم یک نخ از آن بیرون کشید. پدر فندک را زد و سیگار پرویز را روشن کرد. من هم دلم می‌خواست بکشم ولی تا آن وقت جلو پدرم نکشیده بودم. نمی‌دانستم که او خبر داشت که گاهی می‌کشم یا نه. پرویز پکی به سیگار زد و همراه با بیرون فرستادن دود گفت، "همه‌اش زیر سر همین باقر بی‌شرفه. یادمه یه بار برام تعریف کردی که دوران بچگی با هم همبازی بودین. درسته؟"

پدر یک پیک دیگر را یک‌نفس سر کشید، قاشقی ماست و خیار هم پشتش. پرویز به پشتی تکیه داد و با گفتن "ببخشید، با اجازه" پاهایش را دراز کرد. پدر به پشتی کاری نداشت. چهار زانو نشسته بود. عادت نداشت نیمه‌خوابیده خود را ولو کند. همیشه می‌گفت، "اگه به پشتی تکیه می‌دی، یا باید خان باشی یا آخوند، یا هم بواسیر داشته باشی."

پدر پک عمیقی به سیگارش زد، "بچه که بودیم همبازی بودیم. تو نوجوونی همدرس بودیم. تو دوره‌ی جوونی و جاهلی و زمان طلبگی، همحجره بودیم."

پرویز زیتونی را در دهان گذاشت. "تو رو چه به حجره. چه جوری سر از اونجاها در آوردی؟"

پدر ماجرا را نقل کرد. هنوز جزء به جزء در یادم مانده. زندگینامه‌اش را چندین بار از زبانش شنیده‌ام.

"نمی‌دانم چند سالم بود. گمانم کلاس پنجم یا ششم بودم. یک روز توی کوچه با همین باقر و چندتا بچه‌ی دیگر داشتیم هفت سنگ بازی می‌کردیم که صدای نکره‌ای عین ماغ کشیدن دم صبح ماده گاو خاله گوهر پرتم کرد بالا. حواسم را که جمع کردم، دیدم شیخ اسحاق بالای سرم ایستاده و تسبیح می‌شمارد. مثل چوب الف خشک ایستادم و سلام کردم. قدش بلند بود و بزرگی شکمش توی آن لباس سر تا پا گشاد آخوندی گم شده بود. پرسید، "بچه، پدرت خانه هست؟"

دستش را به سمت من دراز کرده بود تا به بچه‌های دیگر بفهماند که خطابش با من است. با آن آستین گشاد و قبا و عمامه، آدم را به یاد موسا می‌انداخت که در کتاب تعلیمات دینی در حال هدایت قوم یهود برای عبور از رود نیل تصویر شده بود. جواب دادم، "بله، حاج آقا. الآن می‌رم صداشون می‌کنم."

در سنگین چوبی خانه را هل دادم. پدر و مادرم توی ایوان نشسته بودند و چای عصرانه می‌خوردند. سه دری چند پله از کف حیاط بالاتر بود. مادرم همین که مرا دید، گفت، "تو این گرما پاک سوختی، پسرم. بیا یه کم تو سایه خنک شی. از سر صب تا زرده‌ی شوم تو کوچه‌ای."

توی حرف مادرم پریدم، "بابا، شیخ اسحاق کارتون داره."

پدر بلند شد و اول روی رادیوی لامپی را با یک پارچه قلمکار پوشاند و بعد به سمت در رفت. مادر هم وسایل چای را تند تند جمع کرد و به آشپزخانه رفت. اواخر تابستان بود. می‌دانستم که باید بمانم و تا شیخ اسحاق هست، وظیفه‌ی رفت و آمد بین ایوان و آشپزخانه را به جا بیاورم. طولی نکشید که صدای "یا الله" گفتن شیخ اسحاق بلند شد. پدرم که همراهش بود، جوابش را داد، "بفرمایید." مادرم در آشپزخانه پناه گرفته بود. شیخ اسحاق دم در اتاق نعلینش را در آورد. پدر رو به روی شیخ دو زانو نشست. شیخ به پشتی تکیه زده بود. پدر مرا صدا کرد که چای ببرم. به آشپزخانه دویدم. مادر استکان‌های کمرباریک و نعلبکی‌های مخصوصی را که فقط وقتی مهمان داشتیم ازشان استفاده می‌کرد، توی سینی گذاشت و دو تا چای جگری که بخار ازشان بلند می‌شد ریخت. سینی را به ایوان بردم.

شیخ اسحاق مشغول صحبت بود، "نمی‌خواهی در روز قیامت سرافراز باشی و پیش مولا علی رو سفید؟ تو می‌خواهی فردا که بازنشسته شدی زیر این سقف آواز بهشتی قرآن و نهج‌البلاغه بپیچه یا رنگ باباکرم و ترانه‌ی گوگوش؟"

پدر کمی جابه‌جا شد، "حاج‌آقا شما صحیح می‌فرمایین. خیلی ممنون از راهنمایی‌تون. چند سال دیگه. انشالا وقتی که یک ذره خوب و بد بیشتر حالیش بشه، می‌فرستمش حوزه. چه سعادتی بالاتر از این؟"

حاج‌آقا یک حبه قند را در استکان چای فرو برد و فوری در دهان گذاشت و چای را پشت آن سر کشید. کمی جابه‌جا شد و گفت، "این پسر ماشاالله عاقل است و بالغ و صاحب قوه‌ی تمیز. حیف است که در این مدارس عرفی به بطالت بگذراند. مگر چه یادشان می‌دهند؟ کدام جانور بچه می‌زاید، کدام جانور جفتک می‌اندازد. با این تعالیمی که توی این مدارس می‌دهند، بچه دیگر به حرف بزرگ‌تر اعتنا نمی‌کند. تا فکرش را خراب نکرده‌اند و از‌تان حرف‌شنوی دارد، بفرستیدش برود علوم الاهی و قرآنی کسب کند. نگذارید دیر بشود."

پدر سرش را تکان داد و حرف حاج‌آقا را تأیید کرد، "صحیح می‌فرمایید حاج‌آقا. مدرسه‌های دولتی که ادب و معرفت یاد بچه‌ها نمی‌دهند."

حاج‌آقا ادامه داد، "حالا شما انتظار دارید که فردا برای آمرزش امواتشان خیرات بدهند؟ فکر می‌کنید که شب جمعه سر مزار والدینشان یاسین بخوانند؟ والله به خدا قسم این بچه‌هایی که به این مدارس می‌روند به همه‌ی راه و رسوم ما پشت می‌کنند. اینها همه‌ی کتاب‌هایشان را از فرنگ می‌آورند، همه درس‌هایشان راجع به سگ است و خوک و الاغ. به اینها حتا یاد می‌دهند که آدم نعوذ بالله از نسل میمون است. استغفرالله."

فنجان‌های خالی چای را توی سینی گذاشتم و به آشپزخانه بردم. مادرم پشت در ایستاده بود. سینی را از دستم گرفت و چشم به دهان من منتظر ماند. انگار قراری بین‌مان بود که هرگاه پدرم مهمان غریبه‌ای داشت، گزارش لحظه به لحظه‌ی آن را در فاصله‌ی بردن چای و میوه و تنقلات به مادر بدهم. مادر تا زمانی که مهمان نرفته بود از آشپزخانه بیرون نمی‌آمد. گفتم که شیخ می‌خواهد مرا به

مدرسه‌ی آخوندی ببرد. ذوق‌زده شده بودم. مادرم ساکت مانده بود. حبه قندی را به تندی توی دهانم گذاشتم. مادرم دست به کمر زد و گفت، "که آخوند بشی؟ کور خونده." مکثی کرد و باز پرسید، "خوب بابات چی گفت؟"

گفتم، "بابا چیزی نگفت. آخه اون خیلی دلیل آورد."

مادر پرسید، "قبول کرد؟"

فکر کردم مادر مدرسه‌ی علمیه را نمی‌شناسد. به همین خاطر چیزهایی را که از شیخ شنیده بودم تعریف کردم، "می‌گه تو مدرسه علمیه درس سگ و گربه نمی‌دن. سر قبر مرده‌هاشون هم قرآن می‌خونن. تازه بابا کرم هم نمی‌رقصن."

مادر خندید و ظرف میوه را به دستم داد که ببرم. گفتم، "فکر کنم بابا می‌دونست که حاج‌آقا از رقص بابا کرم بدش می‌آد. برای همین هم رادیو را قایم کرد."

مادر هیس کرد. ساکت شدم و میوه‌ها را به ایوان بردم. توی ظرف مقداری رطب، زردآلو، انجیر و انگور بود. حاج‌آقا رو به من گفت، "به به، دست شما درد نکند آقا غلام‌عباس. ماشاالله، چه جوان رشید و معقولی. خدا حفظتان کند."

می‌دانید که، اسم من آن‌وقت‌ها کاوه نبود. بعد که طلبگی را طلاق دادم، اسمم را از غلام‌عباس به کاوه عوض کردم. البته به پدرم خیلی برخورد.

پدر جواب داد، "به لطف شما. خدا شما را هم برای ما حفظ کند."

حاج آقا انجیری برداشت و گفت، "می‌دانید انجیر یکی از معدود میوه‌هایی است که در قرآن ذکر شده؟ والتّین. قسم به انجیر. خداوند به انجیر قسم می‌خورد. خیلی مقام دارد، انجیر."

پدر سر تکان داد. حاج آقا انجیر را در دهان گذاشت. با برداشتن هر میوه‌ای، چیزی در باره‌ی خاصیت آن یا رابطه‌ی آن با خدا و دین می‌گفت. وقتی حاج آقا از خوردن میوه دست کشید، با اشاره‌ی پدر چای دوم را آوردم. حاج آقا تعارف پدر برای شام را قبول نکرد و گفت، "مهمی هست که باید تا قبل از صلات مغرب ادا کنم. شما هم زودتر مقدمات سفر آقازاده را مهیا کنید. خیر است، انشاالله. تعلل نکنید."

بعد فهمیدم که کار مهم دیگری که شیخ اسحاق آن روز عصر داشت، راضی کردن پدر باقر بود. این شد که من و باقر طلبه شدیم و همحجرهای."

همین باقر که همبازی بچگی و هماتاق جوانی‌های پدرم بود، سرسخت‌ترین دشمنش شد. خواهر و شوهر خواهرش را به اعدام سپرد. بعد هم همیشه دنبال این بود که برایش پاپوشی درست کند تا کلک خودش را هم بکند. دست آخر آقا هنر کرد و مرا به این جهنم دره فرستاد. زورم می‌آید که فراری شدن من هم نتوانست دل باقر را خوش کند و باز هم با او آنچه می‌خواست، کرد. کتاب‌فروشی را که تنها منبع درآمدش بود، آن‌جوری نابود کرد. عاقبت خودش را هم زیر آن همه فشار خرد کرد. فکر می‌کرد خیلی زرنگی کرده که من در کشوری آزاد، دارم با عزت و احترام زندگی می‌کنم. خوب شد معنی عزت و احترام را هم فهمیدیم. در واقع به من گفتند، "برو گم شو."

حالا من هم گم شده‌ام. اینجا که دیگر من، من نیستم. نیم من هم نیستم. بابا، اگر در ایران ما را تعقیب می‌کردند، برایمان مأمور می‌گذاشتند، تلفن‌هایمان را کنترل می‌کردند، شکنجه و اعداممان می‌کردند، برای این بود که کسی بودیم؛ وزنه‌ای بودیم. به‌امان بها می‌دادند. اینجا چه؟ کسی ما را به تخم چپش هم نمی‌گیرد. آنها در ایران خرند که با کشتن آدم‌هایی مثل من بابای خودشان را بدنام می‌کنند. باید از اینجایی‌ها یاد بگیرند. لازم نیست که آدم را بدنی بکشند. کافی است که به آدم محل سگ نگذارند. این از مرگ هم بدتر است. دیگر نه قهرمان هستی، نه مبارز؛ نه حتا احساس آدم بودن می‌کنی. حالت از خودت به هم می‌خورد. تنها جایی که حسابی تحویلت می‌گیرند، وقتی است که داری ازشان خرید می‌کنی. دهتا

فروشنده و صندوق‌دار و کمک‌صندوق‌دار و مدیر و مأمور امنیتی و دوربین مخفی و دوربین آشکار دور و برت هستند. تنها آن‌جاست که حضورت جدی گرفته می‌شود. به دَرَک.

حیف که دیر به این فکر افتادم. اگر برگشتی بود بی‌گمان همین شگرد را روی فریبا پیاده می‌کردم. یک مدت باید به هیچ هم حسابش نمی‌کردم تا حالش جا بیاید. آخر این زن بدتر از همه پدرم را در آورده بود. ریدم با این زن گرفتنم. من بی عرضه را چه به زن گرفتن. بیچاره‌ام کرد از بس غر زد. سر هر چیزی غر می‌زد. چه اَلَم شنگه‌ای به پا کرد سر یک شب که دیر رفتم خانه! آخر زنی که توی این باغ‌ها نیست، چه می‌داند که بین دیر خانه رفتن کرامت صافکار با دیر خانه رفتن من چه فرقی هست. فکر می‌کند کار من که رفته‌ام چند ساعت با استاد احمد شاهرخی صحبت کنم، که نویسنده مملکتم است و آمده اینجا از چهارتا مثل من بازدید کند، همان ارزشی را دارد که کار کرامت صافکار که بعد از کارش با چهارتا تعمیرکار و پنچرگیر و چقال می‌رود عرق‌خوری و جنده‌بازی. بلند شده بود و هی ساعت را نگاه می‌کرد و هی داد و هوار می‌کرد که، "تو فکر نکردی زن و بچه‌ات تنها تو خونه چه‌کار می‌کنند؟ این همه شام درست کردم، هی با این بچه چشم به در نشستیم، شاممون رو کوفت نکردیم که مثلن آقا بیان دور هم غذا بخوریم."

توی سرت بخورد آن شامت. فکر کرده شاخ غول را شکسته. به جای اینکه با شوق و ذوق بپرسد که استاد از چه صحبت می‌کرد و چه گزارشی از اوضاع ایران داشت، هی خودش را برای آن شام کوفتی‌اش جر می‌داد. برای زن ایرانی ازدواج با یک مرد پوشاک‌فروش سد پله از ازدواج با یک مرد اهل سیاست و وبلاگ‌نویسی بهتر است. این زن فکر می‌کند حالا که باهاش ازدواج کرده‌ام، سد در سد وجودم مال او ست. بابا، من خودم هم یک سهمی از خودم می‌خواهم. این غربی‌ها بعضی صفت‌هایشان خیلی خوب است. برای آزادی‌های یکدیگر احترام قائلند. دم و ساعت از همدیگر نمی‌پرسند کجا بوده‌ای و چرا رفته‌ای و نباید می‌کردی. گمان کنم نمی‌پرسند. حالا مگر من با چندتایشان بوده‌ام که این‌طور با اطمینان حرف می‌زنم. ظاهرشان نشان می‌دهد که خیلی پا روی دم همدیگر نمی‌گذارند.   شاید هم تنها همین ظاهرشان باشد که

این‌جور نشان می‌دهد. اینها هر چه هم که بلد نباشند، حفظ ظاهر را خیلی خوب بلدند. همین مفهوم presentation که من معادل فارسیش را بلد نیستم، در اصل اختراع غربی‌هاست؛ و برای این است که چیزها را آن‌طوری که به نفعشان است جلوه بدهند. بازاریاب‌ها و فروشنده‌ها اگر به مثل یک بشکه گُه داشته باشند، یک جوری رویش را با یک لایه‌ی نازک عسل می‌پوشانند و آن را جوری به خورد ما می‌دهند که با ملچ ملوچ بخوریم و انگشتمان را هم لیس بزنیم. بیا، یک نمونه‌اش همین زندگی در جامعه‌ی غربی است، که هر چه آن روزها به این عبدالله بی‌شرف می‌گفتم توی گتش نمی‌رفت. نمی‌دانم آخرش آمد یا نه. فکر می‌کرد همه چیز مثل برنامه‌های تلویزیون‌های ماهواره‌ای است که همه خوشگل و اتوکشیده‌اند. اینها که نمی‌آیند همه‌ی راز زندگی‌شان را بریزند جلو دوربین فیلم‌برداری. اینجا هم آدم‌هایی پیدا می‌شوند که سالی یک‌بار خانه‌هایشان رنگ جارو به خودش نمی‌بیند. حیوان هم نگه‌داری می‌کنند که دیگر نگو. وقتی هم دست‌شویی می‌روند کونشان را نمی‌شویند. یک جوری اینجا را برای ما بهشت برین وانمود کرده‌اند که هر چه هم برای آنها که ندیده‌اند توضیح می‌دهی، باورشان نمی‌شود. فکر می‌کنند که ما بخیلیم، دوست نداریم آنها بیایند. مگر باور می‌کنند! می‌گویم دکتر دندان‌پزشک اینجا روغن ماشین عوض می‌کند، مهندس صنایع غذایی پیتزافروشی می‌کند، استاد اقتصاد دانشگاه تهران اینجا روزنامه پخش می‌کند! می‌گوید از بی‌عرضه‌گی خودشان است. بابا این دیگر مسئله‌ی بی‌عرضه‌گی نیست. اینها خودشان هم زندگی درستی ندارند. همه‌شان تا خرخره بدهکار بانک‌ها و شرکت‌های نزول‌خوری هستند. همه سگ‌دو می‌زنند برای بانک‌ها. این‌همه بدبختی اینجا هست ولی ما فکر می‌کنیم زندگی در اینجا هم مثل توی ملودرام‌های تلویزیونی پر از زرق و برق است.

هر وقت زنگ می‌زد باهاش ماجرا داشتم. آخر تو که مهندس پروژه‌های خدا میلیونی هستی دیگر چرا؟ اگر دوست هستی و به من اعتماد داری، که نصیحت گوش کن. اگر هم فکر می‌کنی من بدِ تو را می‌خواهم، پس چرا هی به من زنگ می‌زنی و مشورت می‌کنی؟ زمانی که در دانشگاه هم‌دوره‌ای بودیم، آدم خوش‌فکری بود. می‌گفت می‌خواهد اسمش را با یک اسم ایرانی عوض کند. ولی

انگار حالا دیگر به عبدالله بودن خو گرفته و با آهنگش مشکلی ندارد. ازش پرسیدم، "هنوز هم باید عبدالله صدایت کنیم، یا نه؟"

پوزخندی زد و جواب داد، "دیگه مهم نیست چی صدام کنن. دنبال اینم که یه ذره مزه‌ی زندگی رو بچشم. حالا به من بگن عبدالله یا آریوبرزن، چه فرقی می‌کنه!"

یک شب زنگ زده بود و می‌گفت که وکیل مهاجرت مورد اعتماد بهاش معرفی کنم. اول این که وکیل مورد اعتماد یعنی چه؟ از همین جا باید فهمید که این بشر چقدر باید خر باشد. اگر کسی بویی از اعتماد برده باشد که نمی‌تواند وکیل بشود، آن هم وکیل مهاجرت. کار وکیل‌های مهاجرت مثل کار دلاله‌های محبت است. البته نمی‌خواهم توهین کنم به دلاله‌های محبت ها! فقط مقایسه می‌کنم، تنها به لحاظ فنی. تازه مثل جاکش‌های معمولی هم نیستند. نوع خاصی هستند. فرض کن یک پیرمرد خرپول که زنش از کار افتاده و خودش هم دیگر معامله‌اش به این آسانی بلند نمی‌شود، به چه چیزی احتیاج دارد؟ این را از ازش پرسیدم. عبدالله گفت، "بابا من دارم دقیقه‌ای خدا تومن پول تلفن می‌دم. تو برام کس شعر می‌گی؟"

حالیش نمی‌شد من از چه بهاش می‌گفتم. نمی‌دانم این چند سالی که من از آنجا دور بوده‌ام چقدر این آدم‌ها احمق‌تر شده‌اند! مجبور شدم برایش توضیح بدهم. کشورهای سرمایه‌داری غربی الآن مثل همان پیرمرد خرپولی هستند که ازش بخاری بلند نمی‌شود. اینها دنبال نیروی تازه‌نفس می‌گردند که بتواند معامله‌شان را بلند کند. بهاش برخورد. گفت، "یعنی می‌گی من بیام اونجا مثل این مردای کونی، چی بهاشون می‌گن، گِی و از این چیزا، بیام براشون از اون کارا بکنم؟" گفت و گوشی را گذاشت. مجبور شدم خودم شماره‌اش را بگیرم. البته گذاشتم چند دقیقه‌ای بگذرد. هنوز توپش پر بود. گفتم، "احمق! من دارم تمثیلی حرف می‌زنم."

آن وقت‌ها تمثیل و استعاره سرش می‌شد. انگار این مردم هر چه اسلامی‌تر می‌شوند، خرتر می‌شوند. گفتم، "مگر کشورهای غربی اکثرشان سیر نزولی جمعیت ندارند؟ مگر نه اینکه اینها احتیاج به نیروی کار ماهر دارند؟ خوب، من هم همین را دارم می‌گویم. اینها دیگر از نوزایی و آفرینش افتاده‌اند. از طرفی هم، از بس فریبکار و خودخواه هستند، نمی‌خواهند اجازه بدهند دیگران، مثل آسیایی‌ها یا

آمریکای جنوبی‌ها دور بردارند. پس چه کار می‌کنند؟ آدم‌های تحصیل کرده‌ای مثل شما را می‌آورند تا برایشان کار کنند. در ضمن ماشین جوجه‌کشی‌تان هم فعال‌تر است. هزینه‌ای هم برای اینکه به آن درجه از تخصص برسید، پرداخت نکرده‌اند. فهمیدی چه شد؟ فرمول را اگر ساده کنیم، می‌شود همان حکایت خانه خالی. شما می‌خواهید جنستان را عرضه کنید. غرب بیچاره هم خانه‌ی خالی دارد و هم یکی را می‌خواهد که ترتیب کارش را بدهد. این وسط، وکیل عزیز مهاجرت پیوند را برقرار می‌کند و کلاهی از این نمد برای خودش جور می‌کند."

عبدالله خندید. خندید ها، نه این‌جوری! خنده ندارد بابا. واقعیت است.

وقتی وارد این مملکت می‌شوی، هزار امید و آرزو داری. هیچ چیز که نداشته باشی، یک کله داری که مثل ساعت کار می‌کند. اگر مُخت عیب داشته باشد که ویزا به‌ات نمی‌دهند. تا حالا شده که به یک آدم عقب مانده‌ی ذهنی ویزا بدهند؟ گمان نمی‌کنم. تنها باید کمی از اینجا آمدنت بگذرد تا مُخت تاب بردارد. بدیش این است که تاب سد و هشتاد درجه هم برنمی‌دارد که دیگر هیچ چیز حالیت نشود. یک تاب حدود نود درجه برمی‌دارد که نه دیوانه‌ی کامل باشی، نه عاقل کامل. اولین نشانه‌ی تاب برداشتن مخ هم از وقتی پیدا می‌شود که اسم مستعار برای خودت درست می‌کنی. البته اگر اسم نو یک پیوندی با اسم کهنه داشته باشد خیلی نشانه‌ی بیماری نیست. گاهی که رسول می‌شود راسل، ربابه می‌شود روبی، یا جعفر می‌شود جفری خیلی عجیب نیست. ولی همین که طرف گفت اسمش ابوالحسن بوده و تغییرش داده به زبیگنیو، باید یک کمی خودت را جمع و جور کنی!

تازه برای من که دوستش بودم، مدتی طول کشید تا دریافتم که اسم ایرانیش ابوالحسن بوده. زبیگنیو در نگاه اول خیلی روشن‌فکر و باسواد نشان می‌داد. گاهی لابه‌لای حرف‌هایش ناخودآگاه با او هم‌عقیده می‌شدم، از بس ظاهر تحلیل‌هایش باورکردنی بود. می‌گفت کشف کرده است که دست اداره‌ی مهاجرت با وکیل‌ها و دلال‌ها توی یک کاسه است. نه اینکه بگوید مهاجرت هم مثل یک بخش اقتصادی یا یک صنعت کار می‌کند که گروه‌های مختلفی از قِبَلِ آن نان می‌خورند. نه. زبیگنیو معتقد بود که اداره‌ی مهاجرت

پرونده‌هایی را که از طرف وکیل درخواست نشده باشد به این دلیل رد می‌کند که آنها با وکیل‌ها شریکند. زبیگنیو می‌گفت مطمئن شده است که اداره‌ی مهاجرت درسدی از درآمد وکیل‌های مهاجرت را باج سبیل می‌گیرد.

چهار سال بود که تلاش می‌کرد زنش را از ایران بیاورد، ولی هر بار پرونده‌اش را رد می‌کردند. زن را خانواده‌اش برایش پیدا کرده بودند و خودشان هم عقدش کرده بودند، بی حضور زبیگنیو. فیلم مراسم عقدش را نشانم داد که عکس بزرگی از زبیگنیو را قاب کرده بودند و روی صندلی کنار عروس گذاشته بودند. هر کسی که چشمی با آن وضعیت داشته باشد، به گمانم برای پنهان کردنش یک غلطی می‌کند. فکر می‌کنم اگر من به جای او بودم عینک دودی می‌زدم یا چشم مصنوعی می‌گذاشتم. ولی زبیگنیو بی پروا با همان چشم گرگ و میشی رنگش، عکس عروسیش را گرفته و فرستاده بود، بدون عینک، بدون رتوش. آن فیلم و عکس‌ها را به اداره‌ی مهاجرت نشان داده بود، به عنوان مدرک‌هایی که ازدواج او واقعیت دارد و سرِ همبندی نیست.

چند بار سعی کردم دلیل اصلی اداره‌ی مهاجرت برای رد درخواستش را از زیر زبانش بکشم، فقط برای اینکه اگر کمکی از دستم بر بیاید به‌اش بکنم. البته کنجکاوی هم داشتم. ولی همیشه یک جواب می‌داد، "نه که اون فرم نکبتی را خودم پر کردم، بی شرفا ردش می‌کنن. تازه می‌دونی اشتبام چی بود؟ منِ الاغ اومدم یه نامه گذاشتم روش، با کلی تعریف از خودم. به‌اشون گفتم که خیلی تو کاسبیم موفقم، جون عمه‌ام. اسم همه‌ی سیگارهای برگ معروفُ که می‌دونستم تو بازار هستن را هم نوشتم، چپ و راست. یه جوری که فکر کنن من تاجر گردن کلفتی هستم. نگفتم که این مغازه‌ی فکسنی سیگارفروشی فقط یه زیر پلِست قد یه قوطی کبریت، که طول و عرضش بیست فوت هم نیست. اونام فکر کردن حالا من چه خر پولی هستم. خوب، معلومه زورشون میاد. پیش خودشون می‌گن این مردکه کله‌سیاه با این وضعش چرا پول وکیل نمی‌ده که یه چیزی هم به ما بماسه. تقصیر خود کودنم بود. اشتباه کردم. نباید به این چند پدرها می‌گفتم که کاسبیم خوبه."

اول‌ها حرفش را باور می‌کردم. ولی وقتی هر بار همان دلیل معروفش را تکرار کرد، به‌اش مشکوک شدم. چند بار دستش

انداختم و به‌اش فهماندم که دلیلش را باور نمی‌کنم. به‌اش گفتم، "شنیده‌ام که داشتن وضع مالی خوب می‌تواند کار را تسریع کند. چرا پرونده‌ی تو بر عکس است؟" داستانش را عوض کرد. این بار گفت که اداره‌ی مهاجرت از او می‌پرسد که او چطور توانسته با زنی که هرگز ندیده است ازدواج کند. از این گذشته، محبوبه استاد دانشگاه بود و زبیگنیو به زور یک دیپلم داشت. درست است که ما اینجا وضع درستی نداریم، ولی زبیگنیو هم با آن زرنگ بازی‌هایش می‌خواست ما را رنگ کند. البته حرفش تا حدودی منطقی بود. ما که می‌دانیم عقد غیابی و ازدواج عروس و دامادی که همدیگر را ندیده باشند تنها دو چشمه از هنرهای اسلام ناب در کشور ما هستند. ولی برای اداره‌ی مهاجرت کانادا باورش می‌توانست سخت باشد. آخر کسی مثل زبیگنیو که نه مدرک درست و حسابی دارد، نه درآمد و دارایی آنچنانی، نه جوان است و نه جوانی دارد، چه‌جور ممکن است که یک دختر خوشگل تحصیل‌کرده که استاد دانشگاه و هنرمند نقاش است و خیلی هم مدرن تشریف دارد، حاضر شود با او ازدواج کند؟ روی چه حسابی؟

با اینکه منطقی بود چنین ایرادی از زبیگنیو بگیرند، ولی نگرفته بودند. او همه‌ی دلیل‌هایی که می‌توانست بتراشد تا راستش را به من نگوید، تراشید. دست آخر هم راستش را نگفت تا زمانی که دیگر پاک نومید شده بود و دستش به جایی بند نبود. یک روز مرا صدا کرد و رفتم مغازه‌اش. اول تا می‌توانست تکیلا خورد و سیگار کشید. وقتی تنها چشم فعال حسابی به سرخی نشست و حرف زدنش بریده بریده شد و به سکسکه افتاد، بحث را کشید به پرونده‌ی مهاجرت محبوبه. مرا به زمین و آسمان سوگند داد که رازی که می‌خواست فاش کند را با خودم به گور ببرم. گفتم می‌برم. پس از چند بار تکرار سوگند و پذیرش من، گفت که پانزده سال پیش با ادعای همجنس‌گرایی درخواست پناهندگی کرده و اقامت کانادا را گرفته است. بعدها که به دلیل زناشویی درخواست اقامت برای محبوبه می‌کند، افسر مهاجرت متوجه این تناقض می‌شود. خودش هم یادش نبوده که اداره‌ی مهاجرت او را یک همجنس‌گرا می‌شناسد. غافلگیر شده بود و نتوانسته بود دلیلی بیاورد. الان درخواست بازبینی کرده بود و باید دلیل ارائه می‌داد. "دستم به دامنت بابک، مثل خر تو گل گیر کرده‌ام. یه راهی برام پیدا کن."

تا چند هفته کار ما سر و کله زدن با مشاوران مهاجرت برای پیدا کردن جواب باورپذیر بود. حاضر هم نبود پول بدهد که وکیلی پرونده‌اش را بر عهده بگیرد. دست آخر بردمش پیش یک مشاور روانشناسی و با قسم و گریه و التماس و دعا و شارلاتان بازی توانست از او نامه‌ای بگیرد که دگرجنس‌گرایی او را تأیید می‌کرد. نامه را فرستاد و کارگر افتاد.

شبی که به پیشواز محبوبه به فرودگاه رفته بودیم از آن شب‌های فراموش نشدنی بود. زبیگنیو سر ساعت پنج عصر درِ خانه‌ی ما را زد. من و فریبا لباس پوشیده آماده بودیم. در را که باز کردم، بوی اودکلن زبیگنیو خورد توی صورتم. کت و شلوار سبز پسته‌ای و کراوات سرخ پوشیده بود. اولین بار بود که او را با کت، شلوار و کراوات می‌دیدم، و آخرین بار. کلید ماشین را برداشتم و پریدم که آن را روشن کنم. زبیگنیو صدا کرد، "نه، ماشین هست. با هم می‌ریم."

متوجه لیموزین سیاه‌رنگی که چند متر جلوتر کنار خیابان ایستاده بود نشده بودم. پیدا بود که زبیگنیو می‌خواست سنگ تمام بگذارد. دسته‌گلی که همه رقم گل در آن پیدا می‌شد، دو صندلی را اشغال کرده بود. گفتم، "زبیگنیو، تو برای عروس دسته گل می‌بری یا کلکسیون گل؟" فریبا یواشکی نیشگونی از من گرفت و آرام گفت، "هیس. اذیتش نکن تو دیگه. این ماشین برای ده نفر دیگه جا داره."

توی فرودگاه چند خانواده‌ی ایرانی دیگر را دیدیم. زبیگنیو خودش را از لابه‌لای منتظران به پیش کشید و تا جایی که می‌توانست نزدیک ورودی مسافران ایستاد. دسته گل را جلو پایش به زمین گذاشت. پیرزنی با مانتو و روسری به او نزدیک شد و سر صحبت را باز کرد. من و فریبا پشت جمعیت ایستاده بودیم و صدایشان را نمی‌شنیدیم. ولی می‌دیدم که زبیگنیو مرتب چشم نابینایش را با دستش می‌پوشاند، انگار که وسواس گرفته باشد. فریبا با پچ‌پچه گفت، "این چه کاری بود که ما راه افتادیم اومدیم. شدیم سر خر. اینا تازه دارن به هم می‌رسن. شاید بخوان با هم تنها باشن. شاید بخوان حرف عاشقانه‌ای، چیزی به هم بگن."

فریبا انگار توی باغ نبود. بهاش گفتم، "معلومه تو کجای کاری؟ این پسره داره مثل بید می‌لرزه. نمی‌بینی رنگش شده مثل گچ؟ تو

عمرش هیچ وقت با یه زن تنها نبوده. هیچ‌وقت ندیده بودم که به تک‌چشمی بودنش اهمیت بده. ولی حالا ببین چه جور عصبی شده داره ناخودآگاه چشمشُ قایم می‌کنه. باید با همدیگه آشناشون کنیم. از این گذشته، وقتی یه نفر از جای دوری می‌آد، باید رفت به پیشوازش. اگه این دختره ببینه که زبیگنیو تنهای تنها مثل دسته گوشت‌کوب اونجا ایستاده چی فکر می‌کنه؟ نمی‌گه این بابا هیچکی نداره؟ کس و کاری نداره؟ خوب، البته که بی کس و کاره. ما هم بی کس و کاریم. ولی محبوبه که نباید همون لحظه‌ی اول اینو بفهمه. باید بهاش وقت داد. نباید این‌جوری تو ذوقش زد."

محبوبه هیچیک از ما را ندیده بود. زبیگنیو چند تا عکس و فیلم از او به ما نشان داده بود. خودشان هم فقط از روی فیلم و عکس همدیگر را دیده بودند. جلوتر رفتم و به زبیگنیو گفتم کاش روی یک مقوا اسمش را می‌نوشتیم تا بهتر ما را پیدا کند. لبخند غرورآمیزی زد و گفت، "اون‌قدرا هم غریبه نیستیم. چند ساله که هر شب تلفنی با هم حرف می‌زنیم."

گفتم، "خوب دیگه، خیالم راحت شد. پس اگه با آواز از در بیاد تو، می‌تونی از رو صداش بشناسیش. ولی اگه مثل بقیه ساکت باشه چی؟"

"صداشو نمی‌گم که. قیافه‌شو می‌شناسم."

پیش از آنکه پیرزن هموطن چیزی بگوید به سمت فریبا برگشتم. چیزی نگذشت که فریبا ورود محبوبه را اعلام کرد. انگار زن‌ها بویایی نیرومندتری در شناسایی همجنس‌شان دارند. صدای فریبا بلند شد، "محبوبه جون!"

چشمم به زبیگنیو افتاد که مثل اسب روی دو پا بلند شد و مثل زرافه گردن کشید. کلکسیون گلش را برداشت و چند لحظه مثل تام در کارتون تام و جری دورخیز کرد و در کسری از لحظه تا انتهای نرده‌ی ورودی پرواز کرده بود. فریبا این پا و آن پا کرد تا به زوج تازه به هم رسیده اجازه دهد همدیگر را دریابند. محبوبه کت و دامن قرمز و بلوز سفید نوی پوشیده بود. آرایش چشم و گونه‌ها و لب‌هایش مرتب و چشمگیر بود. ظاهرش به مسافری که پانزده ساعت توی هواپیما بوده هیچ شباهتی نداشت. بر عکس، انگار از سالن آرایش بیرون می‌آمد. زبیگنیو صاف مثل تیر برق جلو محبوبه

ایستاد؛ کلکسیون گلش را به سویش دراز کرد و گفت، "سلام محبوبه خانم". صدایش آهنگ دانش آموز کلاس پنجمی داشت که به خانم معلمش سلام می‌کرد.

محبوبه دسته گل را گرفت و گفت، "سلام. چه گل‌های قشنگی. حال شما خوبه؟"

من از پشت سر فریبا گفتم، "مجبور نیستین مثل فیلمای جمهوری اسلامی احوال‌پرسی کنین ها!"

زبیگنیو کمی خودش را تکان داد، بعد دست‌هایش را در سه مرحله مثل روبات از هم باز کرد و در مرحله چهارم محبوبه را با دسته گل، یک‌جا، بغل کرد. محبوبه غافل‌گیر شده بود؛ بی واکنش دهانش باز بود. زبیگنیو در همان حال چند تا بوسه از گونه‌ی چپ او گرفت. وقتی زبیگنیو او را رها کرد، با شرم و سنگینی خاصی گردن کشید، دهانش را غنچه کرد و گونه‌ی زبیگنیو را به آرامی بوسید. زبیگنیو دوباره دستش را برای یک آن روی چشمش گذاشت.

"سلام. شما باید فریبا جون باشین." محبوبه نشان داد که نیازی به معرفی ما ندارد. در راهِ خانه، فریبا و محبوبه بیشتر با هم آشنا شدند. فریبا توانست هر چه را که محبوبه برای زندگی در کانادا نیاز داشت به او یاد بدهد. اول صحبت از ادامه کار هنری محبوبه بود و امکان پیدا کردن یک گالری برای نمایش نقاشی‌هایش. محبوبه گفت که مادرش پنج چمدان بزرگ جهیزیه برایش آماده کرده بوده، از قالی ابریشمی گرفته تا سماور و چای‌خوری طلاکاری شده و سد جور خرت و پرت دیگر. ولی او همه را گذاشته و گفته که چند ماه دیگر برای دیدنشان برمی‌گردد و آن چیزها را هم آن وقت می‌آورد. به جای جهیزیه، چمدانش را پر کرده بود از تابلوهای نقاشی و طرح‌هایش. نگاهی به زبیگنیو انداختم. فوری واکنش نشان داد، "گفته بودم که محبوبه خانم هنرمنده. نقاشی‌هاش خیلی قشنگن."

فریبا وانمود کرد که ذوق‌زده شده از اینکه محبوبه کار هنری می‌کند؛ اما در یکی از پیچ‌های جاده، مسیر صحبت را عوض کرد و ماهرانه به او فهماند که هنرش را بهتر است برای خودش نگاه دارد.

فریبا صحبت از خوش‌دوختی کت و دامن محبوبه را جانشین بحث هنری کرد. برایم روشن بود که دیر یا زود فریبا یک دوره‌ی فشرده‌ی فروشگاه‌گردی برای تازه‌وارد می‌گذارد، ولی فکر نمی‌کردم که این کار را همان وقت پیش از رسیدن پای محبوبه به زمین ونکوور بکند. فریبا گفت، "می‌دونستی که مدهای لباس ایران خیلی از اینجا پیش‌رفته‌تره؟"

محبوبه جواب داد، "نه، فکر نمی‌کنم این‌طور باشه. من که هنوز اینجا را ندیدم. ولی ایران مدش کجا بود؟ ایران مانتو داره و روسری."

فریبا با لحن یک آدم همه‌چیزدان، به آرامی جواب داد، "ببینین، چون ایران به اروپا نزدیکه، همه مدل‌های لباسشون هم از اونجا می‌گیرن. ولی اینجا لباساشون از چین می‌آد. لباس‌های مارک اروپایی اینجا خیلی کم پیدا می‌شه. بیش‌ترشون اینجا نمایندگی هم ندارن. برا همین مدل‌هاشون چند سال عقب‌تر از اروپاست."

قول و قرار رفتن به مرکز خرید پاسیفیک سنتر را همان‌جا گذاشتند.

زن‌ها همین جوری هستند. وقتی که تو داری با چیزهای خیلی جدی در زندگیت سر و کله می‌زنی، آنها ناگهان به این فکر می‌افتند که برای مهمانی آخر هفته از هر جا که شده باید یک جفت کفش نوک تیز بخرند که تازه مد شده و نپوشیدن آن همه‌ی شخصیت خود و خانواده‌شان را لکه‌دار می‌کند، یا اینکه رنگ یخچال با رنگ در کمدهای آشپزخانه به هم نمی‌آیند و باید هر چه زودتر فکری برایش بکنند. جدا سری من و فریبا ولی نمی‌دانم که برای چه یا از کی شروع شد. بارها نوار ذهنی زندگی‌مان را با دور تند و کند و همه جوره مرور کرده‌ام. تنها نشانه‌هایی اینجا و آنجا پیدا می‌شود که گمانم آرام آرام روی هم تلنبار شده‌اند تا اینکه ما را به موجوداتی بیگانه از هم تبدیل کرده‌اند. به گمانم چیزی که شکلوفسکی در مورد هنر می‌گوید بیشتر در باره‌ی رابطه‌ی زن و شوهرها کاربرد دارد. شکلوفسکی می‌گوید که ساحل‌نشینان چنان به صدای موج‌های دریا خو گرفته‌اند که دیگر آن را نمی‌شنوند. و نتیجه می‌گیرد که در کار هنری باید از این خوگرفته‌ها آشنایی‌زدایی کرد.

فریبا هم گاه و بی‌گاه برای من شکلوفسکی بازی در می‌آورد. یک بار هم شکایتم را به روان‌پزشکی کرد که مرا مجبور کرده بود پیشش بروم. ماجرای گم شدن گوشواره‌اش را تعریف کرد و می‌گفت که آن ماجرا دلیل این است که من دیگر او را نمی‌بینم. یک روز از کار روزنامه که برگشته بودیم یک‌باره بالا و پایین پرید که گوشواره‌اش گم شده است. توی کیفش، توی جیب لباس‌هایش، توی ماشین، آشپزخانه، رخت‌خواب، حمام، همه جا را گشتیم ولی چیزی

پیدا نکردیم. من هیچ ایده‌ای نداشتم که گوشواره‌ای که صحبتش را می‌کند چه شکلی بوده است. چند بار گفت، "همون گوشواره نگین سبزه که شش ماه پیش خریدم." من چیزی با آن مشخصات یادم نمی‌آمد. دوباره گفتم یادم نمی‌آید و ازش خواستم که شکلش را برایم بکشد. آنجا بود که فریبا جوش آورد. صدایش را بلند کرد و گفت، "شش ماهه که من روز و شب اینا رو گوشم می‌کنم، اونوقت تو می‌گی ندیدی‌شون؟ تو چی می‌بینی که بخوای گوشواره منو ببینی. تو خود منو می‌بینی که من توقع داشته باشم گوشواره‌مو ببینی؟ تو فقط آخر شب تو لحاف منو می‌بینی."

راست می‌گفت. من هیچ‌گاه آن گوشواره را در گوش او ندیده بودم. ولی نمی‌توانست بفهمد که این گناه من نیست. آن کار لعنتی جایی برای پرداختن به زندگی خانوادگی نمی‌گذاشت. کسی که از نیمه شب تا دم صبح خیابان‌ها و کوچه‌ها را برای پخش روزنامه گز می‌کند، دیگر دل و حوصله‌ی دیدن چیزی برایش نمی‌ماند، چه برسد به دیدن چیز ظریفی مثل گوشواره‌ای که زیر یک خروار موی خانمش پنهان شده باشد. از آن گذشته، تنها من نبودم که گوشواره‌ی او را نمی‌دیدم. او هم مرا نمی‌دید. من همیشه سر بزنگاه که باید بتوانم برای حرف‌های فریبا جواب داشته باشم، هیچ چیز یادم نمی‌آید. پیش از ماجرای گوشواره، ماجرای تی‌شرت من پیش آمده بود ولی من هیچ به روی فریبا هم نیاوردم. من به جای اینکه او را مقصر کنم، خودم را سرزنش می‌کردم. ولی اگر فریبا بود، مطمئنم که آنجا هم همه کاسه کوزه‌ها را سر من می‌شکست.

رفته بودیم دندان‌پزشکی. من توی سالن انتظار نشستم و مشغول ورق زدن مجله‌ها شدم و فریبا رفت که با منشی قرار مدارها را بگذارد. یکباره دیدم که دارند به من نگاه می‌کنند و پوزخند می‌زنند. فریبا آمد و با خنده‌ی ملیحی گفت، "تو آخرین بار کی خودتُ تو آینه دیدی؟"

گفتم، "آینه می‌خوام چی‌کار. پس تو به چه درد می‌خوری؟"

فریبا زد زیر خنده و گفت که تی‌شرتم را وارونه پوشیده‌ام. ما آن روز از صبح چندین جا با هم رفته بودیم، از خواربار فروشی ایرانی گرفته تا اداره پست و چند جای دیگر. از غریبه‌ها که نمی‌شود گله کرد. ولی زن خودم که تمام مدت همراهم بوده، یکبار

نگاهی به من نینداخته بود که متوجه بشود تی‌شرتم وارونه است. من چیزی نگفتم. از لجش ولی حاضر نشدم که آنجا بروم توی دست‌شویی و تی‌شرت را درست کنم. همان‌جور رانندگی کردم تا خانه.

آن شب، شب بیست و پنجم جولای، هر چه پهلو به پهلو شدم خوابم نبرد. آرام از تخت پایین سریدم و پاورچین به آشپزخانه رفتم. در یخچال را باز کردم و پاکت سیگاری را برداشتم که از یک مهمانی حدود پنج ماه پیش مانده بود. فندک را هم برداشتم و به بالکن رفتم. در سالن را بی‌صدا بستم و سیگار را روشن کردم. سروها، افراها، سپیدارها و کاج‌ها همه سبز و بلند چشم‌انداز تپه تا پایین را پوشانده بودند. نور چراغ خودروها در بزرگراه پایین تپه در هم می‌دوید. آسمان روشن بود و نسیم نیم‌شب تابستان موی دست و ساعد را کمی سیخ می‌کرد. به خودکشی فکر نمی‌کردم. ولی حسی به مرگ داشتم، حسی که هرگز پیش‌تر نداشتم. نوعی شکوه داشت، یک سنگینیِ احترام برانگیز، خواستنی و آرام‌بخش. چند تا پُک دیگر به سیگار زدم. تا نیمه‌های سیگار را کشیده بودم که دچار یک‌جور دل‌شوره شدم. سردم شد. حس سربازی را داشتم که باید از یک بلندی شش متری بپرد و تانک دشمن در چند متری او ست. دوچرخه‌ی مزدا روی چمن وسط حیاط بود و کلاه ایمنیش هم کنار آن. فکر کردم وظیفه‌ام است که همان وقت آن را ببرم سر جایش توی گاراژ بگذارم. کلاه ایمنی را برداشتم و صاف ایستادم. به آسمان نگاه کردم. صدای شر شر آب از جایی می‌آمد، از جوی پایین خانه، یا از باغچه‌ی همسایه. برایم اهمیتی نداشت. اما صدای آب همچنان می‌آمد، یکریز، نایستا، سوار صدای بزرگراه می‌شد و آن را می‌برید. درخت‌های جگن پشت خانه را یک بار هم نرفته بودم از نزدیک ببینم یا میانشان بچرخم. هرگز به آنها فکر نکرده بودم. انگار نه انگار که آنجا درختی بود. کلاه ایمنی را همان‌جا که بود زمین گذاشتم. آن شب تنها زمانی بود که به چیزی مثل خودکشی فکر کرده بودم.

بلندی پل لاینزگیت تا آب نزدیک سد متر است. برخورد با آب به خودی خود کار آدم را تمام می‌کند. موج آب کارِ تیغ را می‌کند. دیگر کار به خفگی نمی‌کشد. شاید هم پیش از آنکه به آب برسد، خودش تمام کند. آدم اگر هم بخواهد از شر خودش خلاص شود، باز هم آن لحظه‌ی آخر دست و پا می‌زند. آن شب روی نرده‌های پل لاینزگیت خم شده بودیم و در حال مستی تعریف می‌کردیم که اگر بپریم توی آب چه می‌شود. زبیگنیو گفت که موقع پریدن باید دست و پای خود را بست. من خندیدم و گفتم که این شامل من نمی‌شود، چرا که اگر هم دست و پایم باز باشد، بیشتر از ده متر نمی‌توانم شنا کنم. تمام ماجرا به دو دقیقه هم نمی‌کشد.

پیش‌بینی کردم که روز بعد از پریدنم ساکنان محله‌های ریور ویو و مارین درایو ناسزاگویان به روزنامه‌ی ونکوور سان زنگ بزنند که چرا روزنامه‌شان را نگرفته‌اند. چهارصد و پنجاه و هشت شهروند از دریافت خوراک فرهنگی روزانه محروم می‌شوند. بعضی‌هاشان ولی شکایت نمی‌کنند. پیرزن توی خیابان لیکویو شاید تنها کسی باشد که به جای شکایت از نرسیدن روزنامه، نگران حال روزنامه پخش‌کن می‌شود و به خانه‌ام زنگ می‌زند. به هر حال، کار پخش روزنامه برای ما همان شب تمام شد. نفهمیدم که پیرزن مادرخوانده فردایش به خانه زنگ زد که سراغم را بگیرد یا نه. شماره تلفنم را یک بار که روزنامه دیر شده بود، ازم گرفته بود تا بتواند در آینده اگر دیر شدن روزنامه تکرار شود با خودم تماس بگیرد، نه با دفتر روزنامه. توی صدایش یک چیزی بود که خیلی به دل می‌نشست.

انگار مادرانه بود. نمی‌دانم از کی من احمق متخصص تشخیص صدای مادرانه شده بودم. نه اینکه همیشه توی محبت مادری غرق بوده‌ام! آن روز با یک لحنی گفت، "چطوری پسرم. از دیروز نگرانت بودم. آخه دیروز روزنامه را نگرفتم. فکر کردم شاید حالت خوب نبوده. نخواستم به مدیرت زنگ بزنم، ترسیدم توبیخت کنه."

از آن موقع دیگر خانم شده‌اند مادرخوانده‌ی من بی‌چاره‌ای که حالا می‌فهمم مثل گدا گشنه‌ها حسرت این را داشته‌ام که یک پیرزنی که پایش لب گور است به‌ام بگوید مادرجان. البته محبت هم می‌کند.

نمی‌دانم الآن مادرم چه شکلی شده است. باید خیلی پیر شده باشد. فکر می‌کنم وقتی از پدرم جدا شد سی و شش هفت سالی بیشتر نداشت. متولد هزار و سی‌سد و بیست و سه بود. سال هزار و سی‌سد و شصت از هم جدا شدند. آن‌وقت فکر می‌کردم که چون سیزده ساله بودم، نحسی سن من باعث شده که آنها با هم نسازند. مادر بدبختم، چی بود و چی شد. چقدر شعر برایم می‌خواند. الآن فکر می‌کنم که باعث جدایی‌شان من نبودم، حافظ بود. از بس مادرم حافظ می‌خواند، بعید نمی‌دانم فال حافظ گرفته بوده در باره‌ی آینده‌ی خودشان یا مملکت، یا شاید هم آینده‌ی پدرم. تکیه کلامش این بیت بود، "رسید مژده که ایام غم نخواهد ماند؛ چنان نماند، چنین نیز هم نخواهد ماند." بعد هم از همه‌ی غزل این بیت را بلند بلند می‌خواند، "چو پرده‌دار به شمشیر می‌زند همه را، کسی مقیم حریم حرم نخواهد ماند." لابد پدرم را پرده‌دار به حساب آورده بود و خانه را حریم حرم. ولی پدرم که هیچ وقت دست بزن نداشت. اهل دعوا هم نبود. شاید هم وقتی من خواب بودم یا پیش پدر بزرگم بودم، دعواهایشان را می‌کردند. من که دو بار باهاش خداحافظی کرده‌ام. یک‌بار موقعی که طلاق گرفت و سرپرستی مرا به پدرم دادند، طوری خداحافظی کرد که فکر کردم دیگر هیچ وقت قرار نیست ببینمش. وقتی رفت، هیچ‌کس خانه نبود، جز من. یک چمدان مسافرتی را با خودش برد. مرا هم برد. گفت، "با من بیا. فردا مادربزرگ برت می‌گرداند."

روز بعد که خواستم برگردم، ماجرا داشتیم. او جیغ می‌زد، من عر می‌زدم. هنوز چادری نشده بود. لاغر و بلند بود. چشم‌هایش را وقتی شعر می‌خواند، تنگ می‌کرد. پدرم که گاهی جلو من باهاش

شوخی می‌کرد، می‌گفت، "خوشم می‌آد که اهل رنگ مو و لاک ناخن و این مزخرفات نیستی."

و او جواب می‌داد، "به آب و رنگ و خال و خط چه حاجت روی زیبا را؟"

چرا بعد از پانزده شانزده سال یکباره گذاشت و رفت؟ تازه منت هم سر من می‌گذاشت که آن همه سال را به خاطر من با پدرم مانده بوده. به قول خودش من دیگر مرد شده بودم. آن روز چه آبروریزی کردم. داد می‌زدم، "مامان، به خدا من مرد نشدهم، مامان."

ولی به هر حال رفت و چند ماهی در خانه‌ی پدریش ماند تا این که دوباره شوهر کرد، آن هم به کی! به یک حاجی بازاری که بیچاره‌اش کرد. هم چادری شد، هم خانه‌نشین و هم واداشتش که شعر و شاعری را کنار بگذارد. آن موقع که سر در نمی‌آوردم، ولی حالا می‌دانم دلیلش چه بود که رفت. از بس پدر می‌رفت دنبال حزب‌بازی و شعارهای سیاسی. او هم تنها توی خانه می‌ماند تا دم صبح که شوهرش برگردد. خوب، دیگر وقتی برای زن و شوهربازی باقی نمی‌ماند. من، خودم را که نگاه می‌کنم، اگر یک شب دیر بروم خانه، زنم همان دم در ترتیبم را می‌دهد. زن باید تأمین باشد. زندگی زیر پتو را هم باید در نظر داشت. خوب، پدر من آن روزها توی هوای دیگری بود. شاید هم مادرم از جان خودش می‌ترسید. توی خانواده‌ای که همه‌شان سیاسی بودند گیر افتاده بود. فکر می‌کنم عمه شهرزاد و شوهرش را که دستگیر کردند، دیگر مامان حساب کار خودش را کرد. شاعر بیچاره. گمان نمی‌کنم این‌قدر که من به او فکر می‌کنم، او هرگز به من فکر کرده باشد. کو نامه‌هایش؟ کو تلفن‌هایش؟ خوب شد که از حاجی لعنتی بچه‌دار نشد. چند تا خواهر و برادرِ حاجی‌زاده هم برایم پس می‌انداخت، دیگر بساطم جور بود. سگ بشاشد به این زندگی.

اگر مادری به محبت و نگرانی برای بچه باشد، باید بگویم که پیرزن ساکن خیابان لیک ویو هیچ چیزی از مادر بودن کم ندارد. توی این شهر کی تا حالا به من هدیه کریسمس داده، غیر از همین پیرزن دم مرگ؟ بعد از آن مکالمه، هر بار که مناسبتی بوده یک یادی هم از من کرده. آیا مادرم از من سراغی گرفته؟ اگر من به‌اش

زنگ بزنم، می‌گوید، "قربون صدات برم، پسرم." خوب اگر صدای من این قدر عزیز است، چرا خودت یک‌بار زنگ نمی‌زنی؟ ولی این پیرزن انگلیسی، شاید هم انگلیسی نباشد، به هر حال انگلیسی زبان که هست؛ هر جشنی یا مناسبتی می‌شود، یک شیشه شراب هم برای من می‌گذارد دم در. همیشه هم شراب می‌دهد، شراب قرمز فرانسوی. شاید اصلش فرانسوی باشد. روز تولدش هم تکه‌ای از کیکش را که توی سلفون پیچیده بود به‌ام داد. هر وقت چیزی می‌گذارد، شب قبلش زنگ می‌زند و خبر می‌دهد. همیشه هم یک کارت روی پاکت می‌چسباند که رویش با حوصله دعایی چیزی نوشته. روزهای شنبه روز ملاقات است. اگر هوا خوب باشد، روی صندلی دم در منتظر نشسته، و اگر هوا سرد یا بارانی باشد، از پشت پنجره مواظب است. تا می‌رسم جلو خانه، در را باز می‌کند. شنبه‌ها روزنامه را حدود ساعت هشت می‌برم. در روزهای هفته که روزنامه را ساعت پنج صبح می‌برم، محال است پیدایش بشود. خوب، هر کسی به فکر راحتی خودش است. اگر من جای او بودم، شاید حتا جواب سلام پسر روزنامه پخش‌کن را هم نمی‌دادم. البته دستش درد نکند که به یک غریبه مثل من محبت می‌کند. ولی همه‌اش هم محبت صرف نیست. مقداریش به خاطر تنهایی خودش است. بس که توی این سن تنها هستند. همیشه از پسرش که توی هلیفکس در ارتش خدمت می‌کند صحبت می‌کند، ولی معلوم نیست که هیچ‌وقت شوهری داشته یا نه. تا جوان هستند هر بار که بسترشان را نو می‌کنند، همسرشان را هم همراهش عوض می‌کنند. دست آخر یک بار پیش می‌آید که توی یکی از همین عوض کردن‌ها، دیگر موفق نمی‌شوند زوج مناسبشان را گیر بیاورند. این‌طور است که تنها می‌مانند.

می‌دانی؟ معشوق عوض کردن هم مثل قمار است. هر دور که بازی می‌کنی، می‌گویی که این دور دیگر دور آخر است. ولی باز هم می‌روی و در نهایت می‌بازی. این پیرزن هم لابد همین‌طور بوده است. آدم خودش باورش نمی‌شود که پیر شده باشد. زمانه به زور، و اغلب هم بدون رعایت احترام به آدم می‌فهماند. مادرخوانده‌ی انگلیسی من وقتی با دوست پسر آخرش به هم زده بود، فکر نمی‌کرده که دیگر خیلی پیر شده. ولی دیگر دیر شده بوده. حالا ناچار است با یک غریبه‌ی کله سیاه مثل من خودش را سرگرم کند.

زوج‌های اینجایی بیشتر هم بدون دعوا، با آرامش از هم جدا می‌شوند. فقط یک مشاجره‌ی لفظی می‌کنند، بدون چاقوکشی و کتک‌کاری، و روز بعد از هم جدا می‌شوند. آن وقت ما هر روز تا پای کشتن همدیگر می‌رویم، ولی جرأت نداریم اسم کلمه‌ی طلاق را بیاوریم.

این هم یک بدبیاری دیگر است که من خنگ این همه راه را زده‌ام، آمده‌ام این‌طرف دنیا، خودم را گیر یک کله خری انداخته‌ام که از نمونه‌های داخل ایرانش سد پله وامصیبت‌تر است. نمی‌دانم از اول چطور ما عاشق هم شدیم. کدام چیز مشترک توی ما بود که ما دو وصله‌ی ناجور را به هم چسباند. آشنا شدنمان هم مثل ایرانی‌های دیگر نبود که توی خارج ازدواج می‌کنند. بر عکس ایرانی‌ها که توی مهمانی، رستوران، کالج، یا با معرفی آشناها دوست می‌شوند و ازدواج می‌کنند، ما جایی رمانتیک‌تر از کار روزنامه پخش‌کنی برای این‌کار پیدا نکردیم. همان روز اول که رفته بودم سر کار روزنامه، یعنی همان ساعت سه و نیم شب که رفتم سر جایگاه که روزنامه‌ها را تحویل بگیرم، آمد جلو و پرسید که آیا ایرانی هستم. گفتم، "با این قیافه و این سبیل می‌خواستی فرانکفورتی باشم؟"

وقتی خندید، فکر کردم چقدر خنده‌اش شیرین بود. مدت‌ها بود که با یک دختر ایرانی صحبت نکرده بودم. ولی ادامه‌ی آشنایی‌مان شاید به خاطر کار مشترکمان بود. هر شب ساعت سه‌ونیم همدیگر را می‌دیدیم. کتاب‌فروشی پدرم را می‌شناخت. چند برابر وزن من کتاب خوانده بود. ولی از روزی که آمده بود کانادا، دیگر این عادت از سرش افتاده بود. شانس من بوده. حالا فقط تلویزیون می‌بیند و فروشگاه‌ها را گز می‌کند. ولی جالب این است که اسم هیچ‌کدام از هنرپیشه‌ها را نمی‌داند. از روی قیافه می‌شناسدشان ولی هیچ‌گاه تیتراژ فیلم‌ها را نگاه نمی‌کند که اسم‌ها را بخواند. مجله و روزنامه و کتاب را هم که از بیخ طلاق داده است. فیلم نگاه می‌کند که فکر نکند. برایش مهم نیست که کی چه‌کاره است. اخبار را هم نگاه نمی‌کند. شده یک موجود عجیبی که نمونه‌اش شاید تنها توی کتاب یا توی ایران پیدا بشود. فکر می‌کنم مادرم هم همین‌طور بوده. البته او به جای تلویزیون دیدن، دیوان حافظ می‌خواند. بعید نیست بعد از اینکه زن حاجی شد، مفاتیح و نهج‌البلاغه و از این چیزها را هم خوانده باشد. من و پدرم هر دو بختمان در این بود که گیر جفت‌های

کسالت‌آوری بیفتیم. شاید هم ما جوری با زن‌ها رفتار می‌کنیم که آنها را کسل‌کننده بار می‌آوریم. فریبا در یک سال اول ازدواجمان این‌جوری نبود. می‌گفت، می‌خندید، جنب و جوش داشت. یک بار گفت، "حالا که با همیم دیگه احساس غریبی نمی‌کنم."

پدرم تازه درگذشته بود. فریبا پیشنهاد کرد که به مسافرت، به یک جای گرم برویم. ولی پول نداشتیم که از کانادا خارج شویم. گفتم، "گرم‌ترین جایی که با این پول می‌شود رفت جایی است به اسم اوسویوس در جنوب همین بریتیش کلمبیای خودمان."

بلافاصله گفت برویم. سر اسم اوسویوس کلی مسخره‌بازی درآورد. گفت، "چقدر مثل سی‌و سه‌پل خودمونه."

گفتم، "چه ربطی داره؟"

گفت، "ربطشُ باید حس کنی. دیدنی نیست. همین که یه عالمه صدای س توش داره، یه جورایی به اصفهان مربوط می‌شه."

به‌این ترتیب، اسم اوسویوس در خانواده‌ی ما شد سی‌وسه پل. تازه این اول کار بود. فریبا برای هر چیز مربوط به اوسویوس متناظری در اصفهان پیدا می‌کرد و به آنجا نسبت می‌داد. او که بار اولش بود آنجا را می‌دید، شده بود راهنمای من که برای بار سوم به اوسویوس می‌رفتم. کارشناسیش را در رشته‌ی مدیریت بازرگانی گرفته بود. ولی به من که باستان‌شناسی خوانده بودم طعنه می‌زد که به اندازه‌ی او تاریخ ایران را نمی‌دانم. می‌گفت که حتا اسم کاشی‌کارها و گچ‌برهای عالی قاپو و هشت بهشت اصفهان را هم می‌داند. به گفته‌ی فریبا، دریاچه‌ی اوسویوس در واقع همان حوض میدان نقش جهان است که غربی‌ها از ما دزدیده‌اند. از همه جالب‌تر کویر اوسویوس بود. به‌اش گفتم، "تو که به قول خودت متخصص سی‌و سه پل هستی، این کویری که می‌گن اینجا هستُ به من نشون بده."

دنبال پیدا کردن شن‌زار بی‌آب و علف، سه ساعت تمام دور تا دور شهر را رانندگی کردیم. دست آخر تسلیم شد. گفت، "کویرُ هم همین غربی‌ها دزدیدن. ولی کارشناسای ما هنوز نتونستن رد اونُ پیدا کنن. باید مسئولای امر بودجه‌ی بیش‌تری به ما بدن تا پیداش کنیم."

رفته بودیم و از بالای تپه‌های نزدیک شهر با دوربین به اطراف نگاه می‌کردیم. فریبا دنبال جایی می‌گشت مثل کویر اطراف نایین. وقتی به‌اش گفتم که کویر مدل کانادایی در واقع همان جایی بود که

ما ایستاده بودیم، باورش نمی‌شد. گفت، پس این همه درختچه اینجا تو کویر چی‌کار می‌کنن؟"

چند دقیقه‌ای قدم زدیم. یک‌باره ایستاد. فریاد زد، "یافتم. ببین این غربی‌ها چقدر حیله‌گرن. راس می‌گی، این همون کویر ناپینه. ولی اینا برای این که کسی بو نبره، با این درختچه‌ها استتارش کردن. نگفتم؟ اینا حتا از سر کویر شاه عباس هم نگذشتن."

به همین ترتیب، زاینده رود را هم کشف کرد. در محلی که یک دهکده‌ی سرخ‌پوستی را شبیه‌سازی کرده بودند، کلبه‌ای را هم یافتیم که شبیه عبادتگاه آنها بود. فریبا از این کشف خیلی خوشحال شد. گفت می‌ترسیده که نتواند مسجد شاه را پیدا کند. حالا خیالش راحت شده بود. در راه برگشت، تز پایانی پژوهش علمی‌اش را هم داد. و آن این بود که کریستف کلمب در واقع همین میراث فرهنگی ما را برداشته بوده و به اینجا آورده بوده که قایم کند. این همه هیاهوی کشف امریکا و این چیزها همه برای رد گم کنی بوده. گفتم که تاریخ‌های اینها با هم نمی‌خواند. کشف امریکا قبل از صفویه است. گفت، "یکی از چیزای دیگه‌ای که اینا دستکاری کردن، همین تاریخ اتفاق‌هاس. اگه تاریخشُ عوض نمی‌کردن که دستشون رو می‌شد."

سفر سی و سه پل مثل حج واجب چند سالی تکرار می‌شد، تا این دو، سه سال که دیگر دل و دماغ هیچ چیزی نمانده. خواستم کمی به یاد آن روزها بیفتد، گفتم، "بریم ببینیم این برج‌هایی که می‌گن دارن می‌سازن و عالی قاپو رو به خطر انداخته، واقعیت داره یا نه."

گفت، "به جهنم که عالی‌قاپو در خطره. مگه مال بابامه."

نه. من کار بدی نکرده‌ام که باعث کسالت و دل‌مردگی فریبا بشود. وقتی با من آشنا شد، خودش اعتراف کرد که چراغ‌هایش را روشن کرده‌ام. یک چیزی احتمال دارد. از روزی که زایمان کرد، دیگر به حالت اولش برنگشت. اوایل فکر می‌کردم که از افسردگی بعد از زایمان است. موقتی است؛ عادی است. ولی این‌طور نبود. حالا رسیده به اینجا که تا ناراحت می‌شود، هر چه دم دستش باشد را پرت می‌کند. جالب این است که اگر هم بخت یارمان باشد و چیزی را که پرت کرده شکسته نشود، بلند می‌شود و با حوصله‌ی تمام آن را دوباره برمی‌دارد و تا آن را نشکند، دست بر نمی‌دارد. همیشه

هم می‌گذارد که من بروم و خراب‌کاریش را تمیز کنم. بعد هم یا من می‌روم جلو، یا او می‌آید و آشتی می‌کنیم.

فکر می‌کردم که همین جور یک رابطه‌ی کژدار و مریز داشته باشیم بهتر از این است که کارمان به دفتر ازدواج و طلاق بکشد تا مجبور شویم آدم‌های کلاشی مثل حاج باقر را برای رفع و رجوع مسائل خانوادگی‌مان واسطه کنیم.

شاید فکرم اشتباه باشد، ولی به نظرم بیشتر دفترخانه‌ها آدم‌هایی شبیه حاج باقر هستند. من که البته سر و کاری با دفترخانه‌ها نداشته‌ام، ولی با تعریف‌هایی که پدرم از کثافت‌کاری‌های حاج باقر و دوستانش در آنجا می‌کرد، دیگر نمی‌خواهم پایم به هیچ دفترخانه‌ای باز بشود. چطور یک آدم می‌تواند آن‌همه بی‌شرف باشد. رابطه‌اش با پدرم که خراب شد، شروعش از همان دفترخانه بود. فاسد شدن خود باقر هم، این‌طور که پدرم می‌گفت، از همان کار کردن در دفترخانه شروع شد. پدرم بارها می‌گفت خوشحال است که نرفت در دفترخانه کار کند، با وجودی که حاج باقر برایش کاری در آنجا پیدا کرده بود.

آن وقت‌ها که هنوز طلبه بودند و هم‌اتاقی، شبی باقر می‌آید، دست‌پاچه. دست‌هایش را به هم می‌مالیده. می‌خواسته چیزی بگوید ولی رویش نمی‌شده. این پا و آن پا می‌کند و دست آخر از پدرم خواهش می‌کند آن شب را برود پیش دوستانش و خانه را در اختیار او بگذارد. بعد جریان را تعریف می‌کند که توی حرم معصومه، لب حوض نشسته بوده و زنی از او تقاضای کمک می‌کند. باقر به زن پیشنهاد می‌کند که صیغه بشود. ولی او قبول نمی‌کند و با عصبانیت می‌رود. نیم ساعتی که می‌گذرد، برمی‌گردد و قبول می‌کند. از آن پس باقر هر هفته یک شب زن را به اتاقش می‌برد. چند ماهی از رابطه‌ی باقر با آن زن می‌گذرد، تا اینکه یک شب باقر پریشان احوال دوباره دست به دامان پدرم می‌شود. می‌گوید، "نمی‌دانم چه خاکی تو سر خودم کنم. فرشته حامله است."

پدرم تا آن‌زمان نمی‌دانسته که فرشته اسم آن زنی است که با باقر سر و سرّی دارد. باقر که می‌دانسته فرشته شوهر دارد، به او می‌گوید که نباید ناراحت باشد، چرا که همه فکر می‌کنند بچه از شوهر خودش است. فرشته می‌گوید که شوهرش خودش که می‌داند بچه مال او نیست، چرا که بیش از یک سال است با او نخوابیده. باقر سعی می‌کند که او را دست به سر کند، ولی او ول کن نبوده. فرشته گفته بوده که او طلاقش را از شوهرش می‌گیرد و بعد باقر باید او را عقد کند. باقر قبول نمی‌کند. او تهدید کرده بود که به محل کار باقر می‌رود و آبرویش را می‌برد. باقر از او خواسته بود که سه روز به‌اش وقت بدهد. باقر شب را تا صبح نشسته بوده. پدرم هم با او نشسته بوده و سعی می‌کرده کمکش کند. همه‌ی راه‌ها را بررسی کرده بودند. پدرم پیشنهاد کرده بوده که با شوهر فرشته که معتاد به هروئین بوده صحبت کنند. شاید راضی بشود مسئولیت بچه را به عهده بگیرد. فرشته مجبور بوده برای بزرگ کردن پسر سه ساله‌اش و هزینه‌های هروئین شوهرش هر کاری می‌تواند بکند. باقر پدرم را می‌فرستد که یک بار دیگر با فرشته صحبت کند و پیشنهاد پول کند شاید او خودش در قبال پول مسئله را حل کند. پدرم زن را لب حوض در صحن حرم معصومه پیدا می‌کند. نشانی می‌دهد و با او سر صحبت را باز می‌کند. پدرم می‌گفت که فرشته یک‌ریز اشک می‌ریخت. او زیر بار پیشنهاد نمی‌رود، چرا که اگر خانواده‌ی شوهرش بدانند که او با کسی رابطه‌ی نامشروع داشته، او را می‌کشند. آن‌وقت آنها انتظار دارند که او ازش بخواهد بچه‌ی حرام‌زاده بزرگ کند؟ پدرم آدرس خانه‌اش را می‌گیرد که برود خودش با شوهرش صحبت کند ولی فرشته قسمش می‌دهد که چیزی به شوهرش نگوید چرا که او اگر هم خودش نتواند کاری بکند، فوری به خانواده‌اش خبر می‌دهد و آنها هم سرشان درد می‌کند برای خونریزی و چاقوکشی.

روز بعد که باقر با پدرم داشته‌اند به طرف حرم می‌رفته‌اند، فرشته یک‌باره جلوشان ظاهر می‌شود و داد و هوار راه می‌اندازد. پدرم و باقر هر کدام به یک طرف فرار می‌کنند.

شب بعد باقر حدود ساعت یک بعد از نیمه شب به خانه برمی‌گردد. تمام بدنش می‌لرزیده. دندان‌هایش به هم می‌خورده. هر چه پتو داشته‌اند روی خودش می‌اندازد. پدرم به‌اش چای و نبات می‌دهد.

فکر می‌کند سرما خورده است. اوایل پاییز بوده. هیچ نمی‌گفته. فقط می‌لرزیده و می‌گفته، "بیچاره شدم." یکریز تکرار می‌کرده. یک ساعتی که می‌گذرد بلند می‌شود و با همان حال، چمدانش را بر می‌دارد و می‌گوید که می‌خواهد برای چند روزی به خانه برگردد. پدرم تعجب می‌کند. درس‌ها تازه شروع شده بوده و برای مرخصی باید از استاد اجازه می‌گرفته. باقر از پدرم می‌خواهد که به حاج آقایی که استادشان بوده بگوید ضرورت خانوادگی برایش پیش آمده بوده و باید فوری می‌رفته. حتا صبر نمی‌کند که صبح بشود. روز بعد طرف‌های غروب، باقر تلفن می‌کند و می‌پرسد که آیا کسی سراغی از او گرفته یا نه. پدرم به‌اش می‌گوید که استادش با مرخصی موافقت کرده. باقر می‌خواسته مطمئن شود که مأموری کسی دنبالش نیامده باشد. هر روز باقر زنگ می‌زده و همین را از پدرم می‌پرسیده. پدرم ازش می‌پرسد که جریان چیست. باقر می‌گوید، شاید فرشته شکایت کرده باشد. ده روزی می‌گذرد و باقر برمی‌گردد. به پدرم می‌گوید که اگر کسی سراغش را گرفت، بگوید که باقر آنجا زندگی نمی‌کند. بالاخره شبی باقر و پدرم عرق‌خوری می‌کنند و باقر سفره‌ی دلش را خالی می‌کند. شبی که رفته بود به فرشته پیشنهاد پول کند، زیر پل فلزی قرار گذاشته بودند. فرشته زیر بار پول نرفته بوده و می‌گفته که خانواده‌ی شوهرش خیلی غیرتی هستند و می‌ترسد آنها بلایی سر خودش و بچه‌اش بیاورند. تنها چیزی که می‌خواسته این بوده که طلاقش را از شوهر معتادش بگیرد و با باقر ازدواج موقت کند. باقر که می‌بیند فرشته سرسخت است، میله‌ی فلزی را که از قبل آماده کرده بوده به سرش می‌کوبد و او را می‌کشد. پدرم همیشه خودش را سرزنش می‌کرد که اگر بیشتر تلاش می‌کرد شاید زن بیچاره زنده می‌ماند. می‌گفت هیچ‌وقت فکر نمی‌کرده که باقر آن‌قدر سنگ‌دل باشد که به آن راحتی آدم بکشد. اگر باقر این همه قدرت نداشت شاید می‌شد او را به محاکمه کشید. ولی الآن دیگر فایده ندارد. همه جا نفوذ دارد.

پدرم که خودش را مقصر می‌دانست، بعد از آن ماجرا به بهانه‌های مختلف به خانواده‌ی فرشته سر می‌زد و به پسری که از او بازمانده بود کمک می‌کرد. گاهی سر راه مدرسه‌اش می‌رفت و مقداری پول را که توی پاکتی گذاشته بود به او می‌داد. قضیه را ولی به او نگفته بود تا اینکه سر و کله‌ی گوردون، گزارشگر انگلیسی، پیدا شد.

مردکه‌ی سمج باعث شد فتنه‌ی خوابیده دوباره بیدار شود. هرچه پدرم به‌اش گفت که از نزدیک شدن به حاج باقر منصرف شود، توی گوشش نرفت. می‌گفت که دیگر زمانه عوض شده. دولت اصلاحات به آزادی مطبوعات پایبند است. می‌گفت شما خودسانسوری می‌کنید. اصلاحات بدجوری دلش را برده بود. به جهنم اگر خودش باورش شده‌بود، سوء تفاهم پیدا کرده بود. ما را هم قاتی کرد. کاری کرد که باقر مرا هم وارد لیست سیاه کند. چاره‌ای نبود. پدرم اصرار کرد که من در بروم، چند ماهی پس از بازی اصلاح‌گرایی.

انگار همین دیروز بود که با پروین برای خارج شدن از ایران قرارداد بستیم. هوا گرگ و میش بود. ماشین‌ها سپر به سپر در راه‌بندان میدان امام حسین مثل بغض سمجی در گلوی خیابان گیر کرده بودند. خانم مانتوپوشی که روی صندلی پشتی تاکسی کنار من نشسته بود، گردنش را دراز کرد تا با راننده صحبت کند. روپوش قهوه‌ای به سختی خانم را در خودش گنجانده بود. دکمه‌های روپوش تلاش داشتند که دو طرف آن را به هم گیر بدهند، ولی وقتی که او خودش را جلو کشید، از درز بیضی شکل میان دکمه‌ها پیراهن زرد طلاییش چشمک زد. روی لب بالایی خانم قطره‌های عرق مثل شبنم بی تحرک نشسته بودند. عرق فاصله‌اش را با رژ لب حفظ کرده بود. رو به راننده گفت، "می‌شه من همین جا پیاده بشم؟ این ماشینا که تکون نمی‌خورن. اگه پیاده برم زودتر می‌رسم."

صدای خانم از قیافه‌اش بسیار ظریف‌تر بود. راننده که داشت او را از توی آینه نگاه می‌کرد، جوابش را نگه‌داشت تا بتواند آدامس را یک دور کامل توی دهانش بچرخاند. ریش خدا می‌داند کی تراشیده‌اش حجابی بود که سن تقریبی او را پنهان می‌کرد. گفت، "نمی‌تونم بزنم کنار. می‌تونین همین‌جا پیاده شین."

زن نگاه بریده‌ای به من انداخت و خودش را به طرف در کشید و گفت، "بذارین سعیُم بکنم."

بالاخره پیاده شد. چند ثانیه پس از او متوجه شدم که بهتر بود من هم همان موقع پیاده می‌شدم، چرا که تا مغازه راهی نبود. راه‌بندان همچنان به قوت خود باقی بود. خانم را دیدم که با وقار در پیاده‌رو

به سمت میدان قدم می‌زند. داشت با یک دست ماهرانه چند تار از کاکلش را از زیر روسری بیرون می‌کشید. به نظر می‌رسید که قبل از برداشتن هر قدم، در باره‌ی آن به طور مفصل فکر می‌کند. گرچه پاشنه‌ی بلند کفش‌هایش نُت یکنواختی را در هر قدم تکرار می‌کرد، اما نمی‌توان مشارکت او را در سمفونی بالای ده میلیون نفری تهران چندان چشمگیر دانست.

همین که وارد مغازه شدم، پدرم گفت، "خوب شد اومدی. سیگارم تموم شده. حواست باشه تا من برگردم. در ضمن دلالی که مسیو آیواز پیدا کرده هم ممکنه سر و کله‌ش پیدا بشه. بگو بشینه تا من بیام."

می‌دانستم که بدش نمی‌آید از طفیلی سیگار گرفتن قدمی هم بزند، وگرنه من می‌رفتم برایش می‌گرفتم. فنجان چایش را سرکشید و سیگار روشنش را از گوشه‌ی زیرسیگاری برداشت و گوشه‌ی لبش گذاشت. از در خارج شد. بلافاصله خانمی وارد شد. همان خانمی بود که با من از تاکسی پیاده شده بود. فکر نمی‌کردم او همان دلال باشد. خانم گفت، "به آقای کاوه‌ای بگین که پروین اینجاست."

وقتی گفت که با آقای کاوه‌ای کار دارد، فهمیدم که اوست؛ چون فقط مسیو آیواز پدرم را آقای کاوه‌ای صدا می‌کرد. گفتم، "الآن می‌رسن. من می‌تونم کمکی بکنم؟"

جواب داد، "انگار شما را یه جایی دیدم. شما منُ می‌شناسین؟"

گفتم، "تو تاکسی همین چند دقیقه پیش؛ همسفر بودیم."

با بی‌حوصله‌گی گفت، "آهان. از بس این گرما کلافه می‌کنه آدمُ."

کتابی را از قفسه‌ی کتاب‌های تاریخی برداشت و باهاش سر خودش را گرم کرد. چای تعارف کردم ولی رد کرد. طولی نکشید که پدرم وارد شد، سیگار روشن لای انگشتش. از پروین خانم معذرت خواست، "ببخشین، سیگارم بد موقع تموم شد. باید می‌رفتم بگیرم."

پدرم وسط مغازه ایستاده بود و رو به پروین حرف می‌زد. پروین یک قدم به عقب برداشت و با پهنای کف دستش، دود سیگار را از جلو صورت خودش کنار زد. "آقای کاوه‌ای، اون سیگارتون رو خواهش می‌کنم خاموش کنین. من به دود حساسیت دارم. برای خودتون هم ضرر داره. می‌دونین که."

پروین بدون اینکه جواب سلام پدرم را بدهد، به او اعتراض کرد. پدرم سیگارش را تا مقابل صورتش بالا آورد، نگاهی به آتش آن انداخت و بعد یک قدم جلوتر رفت و آن را توی زیرسیگاری روی پیش‌خوان خاموش کرد.

پروین آن وقت ادامه داد، "دست شما درد نکنه. سلام. ببخشین که من بی رو در بایستی حرفُم می‌زنم. ولی یادتون باشه، آقای کاوه‌ای، رک و راست بودن از قدیم مال ما ایرانی‌ها بوده، مگه نه جوون؟" پروین رو به من پرسید.

من با تکان سر جواب خنثایی دادم و نگاهم را به پدرم دوختم، انگار از او دعوت می‌کردم که جواب بدهد. پدرم پروین را به پستوی مغازه که در واقع هم دفتر کار و هم انباری بود هدایت کرد. پستو قفسه‌بندی نشده بود. کتاب‌ها کپه‌کپه روی هم تلنبار شده بودند. یک میز و یک صندلی فلزی قدیمی آنجا گذاشته شده بود که زیر و رویشان پر از کتاب بود. کتاب‌ها چندان آشفته و درهم برهم بودند که کسی باور نمی‌کرد بتوان کتابی را بدون چند ساعت وقت گذاشتن پیدا کرد. اما پدرم حساب همه‌ی آنها را داشت. بر خلاف آن ظاهر آشفته، کتاب‌ها با دقت خاصی، از قصد، آن طور روی هم چیده شده بودند. پدرم کتاب‌های ممنوع و زیرزمینی را آنجا لای کتاب‌های دیگر پنهان می‌کرد. گاهی کتاب ممنوعه‌ای را توی جلد کتابی عادی می‌گذاشت. کتاب سرمایه‌ی مارکس را با دقت توی جلد کتاب نهج‌البلاغه گذاشته بود. برای اینکه پروین بتواند بنشیند، پدرم کتاب‌های روی صندلی را برداشت. خودش هم روی یکی از کارتن‌های کتاب نشست. صدایشان را نمی‌توانستم بشنوم چون خیلی آرام صحبت می‌کردند. اما هر چه گفتند، از همان لحظه بی‌خانمانی ابدی من شروع شد.

حالا، من شهروند یک میهن جدیدم، به زبان دیگری هم حرف می‌زنم و می‌نویسم. ولی مشکل در اینجاست که دیگر نمی‌دانم با کی حرف می‌زنم، یا برای کی می‌نویسم. در هیچ یک از زبان‌هایم. بی‌خانمانی یک جورهایی با بی‌مخاطبی مترادف است. هم‌میهنان قدیمی‌ام که دیگر حرف‌های مرا جدی نمی‌گیرند، چرا که من به خاطر دوری از زادگاهم شناخت درستی از آنجا ندارم. می‌گویند آدم‌های مثل من ذهنیت‌شان را به جای واقعیت می‌گیرند.

هم‌میهنان جدیدم هم مرا جدی نمی‌گیرند. چون که فکر می‌کنند تجربه‌هایم مال جای دیگری است. هیچ‌کس فکر نمی‌کند که ما تجربه‌ی دو زندگی را داریم. بلکه همه فکر می‌کنند که نه اینیم و نه آن. چوب دو سر گُهی. بدبختی این است که درست هم فکر می‌کنند. دیگر نه آنجایی هستیم، نه اینجایی. فقط به درد واسطه‌گری برای تبادل اطلاعات کاربردی سطحی می‌خوریم. مثل راهنمایی برای صادرات پسته و واردات روغن نباتی، برای گردشگری، برای ترجمه‌ی متن‌های تولید شده در میهن جدید و قدیم به همدیگر. نوشته‌های خودِ ما که خریداری ندارد، مخاطبی ندارد، مثل خود ما. ما خریداری نداریم. کی اهمیت می‌دهد که ما چه مرگمان است. دست بالایش می‌شویم دلال. دلال برای چاق کردن کار آنهایی که می‌خواهند بعد از ما بیایند. گاییده همه را؛ این غرب بی پدر مادر گاییده همه را.

نمی‌دانم چرا وقتی می‌خواهیم از مملکتمان در برویم، بی چون و چرا به اروپای غربی و آمریکای شمالی فکر می‌کنیم. استرالیا هم که البته از همین قماش است. چرا تصمیم نمی‌گیریم که برای مثال برویم برونئی، فیلیپین یا شیلی. مگر نه این است که می‌خواهیم جانمان را نجات بدهیم؟ واقعیت این است که غرب کشش دارد. افسون می‌کند. از اینها گذشته، پذیرنده است. قلبش بزرگ است. خودش را قوی می‌داند و ترسی از خارجی ندارد. این‌قدر وسعت دارد که همه‌ی آدم‌ها و فرهنگ‌ها را توی خودش حل کند، بخشی از خودش کند.

تنها صنعت غرب نیست که به زهره می‌برد. نگاه کن به معماریش، به موسیقی‌اش که هوش از سر می‌برد، به شعرش، به نقاشی‌اش، به رقصش، به فلسفه‌اش، به فیلم‌هایش که دل می‌برد. همه‌ی اینها یک فضای سرگیجه‌آوری درست می‌کند که دلت می‌خواهد خودت را آن تو غرق کنی، گم شوی، بخشی ازش شوی. اگر می‌شد، خوب بود. خیلی خوب بود. ولی نمی‌شود. گذشته‌ی آدم، فرهنگ و تاریخش هم هست که جان‌سختی می‌کند. این‌قدر مقاومت می‌کند، اما و اگر می‌کند که از خیرش می‌گذری. قید همه‌اش را می‌زنی و اگر راهی داشته باشی، دمت را می‌گذاری روی کولت و برمی‌گردی همان جایی که ازش آمده‌ای. اما مصیبت وقتی است که نتوانی برگردی. کسی که یک جورهایی محکوم است که برنگردد، یا باید خودش را

توی میهن جدید غرق کند یا توی اقیانوس. تنها می‌توانی با پاک کردن صورت مسئله، که خودت باشی، آرامش پیدا کنی.

مگر من راه دیگری دارم؟ من نخواستم، یا نتوانستم خودم را غرق این فرهنگ کنم. هیچ‌وقت نخواستم قاتی شوم. شاید اشتباه کرده‌ام. درست است که تحویل نمی‌گیرند، مثل یک آدم دست دوم نگاهت می‌کنند، ولی من هم خودم را کنار کشیدم. قهر کردم. قهر کردن درست نیست. باید قاتی شد. اگر نتوانی، می‌دانی چه می‌شود؟ قاتی می‌کنی. حالا که دیگر گذشته. ولی می‌شد توی همان کلاس‌های انگلیسی کریستوفر رابطه‌ی گرم‌تری باهاشان بگیرم. از همکلاسی‌ها گذشته، معلم‌هایی مانند کریستوفر هم آدم‌های بدی نبودند. یک چیز که دستگیرم شد این است که آدم‌های باسوادترشان بهتر با خارجی‌ها کنار می‌آیند. شاید برای این است که کنجکاوترند. محبت کریستوفر البته از سر کنجکاوی نبود. از مهربانی خودش بود. کاری کرد که کمتر کسی در اینجا می‌کند. شاگرد کلاس زبانش بودم. گفتم می‌خواهم ادامه تحصیل بدهم و باید چند نمونه از نوشته‌هایم را برایشان بفرستم. فوری گفت، "کارَت را بدون ویرایش نفرست."

گفتم، "خودم به دقت چند بار آن را ویرایش کرده‌ام."

فهمید که پول برای ویراستار گرفتن ندارم. گفت، "اگر دوست داری، بده نوشته‌ات را یک بار من بخوانم، بعد بفرست."

کارهایم را ویرایش کرد. دو روز تمام، دو روز آخر هفته را نشست و وقتش را گذاشت روی کار من. یک سِنت هم نگرفت. گفت، "من از این بچه‌های بالاشهری دستمزد حسابی می‌گیرم. احتیاجی ندارم که از تو بگیرم."

دمش گرم. ولی همان بود و رابطه‌مان با رفتن من از آن کلاس‌ها قطع شد. خوب مشکل از ما هم هست. ما هم آدم‌های بجوشی نیستیم. بهتر نبود یک شب کریستوفر و زنش را دعوت می‌کردم خانه برای شام؟ لابد فریبا هم برایشان قورمه‌سبزی می‌پخت. برای آدم‌هایی مثل کریستوفر که همیشه دنبال غذای سالم هستند باید دستور پخت غذایمان را کمی تغییر بدهیم. ولی فریبا که توی کله‌اش نمی‌رود. اگر به‌اش بگویی که غذایش کمی شور است، مثل این است که به‌اش گفته باشی خدایت لوچ است. فوری بشقاب را از جلوت برمی‌دارد و

می‌گوید، "مجبور نیستی بخوری. برو خودت بهترش را درست
کن."

درست نیست که هر وقت ازت انتقاد کردند، برگردی بگویی همین
است که هست؛ یا از آن بدتر، بگویی گر تو بهتر می‌زنی بستان
بزن. آن شب اما من از دست‌پخت او انتقاد نکردم. از آن نوع غذا
انتقاد کردم. فقط گفتم که بهتر بود توی قورمه‌سبزی به جای گوشت
قرمز، گوشت مرغ می‌ریختیم. و از طرف دیگر، سبزی را نباید آن
قدر زیاد پخت، چون که دیگر چیزی ازش نمی‌ماند. سبزی را باید
فقط یک کوچولو تفت داد، همین. مشکل سومِ قورمه‌سبزی روغن
زیادش است. نمی‌دانم چه احتیاجی به روغن دارد. یک عالمه روغن
می‌ریزند تویش و درِ دیگ را می‌گذارند تا بار بیاید. بعد از یک
ساعت که درِ دیگ را برمی‌دارند، می‌گویند، "بیا ببین چه روغنی
انداخته."

خر خودشانند. خیال می‌کنند چون ما آشپزی نمی‌کنیم، این‌قدر
حالیمان نمی‌شود که سبزی به روغن نمی‌افتد. آن روغن، روغنی
است که کدبانو تویش ریخته. حالا فسنجان را اگر بگویند به روغن
افتاده، یک چیزی. آدم می‌تواند به خودش بقبولاند. ولی
قورمه‌سبزی، به هیچ رو. خوب بود که آن‌وقت‌ها هنوز عادت
چینی‌شکنی نداشت، وگرنه بشقابم را در جا شکسته بود. کاری کرد
که مجبور شدم دست از خوردن قورمه‌سبزی بکشم و بروم تخم
مرغ بخورم. می‌گفت، "همین مونده که تو به من آشپزی یاد بدی.
برام شده رُزا منتظمی. دلم خوش شوهر دارم. قورمه‌سبزی که
گوشت نداشته باشه، سبزیش هم خام باشه، روغن هم توش نباشه، به
درد عمه‌ی تو می‌خوره."

آن روزها فریبا کمی ظرفیت شوخی و انتقاد داشت. ولی مدت‌هاست که دیگر آن را هم از دست داده. فقط با دوستانش جوک‌های اینترنتی رد و بدل می‌کند.

به گمانم مزدا دو ساله بود که فریبا اولین جنگ چینی‌شکنی را راه انداخت. کارهایی که آن شب از او سر زد، در بین غربی‌ها فقط توی فیلم‌ها ممکن است اتفاق بیفتد. از قضا، آن روز من حالم خوب بود. منظوری نداشتم. یک کلمه از زبانم در رفت و گفتم، "تو هر جا دلت خواست می‌ری." همین را پیراهن عثمان کرد و خانه را عین خیابانی کرد که گودزیلا از آن رد شده باشد. بلند شد، ایستاد. ظرف کریستال روی میز را برداشت و تا راست سرش بالا برد و گفت، "حرفت را پس بگیر."

ظرف پر از پسته و مغز بادام و گردو و از این آشغال‌ها بود. گفتم، "پس نمی‌گیرم."

دوباره داد زد و من نه گفتم. کاسه را با آجیل طوری به زمین کوبید که هر یک دانه آجیل با بدرقه‌ی شصت تا تکه خرده شیشه توی اتاق پخش شد. نگاهش کردم. آرام به طرف میز تلویزیون رفت و سرویس چای‌خوری استکان کمر باریک محبوب خودش را برداشت و دوباره از من پرسید. من هم مجبور بودم که حرفم را پس نگیرم. الاغ که شاخ و دُم ندارد. خوب شاخ ندارد ولی دُم دارد. الاغ شده بودم لج کردم. آن را هم به زمین زد و شکست. دستگاه پخش ویدیو را برداشت و سؤالش را تکرار کرد. آن را با تمامِ زورش انداخت و جفت‌پا رویش پرید تا مطمئن شود که حسابی شکسته شده است.

وقتی بدنه‌اش خوب مچاله شد و صدای جریق جریق جریق ازش درآمد، ولش کرد؛ تنها برای آنکه به سراغ دستگاه پخش دی‌وی‌دی برود. خوشبختانه دیگر سؤال بی‌معنی‌اش را تکرار نکرد. از اینجا به بعد، مثل کارمندان سفارت آمریکا در تهران که مجبور بودند مدارکشان را به سرعت نابود کنند تا به دست دانشجوهای انقلابی نیفتد، هر چه شکستنی دم دستش می‌آمد را با عجله به زمین می‌کوبید و می‌شکست. ظرف بلور آبلیمو و روغن زیتون روی میز غذاخوری، بشقاب‌های روی میز، لیوان‌ها، و البته به خاطر عجله‌ی زیاد گاهی چیزی که شکستنی نبود، مثل قاشق و چنگال‌ها، را هم پرت می‌کرد. تنها کاری که من کردم این بود که مزدا را بغل کنم و سر جایم بنشینم. مزدا گریه می‌کرد. سعی می‌کردم آرام دلداری‌اش بدهم. فریبا وقتی که ترتیب همه‌ی شکستنی‌های توی سالن را داد، به طرف در رفت. سر راهش تلفن را هم کشید طوری که سیمش بریده شد و بعد آن را به دیوار کوبید. با خودش گفت، "به من می‌گی که هر جا دلم می‌خواد می‌رم، هان؟"

دلم می‌خواست بگویم غلط کردم ولی نمی‌توانستم. ساکت نگاهش می‌کردم. قبل از خارج شدن، گلدان گل بنفشه‌ی افریقایی را هم با لگد کله پا کرد. خاک گلدان بخشی از خرده‌شیشه‌ها را مدفون کرد. زمزمه کرد، "به‌ات نشون می‌دم هر جا رفتن یعنی چه."

صدای باز و بسته شدنِ درِ گاراژ آمد. از پنجره ماشین را دیدم که وارد خیابان شد و با سرعت دور شد. مزدا توی بغلم هق هق می‌کرد. خوش‌بختانه تلویزیون هنوز کار می‌کرد. برنامه‌ی محبوب مزدا را گرفتم و نشاندمش که ببیند. مزدا بُهت زده شده بود و با آهنگ یکنواختی ناله می‌کرد. به‌اش گفتم که از روی مبل تکان نخورد چرا که ممکن بود خرده‌شیشه پایش را ببرد. شروع به تمیز کردن کردم. اول خرده‌شیشه‌های درشت‌تر را توی پلاستیک ضخیم مخصوص نخاله‌های ساختمانی ریختم، بعد ریزترها را جارو برقی کشیدم.

یک ساعتی گذشت. سیم تلفن را سر همبندی کردم. شماره‌ی تلفنِ همراهِ فریبا را گرفتم و گوشی را به مزدا دادم. به‌اش گفتم، "فقط حرف بزن. بگو مامان برگرد."

گوشی را برنداشت. مزدا پیغام گذاشت. چند دقیقه بعد، دوباره شماره را گرفتم و از مزدا خواستم همان کار را بکند. این بار جواب داد. به مزدا گفت که شام بخورد و بخوابد. مزدا نه شام خورد و نه خوابید. دو ساعتی گذشت و خانم برگشت. یک جعبه کیک دارچینی از نوعی که همهمان دوست داشتیم خریده بود. آن را روی میز گذاشت و رفت برای خودش چای ریخت. هنوز با مزدا حرف نزده بود. چایش را که خورد، نگاهی به مزدا کرد و به او گفت که برود پیشش. مزدا بی معطلی خودش را توی بغلش انداخت. من برگشتم پشت کامپیوتر که گوشه‌ی همان سالن نشیمن بود. مزدا نفس عمیقی کشید و هق هقش بند آمد. فریبا با دستمال صورتش را تمیز کرد و دماغش را گرفت. من هم برای خودم چای ریختم و با یک دانه از کیک‌های دارچینی خوردم.

آن شب تا دیروقت با کامپیوتر سرِ خودم را گرم کردم. آخر شب هم پتو و بالشی برداشتم و روی مبل توی سالن خوابیدم. دور و بر ساعت سه پس از نیمه‌شب بود که فریبا آرام آمد توی سالن و نگاهی انداخت. چیزی نگفت. خودم را به خواب زدم. صبح مزدا بیدارم کرد و دیدم که فریبا صبحانه را آماده کرده است. رفتم نان و پنیر و چای شیرینم را خوردم، انگار نه انگار که اتفاقی افتاده باشد. این ماجرا در خانواده به جنگ چینی‌شکنی اول معروف شد.

مسخره است این زندگی لعنتی. چقدر دنگ و فنگ دارد. چقدر پیچیده است رابطه برقرار کردن با همنوع خودت. خوش به حال جانورها که راحت با هم اختلاط می‌کنند. ولی ما حتا توی خودمان هم همیشه بگو مگو داریم. با غربی‌ها نمی‌توانیم بجوشیم، یک حرفی. خوب حق هم داریم. به اندازه‌ی شرق تا غرب با هم فاصله داریم. ولی آدمی مثل مروان که عرب هست هم آبش با ما توی یک جو نمی‌رود. به‌اش گفتم، "تو برو به ماشین شویی‌ات برس. آخه تو را چه به مسئله‌ی تاریخی عرب و عجم؟"

تقصیر خودش بود. از بس عجم عجم کرد، مجبور شدم چندتا کلفت بارش کنم. بُرُس کف شامپو را به ماشین می‌مالید و حرف می‌زد. مروان البته با من آشنا بود. مدتی در همان پمپ بنزین همکارش بودم. ولی انگار اینها برایشان عادی است که به هر کس عرب نباشد، حتا اگر مسلمان هم باشد به چشم موجودی دست دوم نگاه کنند. طوری رفتار می‌کنند انگار که خدا مال آن‌هاست و بقیه باید فقط تابع آنها باشند. آن روز پسرم همراهم بود که رفتم پیشش ماشینم را بشویم. اسم پسرم را پرسید. گفتم که اسمش مزداست. مروان دوباره پرسید، "چرا اسم فرنگی رویش گذاشته‌ای، مگر مادرش اروپایی است؟"

گفتم، "اسمش اروپایی نیست. ایرانی اصیل است."

باورش نمی‌شد که اسم ایرانی اصیل هم وجود داشته باشد. می‌گفت می‌داند که ما شیعه هستیم، ولی به هر حال اول مسلمانیم و بعد ایرانی. برایش توضیح دادم که من اول ایرانی‌ام، بعد مسلمان؛ و

مزدا کلمه‌ای ایرانی و مربوط به پیش از پیدایش اسلام است. توی کله‌ی این جماعت انگار همه‌چیز همان است که در دین آمده. هیچ چیز خارج از آن نیست و اگر هم باشد، شیطانی است و باید نابود شود. به عربی گفت، "العربیه لسان الله تعالی".

گفتم، "بعید هم نیست. ولی در اون صورت الله باید خیلی از مرحله پرت باشه. هیچ کجای دنیا به اندازه‌ی منطقه‌ی خاور میانه پیغمبر تولید نکرده. آخوندهای ما می‌گن که سد و بیست و چهار هزار پیغمبر به کویرها و نخلستونها و زیتون‌زارهای اونجا فرستاده شده‌اند. همه هم ادعا می‌کنن که اول و وسط و آخر علم و معرفتن. ولی حتا یک دونه از این همه پیغمبر نتونست بفهمه که درست زیر پاش دریای نفته. باید تا قرن بیستم میلادی صبر می‌کردن تا یک بابای کافر انگلیسی بیاد و وحی کشف نفت رو بر این کارخونه‌ی تولید انبوه پیغمبر نازل کنه."

بُرُس را گذاشت توی سطل و دست به کمر زد. چشمهایش وق زد بیرون. نصف ماشین را کف مالیده بود و حالا ایستاده بود تا تکلیف دین مرا روشن کند. همین که اینها را گفتم چند بار پشت سر هم پرسید، "تو مجوسی؟ تو مجوسی؟"

یکباره یادش آمد که اسم خود من هم بویی از اسلام نبرده. زد به پیشانی خودش و گفت، "من چقدر احمقم که چون عجم بودی همیشه فکر می‌کردم لابد مسلمون شیعه‌ای."

می‌خواستم واکنشش را ببینم. پرسیدم، "نگفتی اشکال مجوس‌ها چیه؟"

گفت، "آتش‌پرستند. انّ‌الدّین عندالله الاسلام."

گفتم، "تو داری از قول خدای خودت نقل می‌کنی. به همین شکل من هم می‌تونم ادعا کنم که خدای من هم می‌گه دین مجوس تنها دین پذیرفته شده‌س."

شروع به قرآن خواندن کرد. فرض می‌کرد که من معنی همه‌ی قرآن را می‌دانم. ولی چیزی دستگیرم شد که تا آن زمان به آن روشنی به فکرم نرسیده بود. فهمیدم که خدای اسلام تنها تا وقتی که در جمع خودمانی‌ها هستیم، می‌توانیم به‌اش تکیه کنیم و امید داشته باشیم که هوامان را داشته باشد. ولی اگر بین تو و یک عرب مشاجره‌ای پیش بیاید، تازه متوجه می‌شوی که خدایت پشتت را خالی

می‌کند. یک‌باره متوجه می‌شوی که آن موجودی که حاضر بودی برایش بمیری مال آن‌هاست. تمام دینش را از بیخ روی زبان و فرهنگ آنها بنا کرده. تو همیشه از نظر دینی در برابر یک عرب، حتا اگر کمونیست باشد، کم می‌آوری.

به هر حال، خدای من در مقابل خدای مروان مثل برف خرداد آب شد. برای اینکه کوتاه بیاید، اعتراف کردم که در خانواده‌ای مسلمان به دنیا آمده‌ام. ولی حرفم را به‌اش زدم. به‌اش گفتم که شما عرب‌ها حتا مسلمان‌های غیر عرب را هم مسلمان درجه دو می‌دانید.

دروغ است که هر کس با خدایش به زبان خودش حرف می‌زند. این که دیگر واضح است. اگر تو به زبان خودت شهادت بدهی که خدا یکی است و پیغمبرش کیست و از این حرف‌ها، به درد عمه‌ات هم نمی‌خورد. اگر نمازت را به زبان خودت بخوانی، آن را بهتر است بگذاری در کوزه آبش را بخوری. هر چه که به خدا مربوط است باید به زبان عربی باشد. صیغه‌ی ازدواج، طلاق، تلقین موقع مرگ و حتا خواندن کتابش قرآن. ترجمه‌ی قرآن فقط برای تفنن است و نمی‌تواند جانشین متن عربی شود. برای همین است که ما همیشه هشتمان گرو نُهمان است.

من هم چه خرافاتی شده‌ام آخر عمری. مملکت‌داری چه ربطی دارد به خدا و مذهب. حالا درست است که آخوندها همه چیز را به خدا مربوط کرده‌اند، ولی این‌جور که نمی‌ماند. دین بالاخره به سر جای خودش برمی‌گردد. آخرش باید برگردد. راه دیگری ندارد. فوقش برش می‌گردانند. حیف که به پدرم وصال نداد. به من هم گمان نمی‌کنم وصال دهد. شاید مزدا بتواند آن روز را ببیند. برای مزدا هم که دیگر فرقی نمی‌کند. او که دیگر از ایرانی بودن فقط اسمش را دارد. بیرون کله‌اش ایرانی است ولی داخلش اروپایی. بعید است که فریبا بَرَش دارد و به ایران برگردند. آدم تا پانزده، شانزده سالگی هر جا باشد، همان جایی می‌شود. شخصیت این بچه غربی شده. حالا هر چقدر هم جان بکنی و توی خانه باهاش فارسی حرف بزنی، فارسی‌دان نمی‌شود. مگر همه‌ی کلمه‌هایی که در حرف‌های روزانه استفاده می‌شود چندتاست؟ همه‌اش چهارصد تا هم نیست. مال ما که از بیست تا هم کمتر است، چون با هم حرفی نمی‌زنیم.

تازه، شخصیت که تنها با زبان ساخته نمی‌شود. بچه به بابا و مامانش نگاه می‌کند، به تلویزیون، به دوستانش، به معلمش، به کتاب‌هایی که‌خوانده، به شخصیت‌های مهم مملکتش و از این جور چیزها. بچه‌ی ما به ما نگاه می‌کند که از ما چه یاد بگیرد؟ بابای روزنامه پخش‌کن چه الگویی برای بچه می‌تواند باشد؟

با این همه، یک چیزی توی این فرهنگ هست که توی فرهنگ ما نیست. بسیار پیش می‌آید که بچه‌های ما خجالت بکشند در اجتماع با پدر و مادر فقیرشان راه بروند. ولی مزدا این‌طور نیست. روزهایی که پای راستم فلج شده بود و با عصا راه می‌رفتم، یک روز که برای کاری به مدرسه رفته بودم، با خودم دلهره داشتم که مزدا وقتی مرا با عصا ببیند کناره بگیرد و نخواهد بچه‌ها بدانند که من پدرش هستم. لباس تمیز پوشیدم، ولی نتوانستم عصا را کنار بگذارم. درد مفصل‌هایم به حدی بود که بدون عصا حتا یک قدم هم نمی‌توانستم بردارم. دکتر می‌گفت که علتش حمله‌ی عصبی است. شاید هم دکتر درست می‌گفت؛ چون هیچ ضربه‌ای به پایم نخورده بود. آرتروز، نقرس یا بیماری دیگری هم نداشتم. مزدا داشت توی زمین والیبال بازی می‌کرد. همین که مرا دید، به سمتم دوید و گفت، "چه شده بابا؟"

بی‌اختیار اشک توی چشمم جمع شد.

مزدا که خودش هم یک پا شده بود روزنامه پخش‌کن. نصف شب بلندش می‌کردیم، می‌گذاشتیمش روی صندلی پشتی ماشین و پتو را می‌انداختیم رویش تا بقیه خوابش را همان جا بکند. درِ ماشین را هی تالاق تالاق به هم می‌کوبیدیم، آن وقت انتظار داشتیم بچه راحت بخوابد.

خوب، هر چیزی یک شروعی دارد و یک پایانی. کار روزنامه پخش‌کنی هم ناگهان به سر رسید. آخرین بار که از خانه زدم بیرون، فکر می‌کردم که فریبا و مزدا هم بدون اینکه روحشان خبر داشته باشد، از شر کار پخش روزنامه راحت می‌شوند. خیلی از کارها همین‌جوری، ناگهانی تمام می‌شود. خیلی از آدم‌ها هم.

روی پل لاینزگیت که نشسته بودیم به زبیگنیو گفتم تنها ناراحتیم این است که فریبا و مزدا بعد از من از چه به سرشان می‌آید. نرفتم دست‌کم یک تحقیقی بکنم. حالا هم که دیگر دیر شده. زبیگنیو هم که خودش حال خوبی نداشت و نیاز بود که یکی به خودش دل‌داری بدهد. با این‌حال سعی کرد قانعم کند که لابد دولت یک برنامه‌ای برای این‌جور آدم‌ها دارد. باید مستمری چیزی به‌اشان بدهند. فکر کردم که به هر حال وضعشان از این که هست بدتر نمی‌شود. می‌دانستم که برای فریبا خیلی سخت است که به اداره‌ی کمک‌های اجتماعی برود و درخواست کمک بکند. به هر حال، او هم غروری دارد. دست دراز کردن پیش هر کسی حتا اگر آن کس دولت هم باشد، آدم را سرافکنده می‌کند. ولی او در نهایت توجیه خوبی دارد. مسئله تنها خودش نیست. سرنوشت مزدا در میان است. او هم که دیگر یک مادر مجرد به حساب می‌آید. جالب است که به‌اش بیوه هم نمی‌گویند. دمش گرم کسی که این اصطلاح مادرِ مجرد را اختراع کرد. این سفیدها در اختراع کردن حرف ندارند. خوبیش در این است که کانادا برنامه‌های جالبی برای مادران مجرد دارد. کمک گرفتن آسان‌تر است. برنامه‌های کمکی‌شان برای حفظ خانواده

چنگی به دل نمی‌زند، ولی یک خروار کمک دارند که وقتی خانواده از هم پاشید، به بازمانده‌های در هم شکسته‌ی آن بکنند. خوب این هم یک جوری جایزه دادن به آن‌هایی است که جرأت می‌کنند خانواده‌شان را متلاشی کنند. به هر حال جرأت کردن در هر چیزی شایسته‌ی جایزه است.

با خودم پیش‌بینی کردم که فریبا شب را چند ساعتی دیرتر بیدار می‌ماند که فکر کند چه خاکی تو سر خودش بکند. برگشتن به ایران که مشکلش را حل نمی‌کند، چون که در آنجا هم کار و درآمدی ندارد. پس تا پیدا شدن کار باید از کمک‌های دولت استفاده کند. مدرک‌هایی را که فکر می‌کند لازم می‌شود توی کیف چرمی‌سیاهش می‌گذارد تا صبح آماده باشد. صبح روز بعد، لباس سیاهش را می‌پوشد و بعد از آنکه مزدا را به مدرسه رساند، به اداره‌ی بیمه‌های اجتماعی می‌رود. لابد مثل همه کارهای اداری دیگر یک دسته فرم و پرسش‌نامه و اطلاعات سد من یک غاز بهاش می‌دهند که بخواند و پر کند. بعد، وقت مصاحبه برایش تعیین می‌کنند. دیگر همه چیز به مصاحبه‌گر بستگی دارد. اگر مثل آن دفعه که من دزدکی رفتم ازشان وام بگیرم، پرونده‌اش به‌دست آن مرد مو دم اسبی بیفتد که خدا بهاش رحم کند. آن دفعه که من رفتم، به فریبا نگفتم. خجالت می‌کشیدم. شنیده بودم دولت وام می‌دهد که بروی درس بخوانی و کاری عملی یاد بگیری، مثل نجاری، لوله‌کشی، مکانیکی و از این‌جور مزخرف‌ها. گفتم تحصیلاتم به درد کار در اینجا نمی‌خورد. اگر امکان داشته باشد، به من وام بدهید کاری یاد بگیرم. مرد مو دم اسبی گفت که فقط به آدم‌هایی کمک می‌کنند که زیر پوشش بیمه‌های اجتماعی باشند. آن هم شرایطی داشت که ما نداشتیم. ولی حالا دیگر فریبا شرایطش را دارد. برای او هم بد نمی‌شود. دیگر مجبور نیست نگران انجام وظیفه‌ی همسری باشد. می‌تواند یک مادر تمام‌وقت باشد.

چرا برای فرار از دیکتاتورها به تنها جایی که فکر می‌کردیم پناه بردن به غرب بود؟ پدرم هم جز کانادا به هیچ جای دیگری فکر نمی‌کرد. چرا همان کاری را نکردیم که فراریان ایرانی در زمان حمله‌ی اشغالگران عرب و مغول و ترک می‌کردند؟ هند، هند پذیرنده، هند مادر! مگر نه این است که وقتی بچه با خطری روبرو می‌شود، به مادرش پناه می‌برد؟ هند برای ما هم می‌تواند مادر باشد.

اگر هدایت به جای پاریس به هند رفته بود، گمان نمی‌کنم خودکشی می‌کرد. البته می‌گویند یک‌بار هم در هند خودکشی ناموفقی کرده بود. به خود آدم هم بستگی دارد. خوب پارسی‌های هند را که همان ایرانیان گریخته از حمله‌ی عرب‌ها باشند که نگاه می‌کنیم، می‌بینیم آنها هم جز یک اسم چیزی برایشان نمانده. فرار کردند که بتوانند فرهنگ و دین و زبان و هویتشان را حفظ کنند. حالا ببینیم به کجا رسیده‌اند؟ نه فرهنگ برایشان مانده، نه زبان پارسی. همه را از دست داده‌اند. از دین زرتشتی هم تنها یک مشت آیین‌ها و دستورهای سطحی خشک و خالی از مغز را نگاه داشته‌اند که موبدها طوطی‌وار قرن‌ها تکرار می‌کنند. نه جنبشی، نه زایشی، نه آفرینشی. ریشه‌کن که بشوی فرقی نمی‌کند باد به کدام سمت ببردت، چه شرق و چه غرب. در هر حال بی ریشه شده‌ای و کاریش هم نمی‌شود کرد.

انگار سرنوشت من و مزدا قرار است دو روی یک سکه بشوند. من بی‌مادری را تجربه کردم و حالا مزدا باید با بی‌پدری خو کند. به این موجودی که از من مانده هر اسمی می‌شود داد به جز پدر. فکر می‌کنم وقتی مادرم از خانه رفت، قصد نداشت که طلاق بگیرد. می‌خواست پدرم را بترساند تا بیشتر به خانواده‌اش توجه کند. آن روزها هر شب با دوستان چپی‌اش جلسه می‌گذاشتند و شب‌نامه می‌نوشتند. من که سر از چیزی در نمی‌آوردم. خودش بعدها برایم تعریف کرد. خواهرش شهرزاد که عضو یک گروه سیاسی کمونیستی بود او را هم با خودش می‌برد. شهرزاد برای من هم آموزش کمونیسم گذاشته بود. قبل از اینکه دستگیر شود، روزهایی را که در خانه بود، برای من از پرولتاریا و استعمار و امپریالیسم و چه‌گوارا می‌گفت. رمان مادر نوشته‌ی گورکی را داده بود بخوانم. پالتو می‌پوشید و عینکش که قاب قهوه‌ای روشن داشت به صورتش می‌آمد. از پدرم خیلی جوان‌تر بود. هر وقت عمه صدایش می‌کردم، جواب می‌داد، "جان عمه."

من در فهمیدن تز و آنتی‌تز کند بودم. گاهی موفق نمی‌شدم بعضی آنتی‌تزها را پیدا کنم. عمه شهرزاد خیلی حرف می‌زد. همیشه در حال بحث کردن بود. برای هر چیزی یک جوابی داشت. به من سپرده بودند که از آن حرف‌ها با کسی نزنم. مادرم که رفت، کارهای خانه را تا مدتی عمه شهرزاد می‌کرد. اما یک‌سالی پس از رفتن مادرم، یک شب عمه شهرزاد هم ساکش را بست، و گفت که برای مدتی به مسافرت می‌رود. سال ۱۳۶۲ بود. من دانش‌آموز

دبیرستانی بودم. دم در که رسید، برگشت و یکبار دیگر با من و پدربزرگ روبوسی کرد. پدربزرگ گریه کرد. او هم گریه می‌کرد. پدرم با ماشین خودش او را برد. پدربزرگ به من گفت که اگر کسی پرسید عمه شهرزاد کجاست، بگویم در مشهد معلم است. چند ساعت بعد پدرم برگشت. من و پدربزرگ بیدار نشسته بودیم. پدر گفت که جایش امن است. از چیزهایی که به پدر بزرگم گفت، حدس زدم که عمه را به جایی در کرج برده است. گفت که در آنجا با چند تا از دوستانش هستند و خودش هم مرتب به‌اش سر خواهد زد. پدربزرگ به طرف اتاقش رفت. صدایش بلند شد، "یا رب نظر تو بر نگردد، برگشتن روزگار سهل است." وقتی تنها بود، هر چند لحظه یکبار آن بیت را با صدای بلند می‌خواند. با لهجه‌ی جنوبی با خودش حرف می‌زد، "عجب نپختگی کردم بلند شدم اومدم تهران. دخترهای شهرستونی کی این‌جور جسارتی دارن که برن چریک بشن و حرف‌های گندهتر از دهنشون بزنن. فکر کردم اینجا می‌ره دانشگاه آینده‌ش بهتر می‌شه. کی فکر می‌کردم که این‌طور خونه‌مونُ چول کنه."

حدود شش ماه گذشت تا شبی پدرم عمه شهرزاد را با خودش به خانه آورد. ساعت حدود ده شب بود. گفتند که قرار است فردا شب یکی از هم حزبی‌هایش به خواستگاری بیاید. به من هم سپردند که چیزی به کسی نگویم، حتا به مادرم. پدربزرگ راضی نبود. می‌گفت که احمد از این دختر سر به هواتر است. وقتی شهرزاد به حمام رفته بود، به پدرم گفت، "این دختر یکی می‌خواد که بتونه جلوش بایسته و واداراش کنه تو خونه بشینه. شهرزاد چی سرش می‌شه از خونه‌داری؟ تازه بدش می‌آد اگه به‌اش بگی بره آشپزی یاد بگیره، خیاطی کنه، رفت و روب کنه."

پدربزرگ می‌گفت که اینها تا کله‌شان به بحث و شب‌نامه‌نویسی گرم است، زندگی‌شان مشکلی ندارند. فردا که تبشان فرو نشست؛ فردا که یک بچه ونگ ونگ کند دور و برشان؛ تازه متوجه می‌شوند که زندگی همه‌اش همان نیست که توی کتاب مارکس و لنین خوانده‌اند. پدرم او را آرام کرد. به‌اش گفت احمد را سال‌هاست که می‌شناسد و می‌داند که آنها همدیگر را دوست دارند. پدربزرگ گفت، "مگه تو و مریم همدیگه رو دوست نداشتین؟ تعجب می‌کنم از تو که این بلا به

سرت اومده و هنوز درس نگرفتی. یادت رفته که آشنایی خودت با مریم سر پخش اعلامیه بود؟"

پدرم سعی می‌کرد با آرامش حرف بزند. گفت، "ما بیست و یکی دو ساله بودیم. اینا سی و خورده‌ای سالشونه. از او گذشته، من و مریم یه هفته با هم دوست بودیم که شما مجبورمون کردین بریم خواستگاری. می‌گفتید خوب نیست؛ یه وقت اسم دختر مردم سر زبونها می‌افته؛ آبروی ما و اونها همه می‌ره."

در شب خواستگاری، احمد همراه با پدر و مادرش آمدند. یک جعبه شیرینی و یک پاکت بزرگ مقوایی دستشان بود. وقتی وارد خانه شدند و در را بستیم، احمد پاکت مقوایی را باز کرد و دسته گلی را که توی آن قایم کرده بود، بیرون آورد و به شهرزاد داد. انگار دردسر و دلهره‌ی زندگی زیرزمینی و خانه به دوشی کمشان بود که می‌خواستند با ازدواج هیجانشان را بیشتر کنند. پدرم کلید ماشین را از احمد گرفت تا ببرد آن را کمی دورتر از خانه پارک کند. می‌ترسیدند کسی شک کند که ما مهمان داریم. پدربزرگ و پدر احمد کت و شلوار پوشیده بودند ولی پدرم و احمد لباس‌های معمولی‌شان را پوشیده بودند. شهرزاد تی‌شرت نارنجی را که رنگ محبوبش بود پوشیده بود و دامنی بلند که گل‌های قهوه‌ای و نارنجی ریزی داشت. پدر که وارد شد، شهرزاد داشت چای می‌گرداند. پدر گفت، "مواظب باش. کمتر عروسی تونسته از خوان چای خواستگاری سربلند بیرون بیاد."

شهرزاد گفت، "نگران نباش داداش. برای اینکه چیزی پیش نیاد، به احمد آقا چای نمی‌دم."

پدربزرگ گفت، "چرا دخترم؟ چای به‌اشون تعارف کن بی زحمت."

احمد گفت، "شهرزاد خانم می‌دونن که من چای نمی‌خورم."

بعد از چای، پدر احمد گلویی صاف کرد و به طور رسمی خواستگاری کرد. گفت، "آمدیم درخواست کنیم که احمد را به غلامی خودتان قبول کنید."

پدرم و شهرزاد و احمد نگاهی به همدیگر انداختند و لبخند زدند. پدر بزرگ گفت، "راستش، پسرا و دخترای این دوره زمونه که دیگه احتیاجی به تصمیم‌گیری بزرگ‌ترها ندارن. خودشون

تحصیل‌کرده هستند و قوه‌ی تمیز دارن. اگه خودشون همدیگه را بخوان، ما که حرفی نداریم. مبارک باشه."

مادر احمد گفت، "نه خیر حاج‌آقا. حرف بزرگتر شرطه. درسته که این بچه‌ها با هم دوستی و رفت‌وآمد دارن، ولی بی اجازه‌ی بزرگترا‌شون آب نمی‌خورن."

پس از کمی تعارف، پدر احمد بحث را به مهریه کشید. پدربزرگ گفت که مهریه را هر چه عرف جامعه باشد همان بنویسید.

پدرم پرسید، "من همیشه برام سؤال بوده که مِهریه درسته یا مَهریه؟"

از اینجا دیگر بحث از دست پیرمردها در رفت و پدرم و شهرزاد و احمد شروع به بحث کردند. آنها بحث را از مهریه به اسلام و قوانین ازدواج کشاندند که ریشه در سنت قبیله‌ای عرب‌ها دارد. ساعتی گذشت و انگار دیگر فراموش کرده بودند که برای چه دور هم جمع شده بودند. پدرم می‌گفت که مهریه از زمان پیش از اسلام در میان عرب‌ها رسم بوده است. احمد معتقد بود که مهریه یکی از قانون‌های مترقی اسلام است که حقوق زن را تا حدودی تأمین می‌کند. دست آخر صدای پدر احمد بلند شد که، "اجازه بدهید حاج‌آقا مهریه را تعیین کنند تا به مبارکی عقدنامه را بنویسیم."

پدربزرگ کمی تعارف کرد و بعد یک جلد قرآن، سه‌دانگ از خانه‌ای را که داماد در آینده ممکن بود بخرد، و چند سد گرم طلا را برای مهریه درخواست کرد. مادر احمد نظر شهرزاد را هم پرسید که ببیند او خودش می‌خواهد چیز خاصی اضافه کند یا نه. شهرزاد گفت که به این چیزها معتقد نیست و هر چه پدربزرگ بگوید، همان قبول است. پدر احمد صلوات فرستاد و به احمد اشاره کرد که بلند شود و شیرینی را تعارف کند. حلقه‌ای رد و بدل شد و کیک مختصری بریده شد.

پس از آن شب تنها یک یا دو بار دیگر شهرزاد و احمد به پدربزرگ سر زدند، تا اینکه یک روز در پاییز سال ۱۳۶۴ پدرم به خانه آمد و خبر داد که آنها را دستگیر کرده‌اند. پدر بریده بریده حرف می‌زد. ده دقیقه‌ای حاشیه رفت و زمینه‌چینی کرد تا ذهن پدربزرگ را آماده کند. می‌ترسید به او شوک وارد شود. پدر اول گفت شایعه شده که تعدادی از بچه‌های سازمانی که شهرزاد

عضوش بود دستگیر شده‌اند. بعد تعریف کرد که رفته و رابط شهرزاد و احمد را پیدا کرده و او گفته که پاسدارها اول صبح به خانه‌شان حمله کرده‌اند و همه را برده‌اند. خانه‌ی چهار طبقه‌ای که در هر طبقه دو واحد داشت و همه‌اش در اختیار اعضای آن حزب بود. خبر دستگیری آنها را شب تلویزیون پخش کرد.

پدربزرگ اصرار می‌کرد که پدر پیش حاج باقر برود و از او بخواهد وساطت کند تا شهرزاد آزاد شود یا دست کم حکم سبک‌تری برایش صادر کنند. پدر زیر بار نمی‌رفت. گفت، "فقط دعا کنید باقر از این موضوع با خبر نشه، وگرنه کارمون زاره. باقر دنبال هر فرصتی می‌گرده تا از ما انتقام بگیره."

پدربزرگ گفت، "ما که به او بد نکرده‌ایم. انتقام چی رو می‌خواد بگیره؟"

پدر جواب نداد. باقر قبل از اینکه نماینده‌ی مجلس شود، در وزارت کشور کار می‌کرد. کینه‌جویی‌اش از موقعی شروع شد که پدرم به او گفت پایش را از خانه‌ی ما کوتاه کند. فکر می‌کرد پدرم باعث شده که شهرزاد به او جواب نه بدهد. نمی‌توانست بفهمد که مردم همه مثل او نیستند. از پدرم توقع داشت که شهرزاد را مجبور به ازدواج با او کند. آدم‌هایی که چشمشان را می‌بندند و با خریت تمام روی حرفشان می‌ایستند در زندگی موفق‌ترند. اگر یک‌جا به هدفشان نرسند، در جای دیگر می‌رسند. حاج باقر از آن آدم‌ها بود. می‌دانست که شهرزاد با اسلام و آخوند میانه‌ای ندارد ولی نمی‌دانست که او عضو یک سازمان چریکی است. با این همه، باز هم دست‌بردار نبود. ده سالی هم از شهرزاد پیرتر بود. شهرزاد ازش بدش می‌آمد. هر وقت می‌فهمید که او آمده، از خانه بیرون می‌رفت. جالب این است که شهرزاد را برای زن دومش می‌خواست. روزهایی بود که تازه به قدرت رسیده بود. شبی به خانه‌ی ما آمده بود، به بهانه‌ی بازدید. با ماشین دولتی و راننده و دو محافظ مسلح. راننده همان‌جا پشت فرمان منتظر نشسته بود و به محافظ‌ها هم گفته بود که جلو در کشیک بدهند، یکی سمت راست، یکی سمت چپ. پدرم می‌گفت سال‌ها بود که راهشان را از هم جدا کرده بودند و رابطه‌ای نداشتند. او خوب می‌دانست که پدرم با گروه‌های چپ کار می‌کند. آن شب بهاری سال ۱۳۵۹ که هنوز جنگ شروع نشده بود، آمده بود که خبر شغل جدیدش را در وزارت

کشور بدهد و پیشنهاد کند که پدرم خطش را عوض کند تا او در دفتر خودش کاری به‌اش بدهد. پدرم گفته بود، "گمون نمی‌کنم شغلی که برای من در نظر گرفته‌ای معاونت ریاست جمهوری، نخست‌وزیری یا چیزی در اون حدود باشه."

خندیده بود و گفته بود، "تا اونجا هم راه درازی نیس. بیا توی تیم خود من. حاجیت حالا خودش دفتر داره، دستک داره، برو بیا داره. با هم کار می‌کنیم."

پدرم گفته بود که کتاب‌فروشی را از خود شغل ریاست جمهوری هم بیشتر دوست دارد. می‌دانسته که حاج باقر منظوری دارد. ولی به مخیله‌اش هم راه نمی‌داد که او با پر رویی بخواهد از شهرزاد خواستگاری کند. البته آن شب به پدرم چیزی در باره‌ی شهرزاد نگفته بود.

پدربزرگ و شهرزاد همکف می‌نشستند، برای اینکه پدربزرگ نمی‌توانست از پله‌ها زیاد بالا و پایین برود. ما هم بالا بودیم. خانه‌مان در کوچه‌ی سوم میدانی در نارمک، برای پدربزرگ جای خوبی بود. از صبح تا شب توی میدان با بیست، سی پیرمرد و پیرزن دیگر جمع می‌شدند و دوز بازی می‌کردند، بحث سیاسی می‌کردند، یا خاطره می‌گفتند. مسلمان و ارمنی قاتی بودند. پدربزرگ رادیو دو موجش را هم با خودش می‌برد. شب‌های تابستان رادیو بی‌بی‌سی را همان‌جا گوش می‌کرد و بعد برای شام می‌آمد خانه. خودش می‌گفت، "تنها چیزی که بعد از آن‌همه سال کار در شرکت نفت برام باقی‌مونده، همین اعتیاد به گوش کردن رادیو بی‌بی‌سی است."

اهل میدان از جیک و پیک زندگی همدیگر خبر داشتند. پدربزرگ می‌گفت که ماجرای بازدید حاج باقر شده بود معمای اصلی آن‌ها. برای همین هم او را سؤال پیچ می‌کردند. گاهی هم دستش می‌انداختند که آخوند با راننده و محافظ مسلح آمده بوده پدربزرگ را برای وزارت نفت راضی کند.

هفته‌ای بعد، دوباره سر و کله‌ی حاج باقر پیدا شد، با همان کبکبه و دبدبه. پدرم و شهرزاد خانه نبودند. پدرم عضو هیچ گروهی نبود. ولی شهرزاد هر شب به جلسه و میتینگ می‌رفت و اعلامیه پخش می‌کرد. حاج باقر پیش پدربزرگم نشست. من و مادرم هم پایین

رفتیم. مادرم به آشپزخانه رفت که چیزی برای پذیرایی از حاجی بیاورد. حاج باقر از گذشته‌ها گفت و از زمانی که همسایه بودند. حاج باقر گفت که پدرش همیشه از خانواده‌ی پدربزرگ تعریف می‌کرده و حالا هم او آمده تا این علاقه و دوستی قدیمی را محکم‌تر کند. پدربزرگ سری تکان داد و گفت که او خوشحال است که حاج باقر در زندگیش موفق است و برای خودش کسی شده است. در این لحظه حاج باقر خودش را جمع کرد و عمامه‌اش را روی سرش جابه‌جا کرد. تسبیحش را کمی بالا آورد و بی آنکه به پدربزرگ نگاه کند، گفت، "راستش، شما هم جای پدر من هستید. غرض از مزاحمت بنده این بود که از حضورتان تقاضایی بکنم. فی‌الواقع، مدتی است که با خودم به این موضوع فکر می‌کردم و نمی‌دانستم که آیا مصلحت هست قدم پیش بگذارم یا نه."

پدربزرگ کمر راست کرد و به صورت حاج باقر زل زد. حاج باقر همان‌طور که با دقت به مهره‌های تسبیحش چشم دوخته بود، ادامه داد، "تا اینکه از کلام‌الله استخاره کردم. کلام خداوند تبارک و تعالی این بود که در کار خیر تعجیل شود. به همین لحاظ صلاح در تأخیر ندیدم و ترجیح دادم شخصن خدمتتان برسم."

حاج باقر سر بلند کرد و نگاهی به پدربزرگ انداخت. پدربزرگ دستش را روی لبه‌ی مبل گذاشته بود و خود را به طرف او خم کرده بود. جوابی نداد ولی با کنجکاوی تمام منتظر ادامه‌ی حرف حاج باقر بود. ادامه داد، "قال رسول‌الله، النّکاح سنتی، فمن رغب عن سنتی، فلیس منّی."

پدربزرگ تکان خورد و نفس عمیقی کشید. دستش به لرزه افتاد. شیخ ادامه داد، "ملتفت هستم که شهرزاد خانم علاقه‌های مذهبی بالایی ندارند. خوب، معروف است که زن در خانه‌ی شوهر تربیت می‌شود. اگر حقیر را به فرزندی قبول بفرمایید، قول می‌دهم که با تمام وجودم سعی کنم تا ان‌شاءالله ایشان را در دنیا و آخرت سفید بخت کنم."

پدربزرگ بلافاصله پرسید، "مگه تو زن نداری؟ مگه زنت طوریش شده؟"

حاج باقر جواب داد، "مادر بچه‌ها هم هستند، البته. ولی، عرض کنم به خدمتتان که، مادر بچه‌ها خوب، دیگر به کارهای بچه‌داری و

خانه‌داری بیشتر مشغولند. مستحضر هستید که بنده با مسؤلیتی که دارم، خوب بحمدالله استطاعت دارم که زوجه‌ی دیگری هم اختیار کنم. مادر بچه‌ها هم البته رضایت دارند. به هر حال، ما مراقب رعایت شرعیات هستیم. خدای ناکرده، راضی نیستیم که حقی از ایشان هم ضایع بشود. ایشان البته اظهار تمایل کرده‌اند که بروند شهرستان. زندگی در تهران برایشان سخت است. هر چه باشد، برای ایشان غربت است اینجا. من هم که نمی‌توانم با ایشان بروم شهرستان. مسئولیتی دارم و دینی به این انقلاب دارم که باید بمانم اینجا و خدمت کنم. می‌دانم که برای شما هم ممکن است آسان نباشد که قضیه را با آقازاده مطرح کنید. اگر اجازه بفرمایید، خودم چند کلامی با ایشان در میان بگذارم. البته، رضایت شما مقدم است."

پدربزرگ عقب نشست و سرش را پایین انداخت. دقیقه‌ای گذشت. حاج باقر با تسبیحش بازی می‌کرد. پدربزرگ سرش را بالا آورد و توی چشم‌های حاج باقر نگاه کرد و گفت، "دختر من در سنی نیست که من بر‌اش تصمیم بگیرم. نزدیک سی سالش هست. تا حالا هم به همه‌ی خواستگارهایش جواب رد داده. من جواب رو به خودش واگذار می‌کنم."

پدر بزرگ بلند شد و حرفش را ایستاده ادامه داد، "وقتی برگشت، موضوع را به‌اش می‌گم. جوابش هر چه باشه، به‌اتون اطلاع می‌دم."

پدربزرگ دست‌هایش را توی جیب جلیقه‌اش کرده بود. حاج باقر انگار فهمیده باشد که پدربزرگ با ایستادنش در واقع پایان ملاقات را می‌خواست اعلام کند، بلند شد و خداحافظی کرد.

روز بعد سر صبحانه، پدربزرگ خواستگاری حاج باقر را اعلام کرد. پدرم گفت، "مردکه‌ی بی شرف پر رو."

شهرزاد را کارد می‌زدی، خونش در نمی‌آمد. داد می‌زد، "نمی‌دونم چی فکر کرده در مورد من که اومده این حرفا رو زده. می‌بینین؟ چه قدر بدبختیم ما؟ خاک تو سر من کنن که یه همچی پفیوز الاغی خواستگارم باشه."

مادرم که لقمه‌ی کوچک نان و پنیرش را با گردو می‌خورد، گفت، "شهرزاد جون چرا منفی نگاه می‌کنی به این قضیه؟ حاج باقر به نظر خودش کار خوبی کرده. با اون پست و مقامی که داره،، خیلی‌ها

راحت به‌اش زن می‌دن. ولی به هر حال تو رو خواسته. می‌شه این‌جوری هم نگاه کرد."

پدرم و شهرزاد همچنان بحث می‌کردند که چرا او به خودش اجازه داده که آن‌طور پیشنهادی بکند. پدربزرگ گفت که تمامش کنند و او خودش به حاج باقر تلفن خواهد زد که دنباله‌اش را کوتاه کند.

چند روز گذشت و ماجرا کم و بیش فراموش شده بود. تا اینکه یک روز حاج باقر به کتاب‌فروشی پدرم رفت تا چشم دوست دوران طلبگی‌اش را روشن کند که آن روزها به ضلالت سوسیالیسم غلتیده بود. رفته بود به پدرم بشارت بدهد که او بر ما نازل شده است تا با کوبیدن میخ اسلام در خانواده، همه‌ی گمراهان را به زیر عبای اسلام هدایت کند. از ندانم‌کاری پدرم، آنجا بحث میانشان بالا گرفت. حاجی اول سعی کرده بود با چرب‌زبانی پدرم را خام کند و رأیش را بزند. از گذشته‌ها گفته بود و از خاطرات دوران طلبگی‌شان. بعد گفته بود، "ما زندگی‌مان به هم پیوند خورده. تو اسرار مرا می‌دانی، من اسرار تو را می‌دانم. به هر حال رفقای قدیمی باید هوای همدیگر را داشته باشند."

پدرم که زبان سیاست را بلد نبود، جواب داده بود که او در زندگیش رازی ندارد که بخواهد پنهان کند. از همین جا بود که حاج باقر تهدیدهای خود را در لفافه شروع کرده بود. کدام مغازه‌داری پیدا می‌شود که زبان معامله حالیش نشود؟ جز پدر من البته. حاجی داشت به زبان بی‌زبانی هم نه، بلکه با زبانی به بلندی منارجنبان به‌اش می‌گفت که ای همحجره‌ی قدیمی، من می‌دانم که تو و خواهرت هوادار چپ‌ها هستید. تازه به‌اش خبر هم داده بود که برادران کمیته برنامه‌ی عملیاتی گسترده‌ای برای قلع و قمع چپی‌های خدانشناس دارند. با آن محافظه‌ها و تشکیلاتش به پدر فهمانده بود که خودش هم در این قلع و قمع دستی دارد. در واقع هم چماق و هم هویج را نشان داده بود. پدر با چشم باز به استقبال چماق رفت. راستش نمی‌دانم تا چه اندازه با شهرزاد در باره‌ی این چیزها حرف می‌زد، ولی هر چه بود هر دوشان آن وقت‌ها سخت معتقد بودند که پیروزی پرولتاریا بر ارتجاع نزدیک است، خیلی نزدیک ـ با کارهایی که آنها و گروهشان می‌کردند، البته. و آشکار بود که آنها در صف اول نیروی آزادی‌بخش بودند، به جان عمه‌شان؛ نمی‌شد که با ارتجاع معامله کنند.

پدرم خیلی چیز سرش می‌شد. خیلی می‌خواند. ولی در دو چیز خنگ مادرزادی بود، زن و سیاست. نه زبان زن را هیچ وقت فهمید، نه زبان سیاست. من هم همین جورم. ولی فکر می‌کنم که در فاصله‌ی پدرم تا من، یک تفاوتی پیدا شده است. من دست‌کم می‌فهمم که تو این دو چیز خنگم؛ پدرم نمی‌فهمید. حالا چه فرقی می‌کند؟ خوب فرقش این است که چون من می‌دانم سر از اینها در نمی‌آورم، سراغشان نمی‌روم. اگر هم سراغ یکی‌شان بروم، بگیر فریبا که دیگر توی دامش هستم، هی باهاش کل کل نمی‌کنم. اگر درست نگاه کنی، من در مقابل او چیزی نیستم. سوای این حرکت آخرم، با فریبا چه‌کار می‌توانستم بکنم؟ طلاق؟ خوب، برای من طلاق چه معنی می‌داد؟ من که زن دیگری نمی‌خواستم. چون اگر زن نگه‌دار بودم، با همین فریبا یک جوری رفتار می‌کردم که مُخش تاب برندارد. البته می‌شود گفت که اگر طلاق می‌دادم، دست‌کم خودم راحت می‌شدم. آن‌وقت می‌توانستم هر غلطی دلم می‌خواست با زندگی‌ام بکنم. ولی طلاق ندادم. می‌ترسیدم. من وقتی بدانم از پس چیزی بر نمی‌آیم، لُنگ می‌اندازم، تسلیم.

برای اینکه بهانه دست فریبا ندهم به حرفش گوش کردم و پیش روان‌پزشک رفتم. گیر داده بود که اعصاب من ضعیف است، بددهانی می‌کنم و از این چیزهای بی معنی که از تلویزیون‌های اینجا یاد گرفته بود. همین که دهانم را باز می‌کردم دادش در می‌آمد که چرا صدایم را بلند می‌کنم، یا توهین می‌کنم. انتظار داشت که آدم توی خانه‌ی خودش هم رسمی و کتابی حرف بزند. در واقع خودش

حساس شده بود به همه چیز. تا بهاش می‌گفتی بالای چشمت ابروست، دادش در می‌آمد که بهاش توهین شده. خودش ولی با خنده خنده، با زبان نرم روحت را می‌خراشید. یک بار آمدم که به کمد ظرف‌ها سر و سامان بدهم. از بس شیر تو شیر بود. بشقاب‌های غذاخوری زیر بودند، رویشان بشقاب‌های میوه‌خوری. کاسه‌های بستنی‌خوری را گذاشته بود توی کاسه‌های سوپ‌خوری. همین‌جور بی‌حساب و کتاب. به همه‌ی وسیله‌ها و چیزهای خانه به چشم دکور و تزیین نگاه می‌کند این زن. وقتی چیزها را توی کمد می‌چیند تنها به این توجه می‌کند که چه جور آن‌ها را بگذارد که قشنگ‌تر به نظر برسند. فکر نمی‌کند که کاسه‌ی سوپ‌خوری کم و بیش هر روز استفاده می‌شود، ولی بستنی‌خوری شاید ماهی یک‌بار هم استفاده نشود. آن‌وقت چون بستنی‌خوری‌ها را رو گذاشته است، ناچاری هر روز همه‌شان را کنار بگذاری، سوپ‌خوری‌ها را از زیر برداری، بعد دوباره همه بستنی‌خوری‌ها را برگردانی سر جایشان. همین بازی در مورد بشقاب‌ها و بقیه چیزها هم تکرار می‌شود. هر چیزی که سالی یک‌بار لازم داشتی، دم دستت بود؛ ولی چیزهایی که هر روز مورد استفاده بود را آن پس و پشت‌ها می‌گذاشت.

حسابی سرگرم مرتب کردن ظرف‌ها بودم که یک‌باره پیدایش شد و پرسید چه می‌کنم. خیلی آرام توضیح دادم. چندین لحظه صاف صاف نگاهم می‌کرد. بعد یک‌باره پخ زد زیر خنده. آن وقت با صدای پر زهری گفت، "برو ببین ایراد اصلی کارت کجاست، مرد! خجالت بکش مرد! به جای اینکه خودتُ مشغول کاری که کارت نیس بکنی، برو یه کم فکر کن، مرد! فکر کن به خودت، به خونواده‌ات، به آینده‌ی پسرت. با این چیزای پیش پا افتاده داری سرتُ زیر برف می‌کنی، مرد!"

نمی‌توانست بفهمد که این چیزها پیش پا افتاده نیستند. این به فلسفه‌ی زندگی هر کسی برمی‌گردد. مسئله تنها این نیست که چه چیزی را کجا بگذاریم. این نشان می‌دهد که ما خیلی با هم تفاوت داریم. نشان می‌دهد که ما از سیر تا پیاز زندگی‌مان با هم فرق دارد. وقتی که آمد و آن حرف‌ها را بهام زد، دیگر نتوانستم کوتاه بیایم. جوابش را دادم. گفتم که همه چیز خانه را به میل خودش چیده است. انگار نه انگار که من هم هستم. همه انگار دست به یکی کرده‌اند که مرا حذف کنند. حتا در خانه‌ی خودم هم به حساب نمی‌آیم. یک‌باره زد به

سرم و بشقابی که دستم بود را انداختم کف آشپزخانه و داد زدم، "سگ بشاشه به این زندگی، به پسر، به آینده، به همه چی!"

از خانه بیرون رفتم و در خیابان چند ساعت قدم زدم. بعد که سرد شدم برگشتم و آرام گوشه‌ای نشستم. ولی فریبا چند روزی یکریز غر می‌زد. دست آخر هم گفت که از دکتر روان‌پزشک نوبت گرفته است. من هم رفتم، چون فکر کردم که دکتر هر دومان را می‌بیند و به این ترتیب دهان فریبا بسته می‌شود. بعد فهمیدم که فقط برای من نوبت گرفته بود. انگار نه انگار که جنگ چینی‌شکنی را اول او در آن خانه راه انداخته بود و هر چند وقت یک‌بار هم، مثل یک موبد پاسدارنده‌ی روشنایی، آتشش را دوباره روشن می‌کرد.

دکتر رفتن همان و افتادن در جاده‌ی خفت و خواری همان.

دکترهای اینجا که تنها دکتر نیستند. بیش‌ترشان فضول زندگی مردم هستند. به جای اینکه به دردت برسند، سعی می‌کنند که از همه‌ی جیک و پیک زندگیت سر در بیاورند. بعد که حسابی ته و توی زندگی تو و کس و کارت را در آوردند، تازه تو را پاس می‌دهند به ده جای دیگر، از جمله مشاور خانواده، انواع آزمایش‌گاه‌ها، کلاس‌های آموزشی، پلیس و هر چیز دیگری که فکرش را بکنی.

بعد از یکی دو ساعت سین جیم کردن و شرح داستان زندگی مجردی و متأهلیم، دکتر روانپزشک تصمیم گرفت که مرا به کلاس حل اختلاف و کنترل خشم معرفی کند. باید تا سه ماه، هر هفته دو جلسه به آن کلاس‌ها می‌رفتم. همین را کم داشتم. می‌دانستم این دکان و بازاری است که آنها برای خودشان درست کرده‌اند و بی‌چاره‌هایی مثل من را بازیچه‌ی دست خودشان می‌کنند. ولی مشکل این بود که اگر نمی‌رفتم، دیگر به طور رسمی متهم می‌شدم که دیوانه‌ام. یا به زبان سیاسی درست پرخاش‌گر نامیده می‌شدم. آن وقت خر بیار و باقالی بار کن.

فریبا راحت رفت و به من انگ پرخاشگری زد و مجبورم کرد بروم پیش روانشناس. ولی من که نمی‌توانستم این‌جور کاری را با او بکنم. همه‌ی این بگو مگوها برای فریبا انگار عادی بود. بعد از هر بار دعوا، راحت به دوستانش زنگ می‌زد و ساعتها هرهر و کرکر می‌خندیدند و جیک و پیک صحبت می‌کردند. من باید توی خودم می‌ریختم. هفتاد کیلوگرم بیشتر وزن نداشتم، ولی هفت‌صد کیلوگرم

استرس و خودخوری و دلواپسی روی دوشم بود. رشته‌ی همه کارها از دستم در رفته بود. نمی‌دانستم چه باید بکنم. همه کارهایم را قاتی کرده بودم.

آن روز عصر نوبت دکتر داشتم. لباس پوشیدم و شال و کلاه کردم و نیم ساعت رفتم تا رسیدم به دفتر دکتر. اسمم را که به منشی دادم، نگاه کرد و گفت، "آقا، شما نوبتتون هفته‌ی دیگس." به خانه برگشتم و یادم آمد که باید بسته‌ای را پست کنم. وقتی به دفتر پست رسیدم، تازه متوجه شدم که بسته را خانه جا گذاشته‌ام. برگشتم که بسته را بردارم، دیدم همه دوستان فریبا با شوهرها و بچه‌هایشان جمع شده‌اند خانه‌ی ما. تولد فریبا بوده و من فراموش کرده بودم. فریبا که از برنامه خبر داشت. انگار آمده بودند مرا سورپرایز کنند.

از یک طرف از خجالت داشتم آب می‌شدم. از طرف دیگر دلم برای فریبا سوخته بود. به بهانه‌ی پست کردن بسته دوباره رفتم بیرون و هدیه‌ای برایش خریدم. ولی هیچ وقت مرا نبخشید.

هر اتفاق ناخوشایندی که می‌افتاد یا هر اشتباهی که می‌کرد، من سرزنش می‌شدم. نیمه‌های ژانویه بود. اول صبح شنبه بلند شد و درِ بالکن را چهارتاق باز کرد. رفت سراغ پنجره‌ی نشیمن و بازش کرد. بعد پنجره‌ی آشپزخانه را باز کرد. همه را همان‌جور باز گذاشت و رفت سراغ چای درست کردن. خانه سردِ سرد شد. من برگشتم زیر پتو. بعد صدای عطسه‌اش بلند شد. شب سر میز شام به من توپید، "تو بخاری را کم کرده بودی من چاییدم."

می‌بینید! این کاری است که تنها از یک خاور میانه‌ای بر می‌آید. مردم هیچ جای دیگر دنیا از این کارها نمی‌کنند. می‌گویید نه؟ ببینید فلسطین را چه کار کردند. خیلی‌هایشان زمین‌هایشان را فروختند به یهودی‌ها. بعد که آن‌ها ساکن شدند، داد و هوار راه انداختند که مملکت ما را اشغال کرده‌اند.

پدرم احتیاط نمی‌کرد. من می‌کنم، بیشتر به خاطر مزدا. شاید اینجوری کارم را توجیه می‌کنم. ولی همین که آدم وادار شود به کارش یا به راهی که در پیش گرفته فکر کند، بیش از یک بار اگر به آن فکر کند، خود به خود محتاط می‌شود. فکر باعث می‌شود که آدم جسارت انجام کارهای بزرگ را از دست بدهد. با آن فعالیت‌هایی که پدرم داشت، بخت یارمان بود که او زندانی نشد. وگرنه بی برو برگرد توی کشتار تابستان و پاییز سال ۱۳۶۷ از بین می‌رفت، همراه شهرزاد و شوهرش. خیلی از دوستان پدرم که دستگیر شده‌بودند و به قول اینها "سر موضع‌شان" ایستادند، حالا توی خاوران خوابیده‌اند. با افتخار، قهرمان برای من، برای مردم. ولی نمی‌دانم بچه‌هایشان چه فکر می‌کنند.

من در تصمیم‌گیری ترسو هستم. خودم می‌دانم. یک دلیل جدا نشدنم از فریبا هم همین است. چون می‌ترسیدم اگر تنها بشوم خیلی زود مجبور شوم خودم را راحت کنم. من عرضه‌ی سر و کله‌زدن با این همه دنگ و فنگ زندگی را ندارم. آداب معاشرت، نوع برخورد با زن، با همکار، با همسایه، با بچه، با دوست. چه می‌دانم، با زمین، با زمان، با زهر مار. ول کن بابا، چسبیده‌ام به این نکبت که چه؟

هر وقت خواسته‌ام که یک کاری بکنم، مزدا آمده جلو چشمم. او را مجسم کرده‌ام که بعد از من چه می‌کند و چه به سرش می‌آید. ترسو شدنم شاید برای همچو چیزهایی است. ما تا وقتی ازدواج نکرده‌ایم، زمین و زمان را به هم می‌ریزیم. ولی همین که زن و بچه‌دار شدیم، می‌شویم عین خرگوش. بی‌خود نیست که وقتی زن می‌گیری به‌ات

می‌گویند قاتی مرغ‌ها شده‌ای. ولی این غربی‌ها با زن گرفتن شخصیتشان عوض نمی‌شود. برای همین هم این‌قدر برای ازدواج دل دل می‌کنند. پانزده سال با دوست‌دخترشان زندگی می‌کنند، ولی باز هم می‌گویند برای ازدواج هنوز همدیگر را درست نشناخته‌اند. ما توی صف نانوایی یک چشمک به دختر همسایه می‌پرانیم؛ اگر لبخند زد، بدو می‌رویم به مادرمان می‌گوییم یا دختر فلانی، یا خودم را آتش می‌زنم. دختر را اگر دادند که دادند، اگر ندادند، می‌رویم معتاد می‌شویم. البته آن تهدید آتش زدن را هم کم و بیش اجرا می‌کنیم. آتش را ولی به بدنمان نمی‌زنیم، به زندگی‌مان می‌زنیم؛ به آن گردِ لای زرورق می‌زنیم که دودش آدم را به هپروت می‌برد. حالا این مال تیپ سنتی‌مان است. تیپ روشن‌فکر ولی خیلی فرق دارد. آن‌ها دیگر تصمیم ازدواجشان را توی صف نانوایی یا توی صف چرخ فلک شهرِ بازی نمی‌گیرند. بلکه توی صف سینما عصر جدید می‌گیرند وقتی که دارند می‌روند فیلمی از پاراجانف ببینند. نسل مبارزمان هم موقع پخش شب‌نامه عاشق می‌شوند. اعلامیه‌ی سیاسی‌را به طرف می‌دهند، فردا طرف آمده سر همان چهار راه شش ساعت ایستاده تا کسی را که اعلامیه به‌اش داده ببیند. نه برای اینکه به مبارزه بپیوندد، بلکه برای اینکه عشقش را به طرف ابراز کند. اگر هم به مبارزه‌ی سیاسی بپیوندد، به خاطر به دست آوردن دل آن معشوقی است که تیر نگاهش جگر را سوراخ کرده است. تنها پدر و مادر من نیستند که به این روش ازدواج کردند. نود و نه درسد ما فرزند این‌جور ازدواج‌ها هستیم. چه روشن‌فکر، چه سنتی، ما همه‌مان ضربتی و انقلابی ازدواج می‌کنیم.

بعدش هم یک عمر توی سر و کله‌ی هم می‌زنیم و می‌گوییم به خاطر بچه‌هایمان باید به پای هم بنشینیم. تختمان را جدا می‌کنیم و از آن به بعد همه‌ی فکر و ذکرمان این است که خانه‌ی خالی گیر بیاوریم و دست یک بی‌چاره‌ی سر چهار راهی را بگیریم و ببریم آنجا عقده‌مان را سرش خالی کنیم. ولی من که اهل آن‌جور کارها هم نیستم. دست‌کم تا حالا که آن‌چنان خلافی نکرده‌ام. شاید برای این است که عرضه‌اش را ندارم. چه فایده.

نه خودم از زندگی لذت می‌برم، نه می‌گذارم فریبا برود پی کارش. هر دومان این بازی را به خاطر مزدا ادامه می‌دهیم. ادامه دادیم تا اینجا، البته.

وقتی زبیگنیو پیشنهاد پریدن از پل را داد، فکر کردم کار بدی هم نیست. من و فریبا که عرضه‌ی جدا شدن از یکدیگر را نداریم، شاید بهتر باشد که من از قطار پیاده شوم تا او هم تکلیفش را بداند. مطمئن بودم که او هر کاری بکند اول مزدا را در نظر می‌گیرد، ولی نه آن‌طور که من می‌خواهم. از این بچه یک موجود سر تا پا غربی درست می‌کند. فکر می‌کند دلیل این‌همه مشکلی که ما داریم این است که به اندازه‌ی کافی غربی نشده‌ایم. برایش راه غربی شدن هم این است که هویت ایرانی‌اش را دور بیندازد. همین شهریور گذشته بود که با یک لج و لجبازی سرِ همین هویت ایرانی، گردش کنار دریاچه کالتوس لیک را زهر مارمان کرد. همان روزهایی بود که مجله‌ی نشنال جئوگرافیک نام خلیج فارس را به خلیج عربی تغییر داده بود. داشتم برایشان اعتراض‌نامه‌ای را ایمیل می‌کردم. می‌خواستم تاریخِ خلیج فارس را خیلی خلاصه توضیح دهم. فریبا رفته بود دمِ گاراژ ایستاده بود و هی داد می‌زد که بیا کبابْپز را پشت ماشین بگذار. به‌اش گفتم وظیفه‌ی او ست که این اعتراض‌نامه را بنویسد، چون او ادعا می‌کند که تاریخ را بهتر از من بلد است و همه‌ی سندهای تاریخی نام خلیج فارس را می‌شناسد. ولی هر چه ازش خواهش کردم به‌ام کمک کند، توی گوشش نرفت و یک‌ریز حرفش را تکرار می‌کرد که زود بیا، شب شد. گفت، "مگه خلیج فارس مال باباته! حالا همه مُردهان، تو شدی مسئول حفاظت از خلیج فارس؟ خجالت هم نمی‌کشه اسم خودشُ می‌گذاره کارشناس باستان‌شناسی. آخه تو سرِ پیازی، تهِ پیازی؟ به تو چه."

از این که نشنال جئوگرافیک خلیج فارس را نوشته بود خلیج عربی ککش هم نمی‌گزید. من هم لج کردم و تا نامه را نفرستادم، تکان نخوردم. بعد که رفتم دیدم کبابپز را خودش توی صندوق عقب ماشین گذاشته و کنار مزدا روی صندلی عقب، آماده‌ی رفتن نشسته است.

پشت فرمان نشستم و با خودم پیمان بستم که آن روز را اعتصاب سخن بکنم.

تنها با اشاره و علامت جواب فریبا و مزدا را می‌دادم. اوایل فکر می‌کردند که دارم شوخی می‌کنم؛ می‌خندیدند. مزدا هم مرتب چیز می‌پرسید تا من با اشاره جواب بدهم، آن وقت او از خنده ریسه می‌رفت.

چیزی نگذشت که فریبا متوجه شد و او هم اخم کرد. کالتوس لیک رفتنمان زیر تأثیر آن بگو مگو سرد و خشک گذشت، ولی از جهتی هم بد نبود. فرصتی پیدا شده بود و با خودم کلی خیال‌بافی کردم و لاس فکری زدم. اولین چیزی که به بچه مسلمان‌هایی مثل من از کنار دریا به ذهنشان می‌آید، همان زن‌های لخت با مایو و سینه‌بند است که عینک آفتابی زده‌اند و ماسه به باسنشان چسبیده است. هر چقدر هم در غرب زندگی کرده باشیم، نمی‌توانیم بگوییم که ما این را نمی‌بینیم. کسی که در اینجا به دنیا آمده باشد و همین جا بزرگ شده باشد، دیدن این‌جور صحنه‌ها برایش فرقی با دیدن زنان کت و دامن‌پوش ندارد. ولی برای ما؟ هی! میان ماه من تا ماه گردون، تفاوت از زمین تا آسمان است. برای ما که وقتی شخصیت‌مان شکل گرفته بوده به اینجا آمده‌ایم، زنان مایوپوش کنار دریا پدیده‌هایی چندان معمولی نیستند. فرصتی هستند که باید با چشم و گوش و هوش دریافت‌شان کرد. ربطی به مسائل جنسی هم ندارد. به مرور البته حساسیت‌مان کمتر می‌شود، اما در آگاهی‌مان، یا ناخودآگاه‌مان حضور دارند.

در حالی که این موضوع را برای خودم تحلیل می‌کردم، چند بار پیش آمد که کباب‌های کوبیده را بسوزانم و جیغ فریبا را در بیاورم. ولی نتوانستم سر در بیاورم که فریبا چه فکری می‌کرد. خوبیش به این است که مردهای همه‌ی دنیا یک جور بی‌ریخت هستند. به همین خاطر خیالم را راحت کرده بودم که در نگاه فریبا مردهای مایوپوش

ابهتی ندارند. ولی مشکل از این نبود که فریبا به مردهای مایوپوش نگاه کند. مکافات از این بود که حالا مردهای دیگر هم فرصت پیدا کرده بودند که حضور فریبای مایوپوش را جشن بگیرند. البته از مردهای فرنگی ترسی نبود، چون آنها چشم و گوششان پر است و حوصله‌ی دید زدن بدن آفتاب ندیده‌ی زن‌های ما را ندارند. همه‌ی ناراحتی از این بود که مردهای مهاجر ایرانی و عرب و پاکستانی مثل کرکس از لابه‌لای درخت‌ها چشم‌چرانی می‌کردند. زن‌های خودشان را هم به امان خدا ول کرده بودند. توی خونشان است. این چیزها را قبل از مهاجرت فقط توی فیلم‌ها دیده بوده‌اند، معلوم است که نمی‌شود دید نزد. برای طرف غربی هم آن طرف قضیه دیدزدنی است. دیدن زنان چادری و برقع‌پوش برای ما عادی است، ولی تصورش را بکن که یک کانادایی سفیدپوست که هیچ‌وقت هم به خاورمیانه مشرف نشده باشد، یک روز که توی قهوه‌خانه نشسته، ناگهان دو تا زن برقع‌پوش سرتا پا سیاه را ببیند که دارند در پیاده‌رو قدم می‌زنند. فکر می‌کنید بی‌خیال قهوه خوردنش را ادامه می‌دهد؟ تنها در یک صورت تعجب نمی‌کند: اگر هالووین باشد. اگر هالووین نباشد، او حتا تصورش را هم نمی‌تواند بکند که آن موجودهای سرتاپا سیاه دو زن فلک‌زده‌ی مسلمان باشند که از زمانی که به سن تکلیف رسیده‌اند خود را در آن دیوار پارچه‌ای محصور دیده‌اند. حالا این فرد کانادایی سفیدپوست، ممکن است که به این واقعیت آگاهی پیدا کند و زمانی هم سرنوشت او را به زندگی در یکی از مملکت‌های اسلامی بکشاند. برای او زن برقع‌پوش همیشه یک موضوع جالب است. هیچ‌وقت عادی نمی‌شود، حتا اگر در قلب مکه‌ی مکرمه زندگی کند. مزدا سطل و بیلچه‌اش را برداشته بود و داشت کنار آب برای خودش با ماسه قلعه و بارو درست می‌کرد. بی‌هوا میخ بدن یک زن جوان بلوند شده بودم که فریبا مچم را گرفت و با چشم‌غره تشر زد، "جون به جونتون کنن، شما مردای ایرانی چشم‌چرونین."

ناچار شدم اعتصابم را بشکنم و توضیح کوتاهی بدهم، "داشتم فکر می‌کردم اینا چه بدنای کم مویی دارن، ولی بعضی از این ایرانیا با پشم‌هاشون می‌شه یک قالی کرمان ببافی."

جواب داد، "به تو چه که مو دارن یا ندارن. ملت میان اینجا تفریح کنن، استراحت کنن. ولی شما مردای ایرانی همهش چشماتون رو لنگ و پاچهی زنهاست."

بدجوری توپش پر بود. کوتاه آمدم و حرفم را پس گرفتم. به شوخی گفتم، "به اون منظور که نگاه نمیکردم. نگاهم فقط جبنهی علمی داشت."

گفت، "مهم اینه که اخلاق داشته باشی، عشق و علاقه به خونوادهت نشون بدی. فکر میکنی همین که یکی سفید و بور باشه کافیه؟ بچهای. شما مردا همیشه بچهاین."

اعتصاب سخن من سرانجام کار خودش را کرد و آتش جنگ چینیشکنی دیگری را روشن کرد. فردای برگشتن از کالتوس لیک، بعد از اینکه نان و پنیرم را کوفت کردم، فریبا آمد روبهرویم نشست. پرسید، "چرا با من حرف نمیزنی؟"

جواب ندادم. انتظار داشت بعد از آن لجبازیهایش، بنشینم و باهاش دل بدهم و قلوه بگیرم.

دوباره پرسید، "چرا با من حرف نمیزنی؟"

جواب ندادم. دم ظرفشویی ایستاده بود. نمیخواست معذرتخواهی کند. فکر میکرد با قلدری میتواند سر صحبت را باز کند. انگار نه انگار. جوابش را که ندادم، لجش گرفت. ظرف چینی جای پنیر را که داشت میشست کف آشپزخانه پرت کرد. بی حرف دیگری، در کمد کناریاش را باز کرد و سرویس چینی فرانسوی هشت نفرهاش را که عین چشمش دوست میداشت، یکی یکی به کف آشپزخانه کوبید. کمد که خالی شد، در کمد کناری را باز کرد. یکباره به نظرم رسید که بلند شوم و بزنم بیرون. اگر من نمیرفتم، حتم دارم که او میرفت و جمع و جور کردن خراب کاریش را به من وامیگذاشت. این یکی را غافلگیرش کردم.

بی مقصد میراندم. حدود نیم ساعتی که توی خیابانهای ونکوور پرسه زدم، خودم را روی همین پل لاینزگیت یافتم. از پل رد شدم و به سمت نورث ونکوور پیچیدم. سر ظهر بود. این هم یک جور خریت دیگر که همچو وقتی از آدمهایی مثل من سر میزند. وارد قهوهخانهای شدم که صاحبش ایرانی بود. که چی؟ این همه راه را از مرکز ونکوور زده بودم، رفته بودم جایی که پاتوق یک عده

ایرانی بی‌عرضه بود که فقط به این دلیل آنجا جمع می‌شدند که بتوانند به زبان شیرین فارسی چُس‌ناله کنند. قهوه‌چی یک جور بستنی هم سِرو می‌کرد که خودش اسمش را اکبر مشتی گذاشته بود. ولی تنها خوبیش این بود که مثل قهوه‌فروشی‌های فرنگی چای کیسه‌ای نمی‌داد. چای را روی سماور برقی و توی قوری چینی دم می‌کرد. ایرانی‌ها هم که همین‌جوری عزادار مادرزادی هستند، با دیدن آن بساط دیگر معجون نوستالژی‌شان کامل می‌شد. طرف برای این که شام غریبان را تکمیل کرده باشد، یک جور استکان کمر باریک هم پیدا کرده بود که چای را در آن به مشتری‌ها می‌داد. البته استکانش از آن که پدربزرگ عادت داشت تویش چای بخورد، بزرگ‌تر بود. این استکان کمر باریک یک نکته‌ی ظریفی دارد که بی خودی آدم را می‌برد به دوره‌ی گذشته‌ای که فرض می‌کنیم دوره‌ی خوشی بوده. قهوه‌چی خوب فهمیده بود. کنار در نشستم. سر میز کناری، دو زن و دو مرد ایرانی نشسته بودند. مردی که ژاکت چرم قهوه‌ای پوشیده بود گفت، "دانشگاه که حرفی نیس. اصلن می‌دونی چی؟ من همین‌جا تضمین می‌دم که خرج دانشگاهشُ بدم، خوبه؟"

فهمیدم که بحث ازدواج است. به قیافه‌اش نمی‌آمد. وقت ازدواج، ایرانی‌ها دست و دل‌بازتر می‌شوند. اندازه‌ی جیبشان یادشان می‌رود. عجب، پس بعضی هم برای کار خیر اینجا می‌آیند. همه‌اش هم چُس‌ناله نیست. مطمئنم که مرد ژاکت قهوه‌ای نمی‌دانست خرج دانشگاه در کانادا از بیخ یعنی چه. کسی که ژاکت چرم قهوه‌ای روی شلوار سبز پارچه‌ای بپوشد و سبیل شلخته‌ی بدون استایل آن‌جوری گذاشته باشد، بعید است که چیزی از دانشگاه سرش بشود. اصلن این سبیل‌های ایرانی‌ها به لعنت سگ هم نمی‌ارزد. همین جور دیمی سبیل می‌گذارند. نه فلسفه‌ای پشتش هست، نه یک زیبایی‌شناسی یا حساب کتابی دارد. همین جور می‌گذارند. به جهنم. ملتی که یاد نگرفته فکر کند، باید هم دیمی سبیل بگذارد.

فکر کردم دیگر باید عملیات چینی‌شکنی تمام شده باشد و فریبا مرحله‌ی پاک‌سازی را شروع کرده باشد. ترسیدم که آن بازی خطرناک بالاخره کار دستمان بدهد. آن همه خرده شیشه توی خانه‌ی آدم، دِم دستِ زنی که دستش به اختیارش نیست. هر لحظه ممکن است که حرارتش بالا برود و به جای شکستن شیشه، آن را

توی سر کسی بزند. چند بار تهدید کرده بود که خودش را می‌کشد. برای همین هر گاه با عصبانیت بیرون می‌رفت، کمی صبر می‌کردم و بعد یا خودم به‌اش زنگ می‌زدم، یا به مزدا می‌گفتم تلفن بزند. شب قبل که برگشته بود، گفت، "می‌خواستم خودُم بکشم، ولی بعد فکر کردم چرا خودُم بکشم. تو رو می‌کشم." بعد با لحنی جدی‌تر گفت، "آخرش تو رو می‌کشم. به خدا یه شب تو خواب می‌کشمت." یک لحظه حرفش را باور کردم. توی چشم‌هایش کینه موج می‌زد.

ما مثل همیم. بدی کار هم همین است. اگر متفاوت باشید بهتر است، چون همدیگر را تکمیل می‌کنید. ولی اگر مثل هم باشید، مثل این است که هر دو قطب منفی آهن‌ربا باشید. نمی‌توانید به هم بچسبید. در تهدیدها هم اخلاقمان مثل هم است. وقتی که داغ باشیم، یک چیزی می‌گوییم، ولی همین‌که سرد شدیم، از سرمان می‌افتد. خودکشی اگر همین‌طور از سر عصبانیت باشد، بدترین چیز است. اما اگر حسابی به‌اش فکر کرده باشی، بعد دیده باشی که هیچ راهی برای زندگی نمانده، برو جلو. چه اشکالی دارد. اگر عقلت می‌گوید که تنها راه حل خودکشی است، چرا که نه. ولی مسئله این است که وقتی هوس خودکشی می‌آید، عقل در می‌رود.

می‌دانستم که باید تا حرارت فریبا بالاست، مواظبش باشم. به سمت خانه راه افتادم. بین راه تصمیم گرفتم که چند شاخه گل بگیرم. درستش هم همین بود. ما که عُرضه‌ی جدا شدن نداریم، پس بگذار سعی کنیم کمتر همدیگر را اذیت کنیم.

وقتی رسیدم، آشپزخانه تمیز بود. فریبا را توی اتاق خواب پیدا کردم. خوابیده بود. مزدا همچنان توی اتاق خودش مشغول بازی کامپیوتریش بود. حالش را پرسیدم. گفت خوب است و چیزی لازم ندارد. به اتاق خواب رفتم و کنار فریبا دراز کشیدم. دسته گل را روی میز کنار تخت گذاشتم. آرام توی گوشش زمزمه کردم، "دوستت دارم." و لبش را بوسیدم. او هم مرا بوسید. گفتم، "خسته نباشی."

گفت، "به خدا تو خیلی بدی. تو خیلی منُ اذیت می‌کنی."

گفتم، "پا شو ببین چه گل‌هایی برات آوردم."

گفت، "گل نمی‌خوام. خودتُ خوب کن."

سرش را روی شانه‌ام گذاشت و آرام اشک ریخت.

توی دلم بود که جواب حرف روز پیش فریبا را بدهم که گفته بود به خانواده‌ام عشق و علاقه ندارم. تنها وصله‌ای که به من نمی‌چسبید این بود که بگوید به خانواده‌ام علاقه ندارم. همه‌ی دوست و آشناهایم سر جمع پنج نفر هم نمی‌شدند. بیشترشان هم دوستان نادیده‌ای بودند که گاه‌گاهی از وبلاگم بازدید می‌کردند و گاهی پیامی می‌فرستادند. اگر بشود اسم آن‌ها را دوست گذاشت. کسانی که معلوم نبود کجای دنیا هستند و هیچ گاه هم یکدیگر را ندیده بودند. در عوض، فریبا خودش یک خروار دوست ریز و درشت داشت که مرتب با هم به بازار می‌رفتند، مهمانی می‌دادند و پارتی می‌گرفتند. روز به روز هم شمارشان بیشتر می‌شد. جالب است که وقتی با یکی دوست می‌شوند، دیگر به این آسانی‌ها پیوندشان را نمی‌بُرند. با هم دعوا می‌کنند، فتیله‌ی رابطه‌شان را پایین می‌کشند، ولی آن را خاموش نمی‌کنند. آن روزها که من هم رفیق‌بازی می‌کردم، فریبا را مسخره می‌کردم که نود درسد دوست‌هایش را یا توی فروشگاه، موقع خرید کفش و دامن پیدا کرده، یا موقع برداشتن مزدا از مدرسه. تنها وجه اشتراکشان هم ایرانی بودنشان است. با این وجود، با هم می‌سازند. به درد همدیگر هم می‌خورند. اما من با کسی که ندانم چه‌جور آدمی است و چه علاقه‌های مشترکی با من دارد، دوست نمی‌شوم. مسخره این است که دوستان من که حساب شده با هم دوست شده بودیم، حالا همه از دورم پراکنده شده‌اند ولی دوستان فریبا که دیمی پیدا شده بودند، سخت و محکم پای هم ایستاده‌اند.

ولی دوستی‌های ما مردها یک جور دیگری است. گمان نمی‌کنم خیلی پیش بیاید که دو مرد ایرانی که دوست هم هستند با هم به خرید بروند. تازه که آمده بودم، پیدا کردن دوست خیلی آسان به نظر می‌رسید. کافی بود ایرانی باشید تا با هم دوست شوید. دوستی‌ام با محمود همین‌جوری شروع شد. البته، چاشنی‌اش این بود که هر دومان اهل قلم بودیم، جان عمه‌مان. محمود یک مجله‌ی هفتگی خبری، سیاسی، ادبی، اجتماعی به زبان فارسی در می‌آورد که در میان آن همه آگهی نامه و رنگین نامه خودش یک استثنا بود. خودم را معرفی کردم و گفتم که یکی از نویسنده‌های معروف توصیه کرده که با او تماس بگیرم. در یکی از قهوه‌خانه‌های زنجیره‌ای قرار ملاقات گذاشتیم. سبک لباس پوشیدن محمود مثل چپی‌های کارگری ایرانی بود. قد متوسط و سبیل پُری داشت که گمانم روزی استالینی بوده ولی با تجربه‌ی زندگی معتدل شده بود. قرار گذاشتیم که من مطلبی بنویسم و برای یک دوره‌ی چند ماهه‌ی کارگاه شعر و داستان فراخوان بدهم. پیشنهاد کرد که احمد شاهرخی، نویسنده‌ی معروف را که با ما دوست بود، برای گرداندن کارگاه شعر و داستان دعوت کنیم. محمود به شکل کودکانه‌ای خوش‌بین بود. شاید هم به عمد آن‌طور وانمود می‌کرد. این هم مرضی است که بعضی از ایرانی‌ها در اینجا می‌گیرند. همین که به اینجا می‌رسند، به مرض خوشبینی دچار می‌شوند. مدام به هم لبخند می‌زنند و فلسفه‌شان این است که "من خوبم، تو خوبی، او خوب است، همه چیز خوب است." محمود حتا گفت که می‌شود از کسانی که در کارگاه شرکت می‌کنند، شهریه گرفت. گفت، "دیگه کسی دنبال چریک‌بازی نمی‌ره. باور کن خیلیا دوس دارن بیان شعر و داستان کار کنن."

پیشنهادش برای گرفتن شهریه را به شوخی گرفتم. باورم نمی‌شد کسی پیدا بشود که بخواهد به طور جدی در کارگاه شرکت کند. ولی حرف‌های محمود کمی وسوسه‌ام کرده بود. آن روزها هنوز درست نمی‌شناختمش. به فریبا که گفتم، مسخره‌ام کرد. گفت، "برو به فکر نان باش، خربزه آب است."

اولین جلسه‌ی کارگاه را در یکی از اتاق‌های کتاب‌خانه‌ی عمومی ونکوور گرفتیم. آدم‌های زیادی آمده بودند. از کت و شلواری مثل دکتر و مهندس گرفته تا کارگر ساختمانی و شاگرد پیتزایی. محمود

برنامه را اعلام کرد و احمد شاهرخی را معرفی کرد، به عنوان نویسنده‌ای که از ایران آمده. همان‌طور که قرار گذاشته بودیم، توضیح داد که برنامه‌ی ما تجربه و یادگیری داستان و شعر است. بنا بر این، جایی برای بحث‌های سیاسی و اجتماعی نیست. شاهرخی پیش از شروع بحث، از حاضران خواست که تک تک خودشان را معرفی کنند و خلاصه‌ای از کارهای ادبی‌شان را بگویند. دو نفر از ردیف اول خود را معرفی کردند. نفر سوم گفت که قبل از معرفی خودش، از شاهرخی سؤالی دارد. شاهرخی استقبال کرد. گفت، "آقا، معرفی حاضران به چه منظوری است؟ عرض بنده این است که شرح حال ما چه تأثیری می‌تواند داشته باشد بر این که داستان و شعر چیست و چطور باید نوشت؟ به نظر بنده، بهتر است شما اصول داستان‌نویسی را خلاصه و مفید بفرمایید، هر کس هم مایل باشد، می‌تواند یادداشت بردارد."

شاهرخی که انگار کمی جا خورده بود، چند لحظه مات نگاه کرد، ولی دست‌آخر با لبخندی سعی کرد خودش را عادی نشان دهد. جواب داد که هدف از معرفی این است که به یک شناخت کلی از فضای کارگاه و علاقه‌ی مشترک حاضران برسند تا بتوانند مطالب را متناسب با سطح و علاقه‌ی اکثریت حاضران ارائه کنند. در ضمن، آشنایی حاضران با همدیگر هم برای مشارکت در کارگاه مفید است. فردی که اعتراض کرده بود در جواب گفت، "راستش، قانع‌کننده نیست، ولی اگر بقیه حرفی ندارند، من هم تابع جمع." و خودش را خیلی اجمالی معرفی کرد.

معرفی که تمام شد، شاهرخی گفت که او خلاصه‌ای از مکتب‌های ادبی را در هر جلسه ارائه می‌کند و داستان‌های نمونه‌ی هر کدام را بررسی می‌کند. یکی پرسید "این مکتب‌های ادبی شامل کدام‌ها می‌شود؟"

شاهرخی جواب داد، "به عنوان مثال فرمالیسم، ساختارگرایی، رئالیسم جادویی، مینی‌مالیسم و غیره."

مرد خوش‌لباس که کراوات زده بود و ریش بزی داشت، اعتراض کرد، "آقا ما خودمان مولوی و بیهقی داریم، نظامی داریم، سعدی داریم. حتا همین رستم التواریخ آصف الحکما هم از آن داستان‌های خارجی مثل مارکز و پارکز چند سر و گردن بالاتر است. آقا به

خودتان بیایید. اینجا که ما هستیم دیگر احتیاجی به معرفی کتاب‌های غربی‌ها نداریم. تو را خدا شاهنامه‌ی خودمان مگر چه عیبی دارد؟"

پیش از آنکه شاهرخی فرصت جواب دادن پیدا کند، مرد میانه‌سالی که چشم‌هایش را تند تند هم می‌زد، جواب داد، "رستم‌التواریخ آصف الحکما که ناپلئون را پادشاه انگلیس معرفی می‌کند کجا و مارکز کجا؟ چه ربطی دارند، آقا. رستم‌التواریخ یک کتاب تاریخی است، آن هم پر از اشتباه و دروغ. ارزش ادبی هم ندارد."

مرد اولی جواب داد، "خوب حالا رستم‌التواریخ را فراموش کنید، شاهنامه را چه می‌گویید. حماسه‌ی شاهنامه را باید خواند. وقتی غربی‌ها خودشان اعتراف کرده‌اند که شاهنامه یک شاهکار جهانی است، خجالت دارد که ما خودمان بی احترامی کنیم. من کتاب‌های این آقایان را که اعتراف کرده‌اند هم دارم."

شاهرخی سرفه‌ای کرد و جواب داد، "خوب، بزرگان زبان فارسی به جای خودشان. ولی ما اینجا از داستان مدرن حرف می‌زنیم."

مرد دیگری گفت، "آقا خیلی جدی نگیرید. این آقای ملک‌زاده کارش همین است. تازه فکر نمی‌کنم خودش هم یک دور تمام شاهنامه را خوانده باشد."

چند نفری خندیدند. ملک‌زاده بلند شد و در حالی که سرخ شده بود و می‌لرزید رو به مرد گفت، "من با شاهنامه بزرگ شده‌ام، آقا. مثل تو نیستم که روزی سه بار کل آثار لنین را دوره می‌کنی ولی یک‌بار هم حاضر نیستی شاهنامه را باز کنی."

محمود مداخله کرد، "خواهش می‌کنم دوستان. ما که نیامده‌ایم بحث سیاسی کنیم. اجازه بدهید آقای شاهرخی بحث را شروع کنند. هر کس فکر می‌کند که این جلسه به دردش می‌خورد، می‌تواند بماند. هر کس هم که به هر دلیلی بحث را مناسب خودش نمی‌بیند، می‌تواند تشریف ببرد."

مردی که با ملک‌زاده حرفش شده بود گفت، "جناب ملک‌زاده لطف کنید کمی وقت بیش‌تری برای دوره کردن مجموعه آثار لنین به من بدهید. چون آثار ایشان بیش از چهل جلد دویست، سی‌سد صفحه‌ای است و ماه‌ها وقت می‌برد تا دوره‌اش کنی."

خانمی بلند شد و گفت، "اجازه بدهید من هم فقط یک جمله عرض کنم. می‌خواستم از آقای شاهرخی بپرسم آیا شما قرار است از شادروان مختاری هم چیزی تدریس کنید؟"

شاهرخی گفت که به نظرش مختاری نظریه‌پرداز ادبی به آن شکل نباشد. ولی شاید از شعرهایشان گاهی توی بحث‌ها استفاده کند. نزدیک یک ساعت از جلسه گذشته بود و هنوز شاهرخی نتوانسته بود که جلسه را شروع کند. خودش را جابه‌جا کرد و نگاهی به من انداخت. لبخندی زدم و سعی کردم به‌اش بفهمانم که باید زودتر شروع کند. همین که گلویش را صاف کرد، مرد دیگری با صدایی گرم و گیرا که شمرده شمرده حرف می‌زد گفت، "آقای شاهرخی! گمان می‌کنم این پرسش‌هایی که دوستان می‌کنند به این دلیل است که ما یک اساسنامه‌ی مشخصی برای جلسه نداریم. اگر کمی وقت بگذاریم و یک اساسنامه بنویسیم، خیلی از این ابهام‌ها برطرف می‌شود."

شاهرخی به محمود و من نگاه کرد. هاج و واج بود. من گفتم، "کجای دنیا کارگاه ادبی اساسنامه دارد؟ نه آقا، لزومی ندارد."

مرد دوباره دلیل آورد که اساسنامه خیلی خوب است. حاضران هم حدود کار دستشان می‌آید. از طرف دیگر، اگر کسی بعدها به ما بپیوندد، دیگر لازم نیست همه چیز را از اول برایش توضیح بدهیم. یک نسخه از اساسنامه را می‌دهیم دستش و می‌گوییم اگر آن را قبول دارد بیاید.

شاهرخی هم گفت که کارگاه داستان اسمش رویش است. همه می‌دانند که کار ما چیست. ولی پیشنهاد اساسنامه بر عکس نظر شاهرخی، به سرعت هواخواه پیدا کرد و چند نفر دیگر هم آن را تأیید کردند. مرد پیشنهاد کننده گفت که رأی بگیریم. محمود دوباره دخالت کرد و گفت که تنفس اعلام شود و بعد از تنفس رأی بگیریم.

محمود، در موقع تنفس، شاهرخی و من را به گوشه‌ای برد و گفت، "این بابایی که پیشنهاد اساسنامه داده، با بیشتر بچه‌ها دوسته. بهتره اینا را حفظ کنیم. به نظر من بگیم اساسنامه را بنویسن. اگه رأی بگیرن، من می‌دونم که اون رأی می‌آره، اون وقت ما کِنِف می‌شیم." تسلیم شدیم. مرد پیشنهاد کننده خودکار و کاغذش را برداشت و درخواست کرد که حاضران هر ماده‌ای به نظرشان می‌رسد،

پیشنهاد کنند و هر پیشنهادی را که اکثریت قبول کنند در اساسنامه گنجانده شود. اولین ماده را خودش پیشنهاد کرد، "موضوع کار جلسه نقد و بررسی شعر و داستان می‌باشد."

یکی گفت باید مشخص شود که این داستان و شعر آیا فقط شامل زبان فارسی می‌شود، یا نه. اعتراض دیگر این بود که باید اولویت به بررسی آثار اعضا داده شود. دست آخر یکی هم پیشنهاد کرد که کلمه‌ی می‌باشد حذف شود و از فعل بهتری استفاده شود. او با هر چیزی موافق بود، به شرط آنکه از کلمه‌ی می‌باشد استفاده نشود.

قبل از رأی‌گیری برای تصویب اولین ماده‌ی اساس‌نامه، یکی دیگر بلند شد و گفت که پیشنهادی دارد. پیشنهادش این بود که کارگاه به عنوان سازمانی غیرانتفاعی به ثبت برسد.

نوشتن اساسنامه به حال تعلیق در آمد و بحث بر سر ثبت کارگاه درگرفت. گروهی مزیت‌های ثبت تشکل غیر انتفاعی را شرح می‌دادند و گروه دیگر بر ضروری نبودن آن دلیل می‌آوردند. بحث داغ شده بود که صدای دیگری بلند شد، "شما ملت همیشه کرنا را از سر گشادش می‌زنین. دوستان، هر موجودی اولین چیزی که لازم داره، اسمه. اسم کارگاه که از همه چیز ضروری‌تره هنوز تعیین نشده."

چند نفر در تأیید او زمزمه کردند. کسی که برای ثبت کارگاه مبارزه می‌کرد داد زد که اسم مرحله‌ی بعدی است. اول باید تکلیف ثبت کارگاه معلوم شود، بعد نوبت به تعیین اسم می‌رسد. مرد هوادار نامگذاری داد زد، "آخه اگه اسم نداشته باشی، چی رو می‌خوای ثبت کنی؟ باید یه اسم باشه که ثبتش کنی یا نه؟"

در این لحظه پیشنهاد کننده‌ی اصلی که موضوع کار جلسه را مطرح کرده بود دادش در آمد و گفت، "آقا، هنوز معلوم نیست که موضوع کار ما از اساس چیه. اول بیاین تعیین کنیم که ما اینجا جمع می‌شیم که چه خاکی تو سر خودمون کنیم، بعد برید سراغ اسم و ثبت و این چیزها."

پیرمردی با لباس مرتب و سبیل سفید نوک برگشته از ردیف ته اتاق بلند شد و آرام و با قدم‌های شمرده، یک‌راست به سمت میز شاهرخی آمد. رو به شاهرخی ایستاد و گفت، "با اجازه." همه

ساکت شدند. پیرمرد برگشت و رو به حاضران با صدایی که کمی حالت آواز داشت، خواند،

"در کارگه کوزه‌گری بودم دوش

دیدم که هزار کوزه گویای خموش

این کوزه (دستش را به حاضران سمت راست دراز کرد) به آن کوزه (به سمت چپی‌ها اشاره کرد) همی‌کرد خروش

کو کوزه‌گر و کوزه‌خر و کوزه‌فروش؟"

چرخی زد و رو به شاهرخی مصرع آخر را تکرار کرد، "کو کوزه‌گر و کوزه‌خر و کوزه‌فروش؟"

شاهرخی به آرامی از جایش بلند شد. پیرمرد رو به او تعظیم کرد و با شتاب از جلسه بیرون رفت.

چند لحظه‌ای همه ساکت به هم نگاه کردند. کسی که پیشنهاد ثبت کارگاه را داده بود آرام گفت، "انگار حالش خوب نبود. خوب ما کارمون را ادامه بدیم."

یکی گفت، "خودش چی‌کاره بود؟ کوزه‌فروش بود، خریدار بود، کوزه‌گر بود، نفهمیدیم کدومش بود؟"

کسی که اساسنامه را می‌نوشت داد زد که بعضی‌ها رعایت هیچ چیز را نمی‌کنند. وسط نوشتن اساسنامه هی بلند می‌شوند و پَرش‌های ذهنی‌شان را به دیگران منتقل می‌کنند. او از بقیه خواست که ساکت بمانند تا رأی‌گیری برای ماده اول اساسنامه انجام شود. کسی که هوادار نام‌گذاری بود جواب داد، "نه آقا، این‌طور نیست. مسئله این است که ما ترتیب کار را رعایت نکرده‌ایم. حالا هم که دیر نشده. من می‌گویم که یک قدم برگردیم عقب، اسم این کارگاه محترم را تعیین کنیم، بعد برویم سراغ اساسنامه. توی همین اساسنامه هم باید یک اسمی بالاخره برایش بنویسیم. کارگاه خالی خالی که نمی‌شود. اگر اسم نداشته باشد، کسی این اساسنامه را بخواند، خیال می‌کند دارد از کارگاه نجاری یا جوش‌کاری حرف می‌زند."

صدایی بلند شد، "شاید هم کارگاه کوزه‌گری، به قول اون دوستمون که در رفت."

مسئول اساسنامه خودکارش را گذاشت روی میز و دستش را به نشانه‌ی تسلیم بالا برد ، "آقا من می‌کشم کنار. خرِ ما از کُرهگی دم نداشت."

زمانی که پدرم کتاب‌فروشی را باز کرد، دوره‌ی اوج کتاب‌خوانی ایرانیان بود؛ در زمان انقلاب که هر روز یک کامیون کتاب جدید منتشر می‌شد. پس از سال‌ها که دستگاه‌های سانسور شاهی از کار افتاده بودند و دستگاه سانسور جدید هنوز پا نگرفته بود، هر کس از گرد راه می‌رسید، کتاب می‌نوشت، ترجمه یا منتشر می‌کرد. کتاب‌هایی که به جلد سفید معروف بودند. کتاب‌هایی که نقطه‌ی عزیمت‌شان هر کجا می‌توانست باشد، اما توقفگاه بیش‌ترشان جلو خانه‌ی استالین بود یا مائو. کمی بعد که ارشاد جمهوری اسلامی یال و کوپالی به هم زد، پدرم عزا گرفته بود که با آن همه کتاب بی‌مصرف چه‌کار کند. آنها را توی جلد تقلبی می‌گذاشت، بین کتاب‌های دیگر پنهان‌شان می‌کرد، توی پستو قایم می‌کرد. دلش هم نمی‌آمد سر به نیست‌شان کند. خوش‌بختانه وقتی بیست و چند سال بعد از انقلاب سر و کله‌ی برادران ارشادگر توی مغازه پیدا شد، پدرم کتاب‌ها را رد کرده بود. تازه چند ماه شده بود که به کانادا آمده بودم. خبر را پدر خودش نداد. پرویز تلفن زد. پدرم نمی‌خواست من ناراحت آنجا بشوم. هر بار تلفنی حرف می‌زدیم، می‌گفت که همه چیز خوب است. ولی پرویز، دوست جان‌جانی پدر که من عمو صدایش می‌کردم، خبر را به‌ام داد. عمو پرویز ناراحت حال پدر بود و می‌گفت باید راضیش کنم که او را هم پیش خودم بیاورم. پدر به مهاجرت راضی نشد، ولی با اصرار زیاد من، ماجرا را برایم بازگو کرد.

آخر شب، قبل از بستن مغازه، سه نفر موتور سوار جلو کتاب‌فروشی موتورهایشان را گذاشتند و وارد مغازه شدند. بین بیست تا سی سال داشتند، با ریش‌های بلند مرتب نشده و پیراهن سفید که روی شلوار انداخته بودند و دکمه‌ی پیراهن تا بالای بالا بسته شده. دو نفرشان در دو طرفِ درِ ورودی ایستادند و یکی‌شان به سمت قفسه‌ی کتاب‌ها آمد. نگاهی سطحی به کتاب‌ها انداخت و گفت، "یه جلد کلام‌الله مجید می‌خواستم."

پدرم جواب داد، "قرآن ندارم."

مأمور به همراهانش نگاه کرد و ادای پدرم را در آورد. آنگاه پرسید، "نهج‌البلاغه چطور؟"

پدر جواب داد که ندارد. مأمور ادامه داد، "خوب پس بهتره بیشتر از این خودمُ سبک نکنم، چون معلومه که مفاتیح‌الجنان و صحیفه‌ی نور که دیگه حتم نداری."

یکی از دمِ دری‌ها داد زد، "تو مملکت امام زمان یه همچی ننگ‌هایی هم پیدا می‌شه!"

مأموری که بین کتاب‌ها می‌گشت، کتاب چنین گفت زرتشتِ نیچه را از قفسه بیرون کشید و به همراهانش نشان داد، " ولی کتاب‌های ننگینی مثل این رو داره. فراوون هم داره. اگه غلط نکنم، این همون باباییه که می‌گفت دین افیون توده‌هاست. اسمش چی بود؟"

رفیقش فوری گفت، "استالین، برادر. سبیل گنده‌ش یادت نیس؟ تو اعلامیه‌های کمونیستا اول انقلاب همه‌ش عکسشو می‌زدن؟"

مأمور کتاب را روی پیش‌خوان کوبید و فریاد زد، "خاک تو سرت کنند. مایه‌ی ننگ این جامعه‌ی اسلامی شماها هستین."

او دست پدر را کشید و از مغازه بیرون برد. پدر را سوار پیکان سفید رنگی کرد که آماده جلو مغازه نگه داشته بودند و خودش پشت فرمان نشست. در بین راه مرتب در باره‌ی کارهای فرهنگی با پدر تبادل اندیشه می‌کرد؛ البته به شیوه‌ی مخصوص ارشادگران: "مردکه‌ی غرب‌زده. اجنبی‌پرست. پدرتُ در می‌آرم. مفسد فی‌الارض. "

پدر را توی میدان آزادی پیاده کرد و به او گفت که حق ندارد تاکسی بگیرد یا هیچ ماشین یا موتوری سوار شود. هر کجا می‌خواهد برود باید پیاده برود. پدر به ناچار پیاده به سمت مغازه

راه افتاد. نزدیکی خیابان خوش که رسید، کسی از پشت سر صدا کرد، "حاجی پیاده‌روی می‌کنی؟ واسه سلامتیت خوبه." مرد موتور سواری بود شبیه همان مأمورهایی که توی مغازه ریخته بودند. پدر خودش را کنار کشید، از ترس اینکه موتور به‌اش بخورد. مأمور به سرعت برگشت توی خیابان و دور شد. پدر همچنان راهش را پیاده به سمت مغازه ادامه داد. نزدیک میدان انقلاب، همین که خواست به طرف دیگر خیابان برود، راننده‌ای بوق زد. وقتی پدر نگاه کرد، مرد ریشوی پیراهن سفیدی که توی ماشین بود شیشه را پایین کشید و به‌اش اشاره کرد که پیش او برود. پدر که نزدیک شد، مرد با صدای مهربانی گفت، "عجله نکن برادر. خسته می‌شی. یه آب‌میوه چیزی بخور، بعد برو. برادرا هوای مغازه رو دارن."

پیش از اینکه پدر جواب بدهد، ماشین راه افتاد.

چند ساعت بعد که پدر به مغازه رسید، ماشین آتش‌نشانی هنوز آنجا بود. داشتند شیلنگ آب را جمع می‌کردند. دود از مغازه بالا رفته بود و نمای ساختمان را سیاه کرده بود. یکی از مأمورهای آتش‌نشانی داشت گزارشش را تکمیل می‌کرد. همسایه‌هایی که جمع شده بودند، با دیدن پدر به سمتش رفتند و سعی کردند مواظبش باشند تا از دیدن آتش گرفتن مغازه شوکه نشود. یکی با تعجب از او پرسید که کجا بوده. یکی دیگر گفت که آنها اول ترسیده بودند که پدر هم توی مغازه گیر افتاده باشد. آتش‌نشانی که رسید، آتش کار خودش را کرده بود. از کتاب‌ها و قفسه‌ها چیزی نمانده بود، جز خمیر سیاه و زغال آب گرفته. مأمور آتش‌نشانی اسم و مشخصات پدر را پرسیده بود و از او امضا گرفته بود.

اولین چیزی که ازش پرسیدم این بود که بیمه‌ی آتش‌سوزی داشته یا نه. از صدایش پشت تلفن هم می‌شد فهمید که داشت از آن پوزخندهای عاقل اندر سفیه می‌زد. توی مملکتی که بیمه‌اش دولتی است و دولت تصمیم می‌گیرد که مغازه‌ی آدم آتش بگیرد، کدام احمقی انتظار دارد که بیمه به‌اش خسارت بپردازد؟

پوزخند دیگری که آن شب پدر از پشت تلفن به‌ام زد، در جواب این پیشنهاد من بود که گفتم برایش دعوت‌نامه می‌فرستم، بیاید خارج. گفت، "اگه من برای خارج ساخته شده بودم، چشمام آبی می‌شد، موهام هم زرد."

آن وقت هنوز عرق خارج آمدنم خشک نشده بود. هنوز امیدهایم از زندگی در اینجا، مثل امید سقای کربلا عباس برای رساندن آب به سکینه، ناامید نشده بود. با حرارت ازش خواستم که بیاید. برای این که راضیش کنم، هر چه را که در رؤیایم برای آینده‌ی خودم در اینجا تصور کرده بودم، به دروغ به او گفتم که به دست آورده‌ام. اما او دنیا دیده‌تر از این حرف‌ها بود. گفت، "خوشحالم که تو راضی هستی، پسرم. ولی من هم با همه‌ی این بدبختی، اینجا راحت‌ترم. آخر عمری نمی‌تونم خودم رو دربه‌در غربت کنم."

به جایش ولی عبدالله به جانم افتاده بود که کارش را درست کنم بیاید. دوباره زنگ زده بود. می‌گفت، "به جهنم که در کانادا سابقه‌ی آدم رو به تخمشون نمی‌گیرند. یک ساعت که آدم بتونه دَمِ غروب با آزادی توی یه کافه بشینه و یک پیک اسکاچ با خیال راحت بالا بندازه، به سد تا از این پست‌ها و پول‌های مُفتی می‌ارزه که در ایران از راه کون گشادی و کلاه سر هم گذاشتن و کلاه از سر هم برداشتن به دست می‌آد."

دوباره انگار یکی به کره‌ی اسب شاه گفته بود یابو. گفتم، "من خبر تحقیقی دارم که اونجا هر جور مشروبی که بخواهی می‌آرن دم درِ خونه تحویلت می‌دن. می‌گن اسکاچ سینگل مالتِ اصل پلمب شده در تهران از خود ادینبورا هم ارزون‌تر گیر می‌آد. دیگه چه مرگته؟"

آخر این بشر حالیش نبود. من نمی‌خواستم او هم مثل من بدبخت شود. وگرنه من که خوشحال می‌شدم چهارتا همزبان مثل عبدالله دور و برم باشند از تنهایی در بیایم. گفت، "درسته، ولی هیشکی اعتماد نمی‌کنه. پدرسوخته‌ها تقلبی درست می‌کنن و می‌ریزند توی شیشه‌ی اصل. درش را هم پلمب می‌کنن طوری که خود اسکات ادینبورازاده هم بو نمی‌بره. توش وازلین می‌ریزن، قرص دیازپام می‌ریزن، چه می‌دونم هزار جور زهرمار می‌ریزن که به قاطر هم یه قلپ بدی در جا زانو می‌زنه."

دلم برای عبدالله سوخت. بیچاره بدجوری مثل خر توی گِل گیر کرده بود. نمی‌توانست تصمیمش را بگیرد. می‌خواست از من بشنود. من که نمی‌توانستم برایش تصمیم بگیرم. اگر بیایند و وضعشان خوب

بشود که نمی‌گویند بیا این سهم تو، یا تشکر کنند که راهنمایی‌شان کرده‌ای. ولی اگر اینجا آنی نباشد که فکرش را می‌کرده‌اند، آن‌وقت می‌اندازند گردن تو. آن وقت تو می‌شوی باعث بدبختی‌شان. من هر چه از اینجا می‌دانستم به عبدالله گفتم. خودش باید مقایسه می‌کرد با آنجا و دلش را به دریا می‌زد. ته قضیه این است که هر دو یک گه هستند. این زندگی مزخرف. شکسپیر می‌گوید، "زمانه‌ی ویرانگر، کند می‌کنی تو پنجه‌ی شیر را." نه بابا. باید می‌گفت پاره می‌کنی تو کون شیر را. از مرغ در حال تخم‌گذاری هم بی‌چاره‌تر می‌کنی شیر را.

به‌اش گفتم بیا ولی پیه این که یک چند سالی خر حمالی کنی و ظرف بشویی و روغن ماشین عوض کنی را به تن خودت بمال. این افسرهای مهاجرت یک عادتی دارند که برای شغل‌هایی که بعضی نمونه‌هایش را گفتم، البته باید بگویم که در جای خودشان شغل‌های شریفی هم هستند، به آدم‌هایی ویزای مهاجرت می‌دهند که هیچ تجربه‌ای ندارند. آنها آدم‌های دارای مدرک دانشگاهی را به اینجا می‌آورند تا کارهایی بکنند که هیچ احتیاجی به درس خواندن در آن سطح ندارند. نمی‌دانم چرا آن‌همه فقیر و بیچاره‌های دور دنیا را نمی‌آورند که هم به رفع فقر کمک کرده باشند، هم کارهای کشورشان بهتر راه بیفتد. آخر هر کودنی می‌تواند بفهمد که یک آدم بی‌سواد بهتر می‌تواند توی مک‌دونالد سیب‌زمینی سرخ کند تا یک مهندس نساجی. آن مهندسی که از ناچاری دارد آنجا کار می‌کند، معلوم است که نمی‌تواند فکرش را به کارش مشغول کند یا از آن کار لذت ببرد. برای همین هم یا تلافی‌اش را سر کارش در می‌آورد یا سر خانواده‌اش یا هم سر خودش.

اگر من می‌توانستم به مجلس کانادا بروم، می‌گفتم که قانون مهاجرت را طوری بنویسند که هیچ کس با مدرک بالاتر از دیپلم وارد این مملکت نشود. آن‌وقت هم بازدهی کار کشور بیشتر می‌شود، هم این همه آدم به هوای رسیدن به کعبه سر از ترکستان در نمی‌آورند.

نباید خیلی هم بی‌انصاف بود. در مورد من شاید برخوردشان خیلی هم بی‌ربط نباشد. دیگر مهاجران می‌توانند ادعا کنند که در کشور خودشان کار و شغل درست و حسابی داشته‌اند، ولی من که آنجا هم تحویلم نمی‌گرفتند. با مدرک کارشناسی باستان‌شناسی، هیچ اداره‌ای حاضر نبود استخدامم کند. سابقه‌ی درخشان پدرم در هواداری

گروه‌های سیاسی چپ از یک طرف و اعدام عمه شهرزاد که خودش مظهر گروه‌های به قول آنها براندازِ بود همه به من وصل شده بود تا گزینش اداره‌های دولتی بدون معطلی تقاضای استخدامم را با خودکار سرخ ضربدر بزند.

وقتی تازه مدرکم را گرفته بودم و هنوز ذوق زده بودم، فکر می‌کردم که باید مثل بچه‌های دیگر خودم را برای استخدام در اداره‌های دولتی آماده کنم. همه می‌دانستند که برای استخدام باید از مصاحبه و امتحان گزینش دولتی روسفید بیرون بیایی. ولی در خانه‌ی ما هر جور کتابی پیدا می‌شد به جز قرآن و نهج‌البلاغه و رساله‌ی توضیح‌المسائل. پدرم نمی‌توانست آن جور کتاب‌ها را در خانه تحمل کند، بدتر از آن این بود که ببیند پسرش دارد آنها را می‌خواند. برای همین به کتابخانه می‌رفتم تا کله‌ام را برای گزینش با آن همه چرند پر کنم. وقتی به گمان خودم آمادگی امتحان گزینش را پیدا کرده بودم، به مادرم سر زدم تا از او برای کار پیدا کردن کمک بگیرم. می‌دانستم که شوهرش واسطه و آشنا زیاد دارد و با یک تلفن می‌تواند درِ بسته‌ی هر اداره‌ای را به روی آدم باز کند. مادرم چادر نماز به خود پیچیده در را به رویم باز کرد. دست به گردنم انداخت و صورتم را بوسید، چندین بار. بوسه‌های فراوانش را با گفتن "قربون پسرم برم" امضا کرد. خیلی کم پیش می‌آمد که به خانه‌اش بروم. همیشه سعی می‌کردم او را در خانه‌ی پدر-مادر بزرگ ببینم. از شوهر حاجی بازاریش خوشم نمی‌آمد. در یک گوشه‌ی نشیمن بزرگشان مبل و کاناپه و سمت دیگر قالی دستباف و پشتی ترکمنی گذاشته بودند. جلو یکی از پشتی‌ها، بر روی رحل کنده‌کاری شده‌ای یک کتاب قطور دیده می‌شد که بی تردید قرآن یا نهج‌البلاغه بود. مادر به آشپزخانه دوید که چیزی بیاورد و از من خواست که هر جا راحت‌تر هستم بنشینم. به دقیقه نکشید که با یک سینی میوه برگشت. انگار بینمان فاصله‌ای بود. حالا که با فاصله می‌بینم، متوجه می‌شوم که من خودم را از او کنار می‌کشیدم. حدس زده بود که از رفتن به آنجا منظوری دارم. گفت، "خیلی خوشحالم که اومدی. می‌دونی؟ وقتی این‌جوری بی خبر می‌بینمت مثل اینه که بهترین هدیه‌ی دنیا رو به‌ام دادن."

مدت‌ها تلاش کرده بود که مرا با شوهرش به هم نزدیک کند. می‌گفت که حاج‌آقا خیلی مرا دوست دارد. از من تعریف می‌کند و

از این حرف‌ها. ولی یک بار سرانجام تهدیدش کردم. گفتم، "مامان، اگه می‌خوای باز هم منو ببینی، قول بده جلو من دیگه اسمی ازش نیاری. اگه هی بخوای اصرار کنی، قید همه چی رو می‌زنم."

بعد از آن دیگر دست برداشت. ولی از آن روز، از شرمندگی صدایم به لرزه افتاده بود. نمی‌دانستم چه طور سر حرف را باز کنم. دست آخر هم گذاشتم خودش حدس بزند که چه می‌خواهم. گویا برای مادرها چندان سخت نیست که بدانند در کله‌ی بچه‌هایشان چه می‌گذرد. با تته پته گفتم که درسم تمام شده و دنبال کار هستم، و این که اداره‌ها هم کسی را بدون واسطه‌بازی استخدام نمی‌کنند. همین که اندکی مکث کردم متوجه منظورم شد و گفت، "به حاجی می‌گم اگه جایی آشنا داشته باشه سفارش کنه. می‌دونم که با جون و دل هر کاری بتونه می‌کنه."

من هیچی نگفتم، نه آره گفتم، نه نه! موقع خداحافظی، یادم آمد که به‌اش بفهمانم که پدرم از دوندگی‌های من برای کاریابی بی اطلاع است. گفتم که فقط بین خودمان بماند.

چند روز بعد مادرم خبر داد که در سازمان میراث فرهنگی برایم کاری پیدا کرده‌اند و باید بروم که تشریفات اداریش را انجام دهم. نصیحت کرد که صحبتی از سابقه‌ی خانوادگیم نکنم.

فکر می‌کردم که تنها مشکل گزینش این است که رساله و قرآن و تاریخ اسلام را بلد باشی. من هم همه را حفظ کرده بودم. ولی آنجا که رفتم تازه فهمیدم که تست اسلام و قرآن برای آخر استخدام است. تا به آنجا برسی باید از چند خوان دیگر بگذری. امتحان شکیات و اصول دین و نهی از منکر برای کسانی است که پرسشنامه را با موفقیت پر کرده و تأیید شده باشند.

در پرسشنامه، همه جور سؤالی بود، از سابقه‌ی فعالیت در بسیج و مسجد گرفته، تا سابقه‌ی زندانی سیاسی در خانواده، بستگان اعدامی، بستگان شهید و هر رقم سناریوی دیگر. تنها هنری که می‌توانستم بکنم این بود که جلو آن پرسش‌ها را خالی بگذارم. مسئول گزینش پرسشنامه را گرفت و نگاهی سطحی به آن کرد و در صفحه‌ی دوم روی پرسش‌های بی پاسخ مکث کوتاهی کرد. لبخندی زد و گفت، "اجرکم عنداله، اخوی. حاج آقا ملاحظه می‌کنن و خبر می‌دن انشاءاله."

اما کسی خبری نداد. گمان کنم پرسش‌های بی‌پاسخ مانده به اندازه‌ی کافی گویا بوده‌اند.

کانادا ولی فرقی نگذاشت بین من که سابقه‌ی کارم به همان کتاب‌فروشی پدرم خلاصه می‌شد و مهاجرانی که پیش از مهاجرت مدیر عامل بوده‌اند، ده‌ها کارگر و کارمند داشته‌اند و برو بیایی. همه باید از صفر شروع می‌کردیم: کارگری در پمپ بنزین، فروشگاه‌های زنجیره‌ای یا چیزی در همین رده‌ها. وقتی اینها استخدامت می‌کنند، کاری به‌ات می‌دهند که کمترین تماس را با مردم داشته باشی؛ چون فکر می‌کنند که تو از پشت کوه آمده‌ای و آیین معاشرت بلد نیستی. از آنجا که خیلی هم آدم‌های با هوشی هستند، به این هم بسنده نمی‌کنند، یعنی ریسک نمی‌کنند. آیین‌های اساسی معاشرت را خودشان یادت می‌دهند تا در موردهای اضطراری آبرویشان را نبری.

کارآموزی یک ویژگی با مزه دارد که خوش‌بختانه هنوز کسی به آن فکر نکرده است. کسانی که ما را آموزش می‌دهند، بیشتر نوجوان‌هایی هستند که خودشان تازه واردِ بازار کار شده‌اند، بچه‌های تازه از دبیرستان آمده. البته خیلی به آدم بر می‌خورد که بعد از آن همه تجربه‌ی علمی و کاری، یک عده بچه جغله به‌اش بگویند که چه‌جوری با مردم خوش و بش کند و چه‌جوری مشتری‌ها را خر کند که بیشتر بخرند.

خوب این بهانه‌ی خوبی به آدم می‌دهد که غر بزند، چون ما بیشتر وقت‌ها نیمه‌ی خالی لیوان را می‌بینیم. ولی یک خوبی هم دارد. خوبیش این است که در سال‌های آخر جوانی یک‌بار دیگر با جوان‌هایی همکار می‌شوی که پر از شور زندگی هستند. ما که

بیش‌ترمان بین سی تا چهل ساله هستیم، دیگر داریم بوی کهنه‌گی می‌گیریم. حالا بگیر که یک‌هو یک دختر هجده نوزده ساله بشود مدیرت و بخواهد به‌ات کار یاد بدهد. این سعادتی نیست که به هر کسی دست بدهد. همه که مثل من نیستند که سرشان پایین باشد. می‌دانم که این‌جور وقت‌ها، یک احساس‌هایی در بعضی‌ها زنده می‌شود؛ احساسی از آن دست که کسی مثل لولیتا در هامبرت بیدار کرد.

بلیندا که سرکارگرِ شیفت بود، هنوز جا داشت که غنچه‌اش کامل باز شود. اولین درسی که به من داد این بود که چطور به مشتری‌ها سلام و خوش‌آمد بگویم، لبخند یادم نرود، از مشتری تشکر کنم و اگر لازم شد، معذرت بخواهم. طوری با من حرف می‌زد که انگار من تازه از مدرسه راهنمایی وارد دبیرستان شده‌ام. من که به او نظری نداشتم. ولی هر مرد ایرانی دیگری اگر بود، بیشتر حواسش می‌رفت توی آن گردوهای کوچولویی که تازه از سینه‌ی بلیندا خانم جوانه زده بود. بلیندا تند تند درسش را می‌گفت، بی آنکه مکث کند تا ببیند شاگردش چه‌اندازه یاد گرفته است. "گوش کردن واقعی که همون‌گوش کردن فعال باشه به مشارکت همه‌ی اعضای بدن نیاز داره. وقتی مشتری حرف می‌زنه، این کافی نیست که فقط با گوشَت گوش کنی."

پرسیدم، "منظورت را نمی‌فهمم. کدوم اعضا رو می‌گین؟ غیر از گوش، مگر با جای دیگری هم می‌شود گوش کرد، بلیندا جان؟"

بلیندا سعی می‌کرد خودش را جدی نشان دهد، ولی سرانجام خنده‌اش درآمد. توضیح داد که گوش کردن فعال یعنی اینکه با چشم به مشتری نگاه کنی، بین حرف‌هایش چیزی بگویی که نشان بدهی منظورش را می‌فهمی، یا حسش را درک می‌کنی، حرفش را تأیید کنی یا ازش بخواهی توضیح بیش‌تری بدهد. باید نشان دهی که شش دانگ حواست به او ست. برای مثال بین حرف‌های او بگویی: آهان، همین طوره، متوجه هستم و مثل این‌ها. گفتم، "ممنونم که توضیح دادی. من داشتم فکر می‌کردم چطوری می‌شود با دست و پا به حرف‌های طرف گوش کرد. حالا دوزاریم افتاد."

اینطور است که ما خود به خود در کنار بچه‌های نوبر قرار می‌گیریم و با آنها بُر می‌خوریم. در نتیجه، گاهی هم پیرانه سر عشق جوانی به سرمان می‌افتد. خوب این هم از خوبی‌های این فرهنگ است.

ولی همین بچه‌ها هم در واقع چرخدنده‌های این سیستم هستند. دوستی با آنها به جایی نمی‌رسد. روزی که نوبت ارزشیابی کار من رسید، بلیندا دیگر آن بلیندای همیشگی نبود. صفحه‌ی کامپیوتر را به طرف من برگرداند و گفت، "این صفحه را ببینید."

لبخندی زدم و گفتم، "وای، چقدر رنگارنگه. این نتیجه‌ی ارزشیابی کار منه؟"

بلیندا ماوس را ول کرد و به چشم‌های من نگاه کش‌داری انداخت و در آخر لبخند بی‌رمقی زد و گفت، "ولی نقطه‌های سرخش خیلی زیاده."

سردم شد. گفتم، "اینو که می‌بینم. پس حدس می‌زنم که سرخ چیز خوبی نیست."

بلیندا گفت که با نقطه‌های قوت کارم بحث را شروع می‌کند. گفت که توانایی‌ام در رفع مشکل مشتریان عالی است. در ابراز همدردی با مشتری موفق بوده‌ام و در بخش اطلاع‌دهی از شرط‌های قرارداد و میزان مسؤلیت مشتری هم کارم قابل قبول بوده است. اما ضعف‌های کارم این بود که میانگین مدت رفع و رجوع هر مشتری بیش از حد مجاز طول کشیده بود و معذرت‌خواهی را خوب انجام نداده بودم. خوب، می‌دانستم که من در معذرت‌خواهی خیلی خنگ هستم. زبانم خیلی نمی‌چرخد. ولی بدتر از آن، میزان فروشم پایین‌تر از هدف برنامه‌ریزی شده بود. در آخر از من خواست که نظرم را در باره‌ی آن گزارش بنویسم. من هم نوشتم که سعی می‌کنم ضعف‌های کارم را برطرف کنم. بلیندا هم در پایان گزارش اضافه کرد که او با من از نزدیک کار خواهد کرد تا ضعف‌هایم را بهبود بخشد. در این‌جور وقت‌ها دیگر تو نمی‌توانی بلیندا را آن هلوی نوبری ببینی که کُرک‌های بی‌رنگ بالای لب و روی لُپش چشم‌هایت را لوچ می‌کند. بلیندا می‌شود یک دیو دو سر. با همه‌ی معصومیت کودکانه‌اش، تو او را می‌گذاری درست جای لکاته‌ی بوف کور هدایت. همه‌ی فکرت می‌رود به این که بلیندا دارد با تو آن کارها را می‌کند که دل

مدیر شیفت را به‌دست بیاورد تا او را شبی به بار یا رستورانی دعوت کند.

از نزدیک کار کردنِ بلیندا با من این شد که او هر نیم ساعت یک‌بار بیاید پیش من و بپرسد، "چی شد، فروش چیزی داشتی؟ فروشتُ ببر بالا. یادت نره."

دو روز بعد، دو ساعتی از شروع کار نگذشته بود که بلیندا دفتر به دست آمد و پرسید که فروشم چطور بوده. وقتی فهمید که فروشی نداشته‌ام لب و لوچه‌اش را کج و کوله کرد و گفت، "می‌خوای بری خونه؟ امروز کار خیلی شلوغ نیست. برو کمی روی تکنیک‌های فروش با خودت تمرین کن."

به من می‌گفت کار کُند است ولی به بچه‌های دیگر اضافه‌کاری می‌داد. معلوم نیست آدم چطور می‌تواند با خودش تمرین فروشندگی کند. این دخترها از همین سن تمرین پاچه‌پارگی می‌کنند. در خانه تصمیم گرفتم روی رزومه‌ام کار کنم و بروم دنبال یک کار دیگر، کاری که فروش تویش نباشد. از فروش متنفر شده بودم. رزومه و واژه‌نامه‌ی فارسی-انگلیسی را برداشتم که آن را مفصل‌تر کنم. سرم درد می‌کرد. هر چه روی رزومه فکر کردم، چیزی به نظرم نرسید. سرم سنگین شده بود، طوری که دیگر نمی‌توانستم تحملش کنم. وقتی فریبا بیدارم کرد، هنوز کاغذ و مداد دستم بود، بی آنکه کلمه‌ای نوشته باشم.

فریبا گفت، "این که ناراحتی نداره. تو باید خوشحال باشی که از اونجا زدی بیرون، زودتر اومدی خونه."

البته که خوشحال می‌شدم از آن محیط لعنتی زودتر بزنم بیرون. به جهنم که آن چند ساعت از حقوقم کم می‌شد. ناراحتیم از این بود که این هم یک نقطه‌ی سرخ دیگر به سرخی‌های پرونده‌ام اضافه می‌کرد. بخت ما انگار با این رنگ لعنتی گره خورده. هر گوری می‌روم، هر غلطی می‌کنم، یک جور سر و کله‌ی سرخ پیدا می‌شود. توی ایران، تا آمدیم رنگ‌ها را بشناسیم، انقلاب شد و تنها معنی رنگ سرخ برایمان این شد که خون بر شمشیر پیروز است. سرخ شد رنگ خون و امام حسین و شهید و جبهه و مثل آن‌ها. پا که به جوانی و دوره‌ی عشق‌بازی گذاشتیم، تازه فهمیدیم که با همه‌ی تقدسی که رنگ سرخ داشت، نمی‌شد پیراهن سرخ بپوشی. اگر

لباست سرخ می‌شد، آن وقت معنی‌اش عوض می‌شد. می‌شدی جلف، هوس‌باز و غرب‌زده. اثرش تا هنوز هم مانده.

یک‌بار کریستوفر سر کلاس انگلیسی گفت که همه چند سطر در باره‌ی رنگ سرخ بنویسند. جالب است که تنها کسی که سرخی را نماد کشتار و خون‌ریزی و جنگ گرفته بود، من بودم. کلاس پر از آدم‌هایی بود که از کشورهای مختلف دنیا آمده بودند، از کلمبیا و نیجریه و چین و رومانی و آلمان و هر جای دیگر. همه از رنگ شادی، سرزندگی، مایه‌ی حیات و این چیزها نوشته بودند، به جز من.

چه خاکی بر سر ما شده؟ ما که تنها مردمی هستیم که چهارشنبه سوری را داریم. یک روز مهم سال را برای بزرگداشت رنگ سرخ در تقویممان داریم. آن همه دنگ و فنگ آتش درست کردن و از رویش پریدن و خواندنِ سرخی تو از من. حالا همین ما توی ناخودآگاهمان کردهاند که سرخ رنگ کشتار و جلفی و چه میدانم هر چه منفی است. اشغالگران ایران هزار و چند سد سال زور زدند که چهارشنبه سوری را از ایرانیها بگیرند، نتوانستند. تا اینکه همین نسل مدرن دانشگاه رفتهی من بر سر رسید و آرزوی ناکام ماندهی آنها را برآورده کرد. البته آنها جشنهای دیگر را خیلی پیش از اینها از پدران و مادران ما گرفتند. کجاست جشن سده؟ جشن تیرگان؟ جشن مهرگان؟ آن همه جشنهای دیگر که ایرانیهایی مثل من حتا اسمشان را هم دیگر نمیدانند؟ جشنها را از ما گرفتند و به جایش تا دلت بخواهد عزاداری تحمیل کردند. گاهی یک ماه کامل را عزاداری میکنند.

جالب این است همین ایرانیهایی که بیشتر از هر ملت دیگری در تقویم رسمیشان عزاداری دارند، بیشتر از هر ملت دیگری، البته گمان کنم به جز ترکها، پایکوبی و بزن و بکوب راه میاندازند. این اختلاف بین تقویم رسمی و زندگی غیر رسمی البته پدر ما را در آورده. نتیجهاش این شده که هر بار تا زن ایرانی دور هم جمع میشوند، دیر یا زود یکیشان یک موسیقی بند تنبانی روی دستگاه میگذارد و شروع میکنند به قر کمر. ما مردهای ایرانی از یک فنآوری قرن بیستم بیشترین آسیب را دیدهایم، میکروفون. این

دستگاه پدر ما را از دو جهت در آورده. از یک طرف آخوندها آن را به خدمت گرفتند و در مسجد و مدرسه و تکیه مدام توی گوش ما با آن صداهای مرده در گور لرزان می‌خوانند. از طرف دیگر، زن‌هایمان مرتب ترانه‌های بند تنبانی را در هر مهمانی و ملاقاتی تا درجه آخر باز می‌کنند و عذابی را که قرار بود در آخرت نصیب‌مان شود همین جا بر ما نازل می‌کنند.

روزی که فریبا پیشنهاد مهمانی برای خوش‌آمد و معرفی محبوبه را داد رک و راست بهاش گفتم که من ظرفیت آن مهمانی‌های قر کمری را ندارم. توی گوشش نرفت. گفت، "خیالت راحت باشه."

سر شب، دور و بر ساعت شش سر و کله‌ی لیلا خانم پیدا شد. لیلا و دو دخترش اول از همه آمدند با یک بسته که گفتند پاتختی عروس خانم است. دخترهایش دبیرستانی بودند. شوهر لیلا دست کم ده ماه از سال را در ایران و دور از زن و بچه‌اش زندگی می‌کرد. زمانی معاون وزیر بوده و هنوز هم توی دستگاه دولت برای خودش پست و مقامی داشت. برای همین به فریبا گفته بودم هر کس که دعوت می‌کند اشکال ندارد، به جز این یکی. توی گوشش نرفت. لیلا البته هیچ رفتار اسلامی نداشت. دامن کوتاه و پیراهن چسبان منجوق‌دوزی شده‌اش علاقه‌اش به اسلام و شریعت محمدی را نمایان می‌کرد. فریبا می‌گفت لیلا مجلس گرم کن است. همیشه یک دوجین جوک تازه توی چنته دارد. موقع رقص هم اولین کسی است که بلند می‌شود. تازه بقیه را هم بلند می‌کند. چه اهمیتی می‌دهند این زن‌ها به اینکه شوهر طرف توی این رژیم جنایت‌کار یک مهره‌ی نیمه درشت است؟

پیش از آن‌که زبیگنیو و محبوبه پیدایشان شود، چند نفر دیگر هم سر رسیدند. هر کدام که می‌آمدند اول می‌پرسیدند پس عروس خانم کجاست. هیچ‌کدامشان هم دوست مستقیم زبیگنیو یا محبوبه نبود. یک‌باره چیزی به نظرم رسید. با خودم فکر کردم که یک وقت کسی از بین مهمان‌ها به اسم زبیگنیو گیر ندهد و بخواهد سر به سرش بگذارد. ترسیدم که شاید کسی بخواهد شیطنت کند و جلو محبوبه دستش بیندازد. فرنگیس که سرش درد می‌کرد برای این‌جور کارها و بعد هرّاهر خندیدن به طرف. مثل کسی که یک اعلامیه همگانی می‌خواند داد زدم، "می‌خواستم یه موضوعی رو به همه بگم، شاید کسی متوجه نباشه. زبیگنیو خیلی رو اسمش حساسه.

خواهش می‌کنم کسی رو اسمش بحثی نکنه. بهتره خیلی عادی برخورد کنین."

فرنگیس که داشت چای می‌خورد شروع کرد به سرفه کردن، انگار قند توی گلویش پریده بود. بعد با خنده و سرفه، بریده بریده گفت، "اسم که نیست لامصب. بیشتر به قلقلک می‌مونه. حالا شما هی بگو عادی برخورد کنیم. مگه می‌شه؟ دست خود آدم که نیست."

می‌دانستم که جلو فرنگیس را نمی‌شود گرفت. آرایشگرها به قیچی‌هایشان می‌روند. دهانشان را هم مثل تیغه‌های قیچی‌شان مرتب باز و بسته می‌کنند. این عادت فرنگیس ولی به سر کارش محدود نمی‌شد. او همین‌جور گتره‌ای برای خودش شلنگ تخته می‌انداخت. هر چیزی که وارد ذهنش می‌شد، بدون فیلتر شدن صاف از دهانش بیرون می‌آمد. دنبال پیامدش هم نبود. من هم مگر چقدر می‌توانستم هوای زبیگنیو را داشته باشم؟ هر کس خربزه می‌خورد پای لرزش هم باید بنشیند. وقتی اسم روی خودش گذاشت باید فکر این روزها را هم می‌کرد.

رضا، شوهر فرنگیس، محتاطانه ولی شیطنت‌آمیز گفت، "خانم کوتاه بیا. تو این مملکت هر کی هر جور می‌خواد خودشُ صدا می‌کنه. چرا گیر می‌دین؟"

رضا دلال وام بانکی بود، بیشتر وام مسکن. ولی طوری حرف می‌زد که انگار رئیس بانک مرکزی کاناداست. می‌گفت در ایران رئیس شعبه‌ی بانک بوده. به هر حال خوشحال بود که شغلش بهانه‌ای به‌اش می‌داد تا هیچ‌وقت کراواتش را باز نکند. من که با او نمی‌پریدم ولی تعجب نمی‌کنم که حتا موقع کمپ رفتن هم کت و شلوار و کراواتش را با خودش ببرد.

محبوبه یکی از نقاشی‌هایش را برای ما آورده بود. نقاشی را قاب گرفته بود و روی آن را با کاغذ پوشانده بود. فریبا کاغذ را باز کرد و دستور داد که بروم همان‌وقت میخ بیاورم و تابلو را آویزان کنم. مهمان‌ها جلو تابلو جمع شدند. خوش‌بختانه نقاشی‌شناسی مهمان‌ها در حدی نبود که فرق مینیاتور و امپرسیونیسم را بدانند. برای همین کسی هوس دانش‌پراکنی نکرد و همه به تحسین و آفرین‌های آبکی برگزار کردند. رضا تنها کسی بود که پیشنهاد بیمه کردن آن را داد ولی توانست جلو خودش را بگیرد و از قیمت‌گذاری خودداری کند.

لیلا پرسید، "محبوبه خانم، راسته که می‌گن نقاشیا توشون پیام و این چیزا هس؟"

دختر بزرگ لیلا که کنارش ایستاده بود یواشکی از ران مامانش نیشگون گرفت و همین که لیلا به او نگاه کرد گوشه‌ی لبش را گاز گرفت که یعنی خفه شو. محبوبه هاج و واج به دهان لیلا زل زده بود. لیلا ادامه داد، "منظورم اینه که، ببینین، مثلن این سیب که رو سر این خانم‌س، این یه چیزی می‌خواد بگه. درسته؟"

زبیگنیو که با لیوان آبجو در دست، درست پشت سر محبوبه ایستاده بود، جواب داد، "اینا سیاسی نیست ها! من چون کارای دیگه‌شونُ دیده‌ام می‌گم. نقاشیاشون همه‌ش فرهنگیه."

محبوبه خودش را کمی کنار کشید و به زبیگنیو لبخند زد. لیلا همچنان به محبوبه نگاه می‌کرد. محبوبه گفت، "خوب پیام و تفسیر و این چیزا دیگه به نگاه بیننده بستگی داره. من به خاطر پیام خاصی کار نمی‌کنم."

رضا و فرنگیس خودشان را وارد بحث هنری نکردند. اما سر میز غذا، فرنگیس یکی دو بار تلاش کرد که بحث اسم زبیگنیو را پیش بکشد که با هوشیاری فریبا نقشه‌هایش نقش بر آب شد. انگار فریبا از پیش فکر همه چیز را کرده بود. نام خانوادگی زبیگنیو را نمی‌دانم از کجا پیدا کرده بود، چیزی که حتا به ذهن من که دوستش بودم نرسیده بود. یکبار فرنگیس رو به زبیگنیو کرد و گفت، "آقای ... چه جوری بگم، آقای..." و داشت مِن مِن می‌کرد که فریبا پرید توی حرفش و پیشنهاد کرد، "آقای جوکار. فامیلی‌شون جوکاره."

فرنگیس چشم غره‌ای به فریبا رفت و با خنده‌ای زندان شده در پس گلو، گفت، "ممنون فریبا خانم که کمکم کردین. آقای جوکار. این‌جوری خیلی راحت‌تره. آخه من خیلی تو یادگیری اسمای خارجی مشکل دارم. خلاصه، می‌خواستم بگم که آقای ..."

محبوبه دوباره یادآوری کرد، "جوکار."

"بله، آقای جوکار دیگه راه به راه خوراک میرزا قاسمی و باقالی قاتق گیرشون می‌آد."

منظور فرنگیس این بود که چون محبوبه گیلانی است پس مرتب غذاهای گیلانی درست می‌کند.

محبوبه بی‌درنگ جواب داد، "البته آقا زبیگنیو هم با قلیه ماهی و خورش بامیه‌های خوشمزه‌شون جبران می‌کنن."

رضا در حالی که خورش فسنجان برای خودش می‌کشید، گفت، "حالا یه معما: وقتی مرد جنوبی باشه و زن شمالی، اگه گفتین بچه‌شون کجایی می‌شه؟"

فرنگیس جواب داد، "اصفهانی لابد. میونه‌ش که بخوایم بگیریم حوالی اصفهان می‌شه دیگه."

من هم که خیلی ساکت مانده بودم گفتم، "معلوم شد که شراب ما هم تأثیرگذاریش بد نیست."

میز غذا هنوز جمع نشده بود که صدای موسیقی بلند شد، "از اون بالا کفتر می‌آیه. یک دانه دختر می‌آیه."

داد زدم، "بی زحمت بذارین سفره جمع بشه، بعد کفتراتونُ ول کنین."

فریبا که داشت ظرف‌ها را توی ماشین ظرف‌شویی می‌گذاشت جواب داد، "ما که یه همچه ترانه‌ای نداشتیم. من و بابک که اهل کفتربازی و این‌جور چیزا نیستیم. این از کجا اومد؟"

لیلا از پای دستگاهِ پخشِ صدا بلند شد و با شتاب به طرف فریبا رفت، "من که نبودم."

رضا جواب داد، "آره شما نبودین؛ دستتون بود."

لیلا به فریبا پیشنهاد کرد که ظرف‌شویی را روشن نکنند چون که صدایش موسیقی را خراب می‌کند. بعد دست او را گرفت و کشان کشان به وسط سالن کشید که برقصند. فریبا هم با نگاهی از گوشه‌ی چشم به من فهماند که در برابر لیلا نمی‌تواند مقاومت کند. فرنگیس و رضا هم بدون دعوت بلند شدند به رقصیدن. لیلا به سراغ محبوبه آمد. محبوبه بلند نمی‌شد؛ می‌گفت نمی‌تواند برقصد. من همچنان مشغول بازی با دسرم بودم. فرنگیس و فریبا هم به کمک لیلا آمدند. دست آخر، محبوبه بلند شد، کیفش را باز کرد و یک سی‌دی از آن بیرون آورد، "اگه می‌شه لطف کنین اینو بذارین."

لیلا سی‌دی را گرفت و گفت، "بابا عروس‌مون حرفه‌ایه. تازه جهیزیه‌شم تکمیله. سی دی مخصوص عروس خانُم می‌ذاریم."

مَثَلی هست که اگر ایرانی مهمانی بگیرد و رقص و موسیقی برقرار نکند، مهمانی‌اش ناقص است و باید دوباره برگزار کند. شاید برای همین بود که فریبا هم مهمان‌ها را به قر کمر تشویق می‌کرد. می‌ترسید مجبورش کنند دوباره مهمانی بدهد. پایکوبی و موسیقی توی خون ایرانی‌هاست. ولی فرمانروایانشان بویی از این چیزها نبرده‌اند. تقصیری هم ندارند. چیزی به اسم جشن در فرهنگشان نداشته‌اند. هیچ جشن همگانی در فرهنگ اینها وجود ندارد. وقتی زبانشان داشت ساخته می‌شد، انگار این یک مورد را از قلم افتاده یا نیازی برای همچو چیزی احساس نکرده‌اند. برای همین هم وقتی بعدها کشوردار شدند و خواستند برای خودشان جشن ملی درست کنند، در زبانشان اسمی برایش نداشتند. به ناچار نام یکی از جشن‌های ایرانی را برداشتند و هر جشنی را گفتند مهرجان، که در اصل همان مهرگان ماست.

چون اشغالگران از مغول و ترک و عرب خودشان جشن نداشته‌اند، جشن‌های ما را هم نشانه‌ی کفر دانسته است و به هر بهانه ممنوع کرده‌اند. حتا نوروز را هم بدشان نمی‌آید ممنوع کنند. این ضدیت با فرهنگ برای ما بمب اتمی بود. کاش آتش بود. آتش مصیبت و ویرانی می‌آورد. درخت‌ها را می‌سوزاند، آدم‌ها، ماشین‌ها و ساختمان‌ها را نابود می‌کند. اما بهتر از مصیبت بی فرهنگی است. چرا که پس از آتش، هر چیزی را می‌توان دوباره ساخت. بمب اتمی چیز دیگری است. می‌سوزاند، ویران می‌کند و می‌کشد. ولی فرقش با آتش‌سوزی در این است که زمین، زندگی و جهان پس از

آن دیگر هرگز نمی‌تواند به حالی که بود برگردد. حمله‌ی مغول آتش‌سوزی همگانی بود. اسکندر گُجستَک آتش هستی‌سوز بود. اما این آخری بمب اتمی بود.

حالا ما هر تلاشی هم که بکنیم، اثرش تا نوک بینی‌مان بیشتر نمی‌رود. در زمان دانشجویی که می‌خواستیم جشن خودیابی راه بیاندازیم، نتیجه‌اش چه شد؟ فکر برپایی چیزی به نام جشن خودیابی در میان یک گروه کوچک دانشجویی جرقه زد. آن شب من به خوابگاه دانشجویی پیش دوستانم رفته بودم. خوابگاه در دامنه‌های کوه البرز، در بلندترین و شمالی‌ترین منطقه‌ی مشرف به تهران بود. عبدالله چند شیشه عرق خانگی آورده بود که می‌گفت برادرش درست کرده. خودش ساقی بود. احمد گیلاس خالیش را وسط سفره کوبید و رو به عبدالله خواند،

"ساقی غم فردای حریفان چه خوری

پیش آر پیاله را که شب می‌گذرد"

عبدالله گیلاس احمد را پر کرد. من قاشقی ماست و خیار خوردم و بدون این که منظوری داشته باشم، به عبدالله گفتم، "معنی اسم تو می‌شه نوکر خدا. ولی این کاری که داری می‌کنی می‌دونی که خدمت شیطانه؟"

عبدالله جواب داد، "من که اسم خودم رو انتخاب نکردهم. ولی قول می‌دم که یک روزی، دیر یا زود عوضش کنم. اینُ از من داشته باشین."

احمد گفت، "مگه نوکر خدا بودن اشکالی داره؟"

خانواده‌ی احمد آن روزها تازه پیوندهایی با حوزه برقرار کرده بود. برادر کوچک‌ترش طلبه شده بود. آنها می‌خواستند نشان دهند که مذهبی هستند، چون قبل از انقلاب پدرش عضو حزب رستاخیز بوده. وظیفه‌ی همه‌ی عضوهای خانواده بود که در بازی کردن نقش مسلمانِ خوب شرکت کنند. عبدالله جواب داد، "من با نوکر خدا بودن مشکلی ندارم. مشکل اینه که اسم من این معنی رو نمی‌ده. یعنی با این تفسیرهایی که کاسبان دین می‌کنن، نوکر الله بودن با نوکر خدا بودن فرق داره. این متولیان دین منُ بنده‌ی خدای یه ملت دیگه‌ای می‌کنن که در نهایت می‌شه که نوکر همون قوم و قبیله بشیم."

احمد گفت، "دیگه داری مزخرف می‌گی. الله یه خدای قبیله‌ای نیس. الله همون خدای یکی یک دونه‌ی همه‌ی دنیاس. تو نمی‌تونی اینُ به یه موضوع زبانی تقلیل بدی."

عبدالله جواب داد، "احمد جان، همه‌ی دعوای ما بر سرِ زبانه."

احمد پرسید، "منظورت چیه از زبان؟"

عبدالله گفت، "مگر کسی اجازه داره نماز رو به زبانی غیر از عربی بخونه؟ هیچ ترجمه‌ای از قرآن اعتبار نداره که مورد استناد قرار بگیره. تنها زبانی که شایستگی و ظرفیت رسوندن سخن الله را داره عربیه."

احمد اعتراض کرد، "تو داری سفسطه می‌کنی. عربی فقط یه ظرفه. الله خودش منبع مطلق علمه."

عبدالله بطری عرق را بلند کرده بود که پیک‌ها را پر کند. در حالی که نیم‌خیز شده بود، جواب داد، "ما هم داریم سر همین ظرف صحبت می‌کنیم. چرا فقط عربی می‌تونه همچی ظرفی بشه. چرا یه چینی، یه ترک، یه اسکیمو نمی‌تونه مسلمون باشه مگه اینکه نماز و حج و همه‌ی آیین‌های دیگه رو به عربی اجرا کنه؟"

احمد خیلی زور زد که عبدالله را قانع کند. ولی بحث پیچیده‌تر شد. عبدالله که ذهن آفرینشگری داشت، پرسش‌های جدیدی را کشف کرد. معتقد بود که این درواقع به برتری نژادی رسمیت می‌ده. چرا که با نهادینه کردن زبان عربی به عنوان تنها زبان قابل قبول نزد خدا، این نژاد را به نژاد برگزیده‌ی خدا تبدیل کرده‌اند. اگر شما کالایی که مورد نیاز همه باشد را در صندوقی بگذارید و کلیدش را به یک فرد خاص بدهید، آن فرد خود به خود مقام برتری پیدا می‌کند. این چه جور دین جهانی است؟ از آن گذشته، اگر زبان را مردم به وجود می‌آورند، چطور می‌شود ادعا کرد که یک زبان کامل است و دیگر زبان‌ها کم‌ظرفیت هستند؟ اگر هم خدا زبان را آفریده، چرا او تنها یک زبان را کامل آفرید و زبان خاص خودش کرد، ولی زبان‌های دیگر را به امان خودشان رها کرد تا مردم هر جور خودشان می‌خواهند با آنها بازی کنند؟

احمد که نمی‌توانست عبدالله را قانع کند، گفت که بحث جدی و عرق‌خوری با هم جور در نمی‌آیند. او تهدید کرد که یک وقت دیگر که کله‌مان گرم نباشد، درست و حسابی جوابمان را می‌دهد. با آنکه

دوست داشتم آنها را آرام کنم، ولی نتوانستم از اینکه باورهای عبدالله آن‌قدر به من نزدیک بودند خوشحالیم را پنهان کنم. گفتم، "می‌دونستی که اسم واقعی پدر من هم کاوه نیست؟ او هم اسمش رو عوض کرده." پدرم وقتی از حوزه‌ی علمیه بیرون آمد و طلبه‌گی را کنار گذاشت، اسمش را از غلام‌عباس به کاوه تغییر داد. یکی دو پیک دیگر که بالا انداختیم، عبدالله بلند شد و دست‌هایش را به هم کوبید و اعلام کرد، "یه فکر بکر دارم. قابل توجه همه‌ی میهن دوستان: ما دانشجوها باید پیش‌قدم بشیم. هر کدوم اسم عربی داریم باید اسمّمونُ عوض کنیم و اسم فارسی بذاریم. باید همه یه جا جمع بشیم و یه جشن بزرگ ترتیب بدیم به اسم جشن خودیابی. یه سن بزرگ درست می‌کنیم. یکی یکی می‌ریم روی سن و اسم ایرانی‌مونُ اعلام می‌کنیم و یه چیزی هم که انگیزه‌مونُ نشون بده می‌خونیم. باور کنین معرکه می‌شه. مث توپ تو مملکت صدا می‌کنه."

گفتم، "عبدالله جان، انگار راستی راستی کله‌ت گرم شده. فکر کردی با دو تا لبخند اصلاح‌طلبانه‌ی حکومتی‌ها همه چی حل شده؟ ثبت احوال هنوز توی کتاب تأیید شده‌ی ارشاد نگاه می‌کنه تا اسم بچه‌ها رو اجازه بده. هنوز تعداد اسم‌های ایرانی که غیر مجازه بیشتر از اسم‌های مجازه، اون هم برای نوزادها. آخوندا زور می‌زنن که اسم‌های ایرانی رو بکنن عربی، حتا جشنای ایرانی رو وربندازن. تو انتظار داری که اسم عربیتُ بکنی ایرانی؟ بشین یه پیک دیگه بزن حالت جا بیاد."

عبدالله با کف دست به پیشانیش کوبید و در حال نشستن گفت، "راست می‌گی، نمی‌شه. ولی اگه بشه، چی می‌شه."

عبدالله با آن ذهن درخشانش، وقتی می‌رسید به این که چه باید کرد، مثل خر توی گل می‌ماند. راه حل‌هایش مثل همین پیشنهاد جشن خودیابی برای خودش هم زود رنگ می‌باختند. پدر من هم اسمش را عوض کرد. تازه اسم کسی را گذاشت روی خودش که ضحاک را شکست داده است. ولی این تغییر اسم حتا نتوانست او را از تهدیدهای حاج باقر آسوده کند تا چه برسد به شکست ضحاک زمان. دانشجو که بودیم خیال می‌کردیم که نیاکان پیش از اسلام چیز دیگری بودند. تنها راهی که می‌توانستیم خودمان را با آنها پیوند بزنیم این بود که اسمشان را زنده کنیم. فکر می‌کردیم اگر غلام‌عباس بشود کاوه، اسلام و سنت‌هایش دُمبِشان را می‌گذارند

روی کولشان و در شنزارهای حجاز گم می‌شوند. نه، با حلوا حلوا گفتن دهان شیرین نمی‌شود. ولی دستکم یک حس خوبی به آدم می‌دهد، یک احساس هویت جدید، هویتی که خودت ساخته‌ای، عاریه‌ای نیست. یک آرزو هم هست. آرزوی برگشت به زمانی که گمان می‌کنیم سر و سامانی داشته‌ایم. جایی در جهان داشته‌ایم، رویمان حساب می‌کرده‌اند. شاید اگر هنوز ساسانیان در ایران پادشاهی می‌کردند، این همه درد و مصیبت برایمان پیش نمی‌آمد. آن وقت کسانی چون من مجبور نبودند مهاجرت کنند.

چه خیال خامی. مثل اینکه خیلی از خودم ممنون هستم. همین من که عرضه ندارم زندگی خودم را جمع و جور کنم، دارم به زبان بی‌زبانی هزار و چهار سد سال تاریخ را به عقب برمی‌گردانم تا وضعیت دلخواه خودم را درست کنم. نه بابک جان. باز هم کور خوانده‌ای. اگر همین الآن اردشیر بابکان ساسانی هم برگردد به تخت پادشاهی، گمان نکن که چیزی به تو بماسد. از کجا معلوم که تو چیزی بالاتر از سرایدار همان شاهزاده‌ها بشوی؟

از روی اسم‌ها خیلی چیزها می‌شود فهمید. مشکلی که اسم‌های ما دارد این است که خیلی شبیه هم هستند. وقتی به اسم‌های غربی‌ها نگاه می‌کنی، می‌بینی خیلی متنوع‌اند، در حالی که اسم‌های آسیایی‌ها محدودند. توی کتاب اطلاعات تلفن، می‌بینی ده صفحه اسم چینی یا هندی هست که همه یک اسم و فامیل مشابه دارند. علتش این است که آسیایی‌ها به خانواده‌ی بزرگترشان بیشتر از فرد خودشان اهمیت می‌دهند. روح وفاداری به قبیله هنوز دارد کار خودش را می‌کند. یک‌بار مجبور شدم توی کتاب تلفن دنبال شماره‌ی تلفن دوست هندی‌تبارم بگردم، چون شماره‌اش را گم کرده بودم. بیش از سه صفحه اسم سوریندر دالیوال بود. با این وصف، چاپ کتاب تلفن در هند یا چین یا هر کدام از دیگر کشورهای جهان سومی به چه درد می‌خورد؟ چطور می‌توانی بفهمی که کدام‌یک از آن همه سوریندر همان دوستِ تو ست؟ حالا بعضی خیال می‌کنند که این مشکل من است که نمی‌توانم اسم کسی را که دنبالش هستم پیدا کنم. نه. آن همه آدمی که اسم‌هایشان کپی همدیگر است مشکل دارند. تعجب دارد که آنها هیچ وقت فکر نکرده‌اند که اسمی که هزارتا مشابهش در یک شهر کوچک پیدا می‌شود، دیگر اسم نیست. چیزی مثل یک قالب است. در بهترین حالتش یک اسم عام است، نه اسم خاص.

فریبا هی غر می‌زد که اگر اسمت را باب گذاشته بودی، بلیندا تو را سر کار نگه می‌داشت. خوش خیال است. بلیندا خیلی راحت آمد و به من گفت که باید زودتر از موعد بروم خانه، چون فروشم خوب نبوده. دلیلش اسم من نبود. درست است که نمی‌تواند اسم مرا درست بگوید، شاید دلش هم نخواهد که یاد بگیرد. ولی با اروپایی کردن اسم هم مشکل حل نمی‌شود. گیرم که اسمم شد باب. آن وقت با این لهجه، با این قند پارسی که به بنگاله هم راهش نمی‌دهند، چه‌کار کنم؟ خیلی از ما مهاجران با آزادی تمام اسم اصلی‌مان را دور می‌اندازیم و یک اسم بی‌مسما، که نه معنی‌اش را می‌دانیم، نه ریشه‌اش را و نه تاریخش را، روی خودمان می‌گذاریم؛ برای اینکه بهتر در بازار کار و کاسبی جذب شویم. این فرق می‌کند با وقتی که ایرانی‌ها اسمشان را از عربی به فارسی برمی‌گردانند. وقتی اسمت را فارسی اصیل می‌کنی، ممکن است هیچ نتیجه‌ی عملی فوری نداشته باشد، ولی باز هم یک کارکرد روانی تویش هست. دست‌کم نشان می‌دهی که داری دست و پایی می‌زنی، می‌خواهی بگویی که نمرده‌ای، که هنوز نفسی می‌کشی، که ریشه‌ای داری. اما وقتی اسمت را به اسم اروپایی تغییر می‌دهی، فقط اعلام می‌کنی که واداده‌ای، که توخالی شده‌ای، که کالایی شده‌ای که به نرخ روز روی خودت قیمت گذاشته‌ای. وقتی مرضیه اسم خودش را ماری می‌گذارد، یا بابک به باب تغییر پیدا می‌کند، این کار برای هیچ‌کسی نتیجه‌ای ندارد. برای همین جامعه هم خبر خوشحال کننده‌ای نیست. ممکن است بعضی‌شان لبخند بزنند و فکر کنند که بله، این غریبه‌ها دارند توی جامعه حل می‌شوند. ولی این حل شدن نیست. این پوک شدن است. غبار شدن است. چرا که وقتی اصلِ ماری را داشته باشی، نسخه‌ی تقلبی آن به چه درد می‌خورد؟ یک عده آدم پوک به چه درد این جامعه می‌خورد؟

برای همین است که کارِ پخشِ روزنامه را دوست دارم. چون سر خر تویش نیست. یک تعداد روزنامه به‌ات می‌دهند که می‌بری می‌دهی دم خانه‌ی این و آن. حتا لازم نیست کسی را ببینی. روزنامه را می‌اندازی دم در یا توی صندوق پستی‌شان، یا از سوراخ در هُلش می‌دهی تو. فقط باید مواظب باشی که خیس نشود، یا جایی نیندازی که باد بزند و کاغذهایش را توی کوچه پر و پخش کند. برای همین است که هر شغلی را هم امتحان کرده‌ام، دیر یا

زود برگشته‌ام سراغ همین کار شریف. انگار من و این شغل برای هم آفریده شده‌ایم. فریبا هم همین‌طور. شاید تنها وجه مشترک ما دوتا همین باشد. هر دو مادرزادی روزنامه پخش‌کن به دنیا آمده‌ایم. آن مدرک باستان‌شناسی که من دارم هم زیادی است. کاش می‌شد مدرک دانشگاهی را هم روی فروشگاه‌های اینترنتی بفروشی. به چه درد می‌خورد؟ نه توی ایران به دردم خورد، نه اینجا.

کار روزنامه تنها یک بدی دارد. بعضی روزها که روزنامه‌ی وست شور نیوز از روی دنده‌ی خارجی‌ستیزیش بلند می‌شود، تا چند روز کلافه هستم. احساس گناهش آدم را ول نمی‌کند. حس خائن بودن با هر روزنامه‌ای که می‌رسانی روحت را بیشتر مچاله می‌کند. آدم فکر می‌کند که خودش هم با آن ضد اقلیت‌ها همدست شده است. کافی است که این روزنامه بو ببرد که یک کله سیاه دله دزدی کرده، یا جرم و جنایتی مرتکب شده باشد. چنان داد و هوار راه می‌اندازند که گوش فلک کر شود. آن وقت ما همان مهاجرهای وامانده که نود درسد روزنامه پخش‌کن‌ها را تشکیل می‌دهیم، باید نوشته‌هایی را که پر از بد و بی‌راه به خودمان است با سلام و صلوات به همه‌ی شهر برسانیم. خوب باید خیلی خوشحال باشیم که بیشتر روزنامه‌ها یا بی‌طرفند، یا بی‌ضرر، برای مهاجرها دست کم. حالا روزنامه‌ای مثل وست شور نیوز هم باید باشد که صدای آن عده‌ای را که از مهاجرها خوششان نمی‌آید پخش کند. اگر این صداها خفه شوند هم دودش به چشم همه می‌رود. یک‌هو دیدی کوکلوس کلان درست شد. پشت سر هم آمار و پژوهش پخش می‌کند که بشتابید، تا بیست سال دیگر آسیایی‌ها و رنگین‌پوست‌ها اکثریت کانادا را تشکیل خواهند داد. ای وای که سفیدها دارند به اقلیت تبدیل می‌شوند. چه می‌شود اگر یک‌بار هم سفیدها بشوند اقلیت؟ اینها طوری آمار می‌گیرند که انگار همه‌ی غیر اروپایی‌ها در یک جبهه‌اند و سفیدها به تنهایی در جبهه‌ی دیگر. هندی‌ها، چینی‌ها، خاورمیانه‌ای‌ها، سیاهان افریقایی، آمریکای جنوبی‌ها، و همه‌ی ناسفیدهای دیگر را یک طرف می‌گذارند، وقتی می‌خواهند اقلیت شدن سفیدها را ثابت کنند.

ما هم اینجا گِتوی خودمان را داریم. اگرچه مثل آن روزها دیگر مرز مشخصی ندارد. حالا همه چیز بی مرز شده. دهکده‌ی جهانی شده. گِتوهای امروزی مثل باندهای مافیایی، تا تویشان نباشی، نمی‌بینی‌شان. بقالی و خیاطی و رستوران و بیمه‌چی و کارگاه‌های خودمان را داریم. لوله‌کش و بنا و نجار خودمان را داریم. با خودمان معامله می‌کنیم، با خودمان هم رفت و آمد می‌کنیم. سر همدیگر هم کلاه می‌گذاریم، صدایش را هم در نمی‌آوریم. مثل کاری که مهندس با ما کرد. به جهنم که کلی پول گرفت و کاری را که باید می‌کرد، نکرد. من و فریبا را هم به جان هم انداخت. تازه رابطه‌مان خوب شده بود. مزدا توی هفت سالگی‌اش بود. آن شب فریبا خیلی سر حال بود. خورش بادمجان درست کرده بود. بدون غر زدن سفره را کشید. به من و مزدا هم فرمان داد که چه چیزهایی را سر سفره ببریم. وقتی داشتم بشقاب‌ها را روی میز می‌چیدم، شانه‌ام را به شانه‌اش مالیدم تا واکنشش را بسنجم. چیزی نگفت. وقتی ازم دلخور بود، نمی‌گذاشت که لمسش کنم. سر سفره، فریبا گفت که شوهر دوستش تعمیرگاه مکانیکی ماشین دارد و بهتر است ماشین را ببریم نشان بدهیم. بعد از غذا هم به دوستش زنگ زد و آدرس تعمیرگاه را گرفت.

روز بعد فریبا ماشین را برد. من سر کار دومم بودم. وقت استراحت ناهار زنگ زدم. فریبا گفت ماشین را برده و تعمیرکار آدم درست و حسابی است. مهندس صنایع و استاد دانشگاه پلی‌تکنیک بوده، ولی حالا از ناچاری ماشین تعمیر می‌کند. مهندس

ماشین را برای عیب‌یابی حدود نیم ساعت توی بزرگراه رانده بود و در آخر نتیجه گرفته بود که تنها یکی از سگ‌دست‌ها باید عوض می‌شد. قرار شده بود که قطعه را سفارش بدهد و ما روز بعد ماشین را ببریم. روز پنجشنبه که به مناسبت روز یادبود جان‌باختگان جنگ تعطیل رسمی بود، می‌خواستم بیشتر بخوابم ولی صبح زود بوی پنکیک توی خانه پیچید. پتو را روی سرم کشیدم و پهلو به پهلو شدم. چند دقیقه‌ای نگذشته بود که مزدا پتو را از رویم کنار زد و داد زد، "بابا، فردا شده. حالا بریم پلی لند. خودت گفتی. یادته؟"

دوباره پتو را روی سرم کشیدم و سعی کردم مزدا را دست به سر کنم، ولی او روی تشک بالا و پایین می‌پرید و سر و صدا می‌کرد. بلند شدم و کمی با پشتی با هم جنگیدیم. بعد مزدا را گرفتم و لای پتو پیچیدم. داد می‌زد، "مامان، کمک. بابا خفه کردینگ منُ."

به مزدا قول دادم بعد از تعمیر ماشین او را به شهربازی ببرم. فریبا و مزدا را به مرکز خرید بردم و قرار شد آنها در بازارچه‌ی غذایی مرکز خرید منتظر بمانند تا من بعد از تعمیر ماشین به سراغشان بروم.

مهندس گفت که توی دفتر بنشینم و خودش به کمک پسرش، که شاگردش بود، مشغول تعویض سگ‌دست شدند. کارش که تمام شد، مرا صدا کرد. گفت که بنشینم پشت فرمان و استارت بزنم تا او یک بار دیگر نتیجه را ببیند. چند بار دنده جلو و دنده عقب زدم. سرانجام مهندس اشاره کرد که ماشین را خاموش کنم. رفت کنار پنجره‌ی دفترش دست به کمر ایستاد. از همان‌جا با دهان نیمه باز نزدیک یک دقیقه به من خیره شده بود، انگار که حرف توی دهانش منجمد شده باشد. از ماشین بیرون آمدم و رفتم پیشش. گفت، "بد نشده. از نتیجه‌ش راضیم."

بی درنگ به سراغ فریبا و مزدا رفتم. مزدا را به شهر بازی بردیم و چند ساعتی بازی کرد. از شهربازی که بیرون آمدیم، برای مزدا همبرگر گرفتیم. توی ماشین گفتم، "خوب، مزدا که غذاشُ خورده. ما هم می‌ریم رستوران ایرانی. مگه نه؟"

مزدا فوری جواب داد، "نه. من نخوردم. اون فقط یه اسنک بود. ببخشید، چاشت بود. رستوران ایرانی هم نمی‌ریم."

فریبا به آرامی رو به من گفت، "سر به سر بچه نذار. ببین همین کلمه‌ی چاشت رو چه جور استفاده کرد؟ این نشون می‌ده که برات احترام قائل می‌شه." بعد رویش را به سمت مزدا برگرداند، "باشه مامان. می‌ریم رستوران یونانیِ سوکراتس تاورنا."

به مزدا یاد داده بودم که به جای کلمه‌ی انگلیسی اسنک بگوید چاشت. از اینکه مزدا سعی می‌کرد با ما فارسی حرف بزند، خوشحال بودم. ولی این کافی نبود. داد زدم، "بابا چه خبره. همه‌ش رستوران یونانی، ژاپنی، مکزیکی. این بچه هم که جز لازانیا و سوشی و بوریتو به هیچی لب نمی‌زنه. باید هر از چند گاهی یه بار بریم رستوران ایرانی که ذائقه‌ش عادت کنه یا نه؟ می‌گی قورمه‌سبزی، می‌گه دوست ندارم. می‌گی کباب کوبیده، می‌گه دوست ندارم. می‌گی زهر مار، می‌گه دوست ندارم. آخه بابا، چه جوری می‌دونی که دوست نداری؟ تو باید یه بار امتحان کنی که بدونی دوست داری یا نداری. جهنم که اینا غذاهای خودمونه. گیرم که چینی باشه، هندی باشه، عربی باشه. مال هر کجا که باشه، باید امتحان کنی، یه بار هم که شده بچشی، بعد تصمیم بگیری. ولی این بچه همه‌ی غذاهای دیگه رو امتحان می‌کنه، به جز غذاهای خودمون. همه‌ش تقصیر ماهاس. ما باید این غذاها را بذاریم جلوش، بگیم همینه که هس. یا می‌خوره، یا گشنه می‌مونه."

فریبا جواب داد، "حالا تو که یه عمری قورمه‌سبزی و کباب کوبیده و فسنجون خوردی کجا رو گرفتی که نوبت این بچه باشه؟"

به فریبا تشر زدم، "همین حرفای تو رو می‌شنفه که این‌جور پررو می‌شه دیگه؟"

از بزرگراه که وارد خیابان لانزدل شدیم، صدای غارام غارامب ماشین بلند شد. انگار نه انگار که تازه از تعمیرگاه آمده باشد. فریبا پرسید که پس کجای ماشین را تعمیر کرده که هنوز سر و صدایش بلند است. گفتم که شنبه می‌روم یقه‌اش را می‌گیرم. فریبا گفت که من نباید ماشین را ازش تحویل می‌گرفتم. باید جلو خودش ماشین را امتحان می‌کردم. گفتم، "چه جوری امتحان می‌کردم؟ این عیب توی رانندگی معلوم می‌شه. تا وقتی ماشین وایساده که سر و صدا نداره."

فریبا اعتراض کرد، "تو که هنوز ماشینُ امتحان نکرده بودی، چرا پیشاپیش دو دستی پول دادی پس؟"

گفتم که کار دیگری نمی‌توانستم بکنم. فریبا غر زدنش را ادامه داد، "نه که خیلی آسون پول در می‌آریم، همین جوری هم مثل آب خوردن می‌دیم بره. ما خودمون از همه بی‌چاره‌تریم، ولی خجالت می‌کشیم به یارو بگیم آخه پول چی رو باید بدیم. خودمونیم. به من بگو، این پول رو بابت چی دادی به‌اش؟ دیگه موهات سفید شده. مرد گنده که نمی‌تونی از مال خودت دفاع کنی. اون پول حق این بچه‌س. مال خونواده‌ته. بی‌عرضه، بی‌مسئولیت که خونواده‌داری سرت نمی‌شه."

فریبا یک‌ریز و با حرارت داد می‌زد. سعی کردم از خودم دفاع کنم، "شلوغش نکن فریبا. تو خودت دست منُ گذاشتی تو حنا. یادت نیس وقتی زنگ زدی به من چقدر ذوق‌زده شده بودی؟ گفتی تعمیرکاره مهندسه. استاد دانشگاه پلی تکنیک بوده. خیلی وارده؟"

فریبا فوری جواب داد، "آره من گفتم که اون مهندسه. ولی نگفتم که بری ماشینُ تعمیر نشده تحویل بگیری. من گفتم که هر چقدر ازت پول خواست دو دستی تقدیمش کنی؟ یه کلمه هم ازش نپرسی که پول چی رو ازت می‌خواد؟ تو فقط زبونت سر خونواده‌ت درازه."

فریبا مکثی کرد و یک‌باره گفت که همانجا دور بزنیم و برویم ماشین را بیندازیم جلو مهندس. مشتش را روی فرمان ماشین کوبید. گفتم که دیر شده است و تا ما برسیم او تعطیل کرده است. قول دادم که فردا ماشین را ببرم و با مهندس حرف بزنم. فریبا باورم نمی‌کرد. گفت که اگر من حرف‌بزن بودم، همان اول که دیده بودم سر و صدا دارد، حرف می‌زدم. آن وقت انگار فکری به نظرش رسیده باشد، ناگهان گفت که همانجا پارک کنم و به مهندس زنگ بزنم و تلفنی با او حرف بزنم. گفتم، "خانم، کوتاه بیا. الآن ما اومدیم یه گشتی بزنیم، این بچه رو ببریم رستوران. فردا رو که ازمون نگرفته‌ن. قول می‌دم تعمیرگاه آقای مهندس هم سر جاش باشه. درستش می‌کنم، خیالت راحت باشه."

داشتیم خیابان مارین درایو را به سمت پل لاینزگیت می‌رفتیم. ترافیک سنگین‌تر از معمول بود. باران هم شروع به باریدن کرده بود. به مزدا در صندلی عقب نگاهی انداختم. داشت با دستگاه الکترونیکیش بازی می‌کرد. مزدا با صورت رنگ‌پریده و بی لبخند نگاهم را جواب داد. چشمکی زدم ولی او بی‌اعتنا دوباره متوجه

بازیش شد. دوباره صدای فریبا بلند شد، "همینجا وایسا زنگ بزن. وایسا، همین الآن. اگه واینَسی در رو باز می‌کنم خودمُ می‌ندازم پایین. وایسا."

دستش را برد که در ماشین را در حال حرکت باز کند. دستپاچه گفتم، "باشه بابا، وامی‌سم. خودتو نکش. هر غلطی دلت می‌خواد بکن. بیا، می‌پیچم تو این پمپ بنزین، همینجا زنگ می‌زنیم."

فریبا شروع به شماره‌گیری کرد. گفتم که گوشی را به من بدهد تا صحبت کنم. به حرفم اعتنایی نکرد. دوباره با لحن محکمتری گفتم، "من صحبت می‌کنم. گوشی رو رد کن."

فریبا گفت، "آقای مهندس، من ماشین را امتحان کردم. توی بزرگراه." کمی مکث کرد و ادامه داد، "نه، آقای مهندس. چه رضایتی؟ این هنوز همون صدا رو داره. انگار نه انگار که تعمیر شده باشه." کمی صبر کرد و دوباره گفت، "بله. چون ماشین همه‌ش دست منه و باهاش بچه رو این‌ور اون‌ور می‌برم. می‌دونید، از این می‌ترسم. برام خیلی مهمه که ماشین سالم باشه. فردا خوبه. سعی می‌کنم کمتر ازش استفاده کنم."

توی ماشین که نشستیم، مزدا پرسید، " دعواش کردی مامان؟"

فریبا خندید و به او نگاه کرد.

روز بعد فریبا را همراه بردم که بعد به من غر نزند که چرا چنین و چنان نکردی. مهندس دوباره ماشین را معاینه کرد. گفت، "عالی نشده، ولی تکون موتور خیلی از اولش کمتر شده."

گفتم سر و صدایی که از توی موتور می‌آید درست همان صدایی است که پیش از تعمیر می‌داد. توضیح داد، "تکون موتور یه ذره همچین از نرمال بیش‌تره."

پرسیدم ، "یعنی می‌گین یه جای دیگه‌ش هنوز تعمیر می‌خواد؟"

گفت، "فکر کنم همین‌طور باشه."

سرم را برگرداندم و تا مدتی، نمی‌دانم چقدر، به ماشین نگاه می‌کردم. بی آنکه بتوانم به مهندس نگاه کنم، آرام پرسیدم، "پس شما یه جای دیگه رو تعمیر کردین؟" کمرش را که بر روی موتور خم کرده بود راست کرد و قدمی به عقب رفت، "نه، نه آقا بابک. اون

قطعه باید عوض می‌شد. ولی گمون کنم یه جای دیگه‌ش هم عیب داشته باشه."

دوباره مهندس یک ساعتی توضیح داد و فلسفه بافت و با آچارش مهره‌های موتور را شل و سفت کرد.

در آخر گفت که دیگر درست شده و رد خور ندارد. دستم را که برای خداحافظی دراز کردم، مهندس گفت، "البته قابلی نداره، ولی می‌خواهید بعد حساب کنیم؟"

غافل‌گیر شده بودم. انتظار نداشتم که بخواهد برای اصلاح خراب‌کاری خودش از من پول اضافی بگیرد. گفتم، "ما که پیش‌تر حساب کردیم. شما تنها نقص کار خودتونُ برطرف کردین."

مهندس گفت که این عیب جدید بوده و شاید هم از اول بوده و او آن روز متوجه نشده بوده. باز هم تعارف کرد و گفت، "اگه راضی نیستین، اشکالی نداره‌ها! مهمان ما باشین."

بحث کردن بی‌فایده بود. ولی قبل از اینکه تصمیمی بگیرم، به فریبا نگاه کردم تا واکنش او را ببینم. فریبا هم دلیل مرا به زبان دیگری تکرار کرد. مهندس هم دلیل خودش را تکرار کرد و گفت، "خودتان که شاهد بودید."

پولش را نقد دادیم. دو ساعت بعد، توی جاده سر و صدای ماشین بلند شد. پیش دستی کردم که فریبا مسئولیت را گردن من نیندازد. گفتم، "این هم از مهندسی که تعریفشُ می‌کردی. خوب شد که خانمش باهات دوست بود."

یک بار دیگر با خودم قسم خوردم که دیگر با ایرانی معامله نکنم. فریبا گفت که تقصیر از خود ماست. ما یک چیزیمان هست که هر کس از راه می‌رسد یک جوری سرمان کلاه می‌گذارد. باید سخت و محکم جلوش بایستیم و بگوییم یا ماشین را درست کند، یا پولمان را پس بدهد.

غربی‌ها ما را خیلی بهتر از خودمان می‌شناسند. کنت دو گوبینو فرانسوی، پدر نژادگرایی مدرن، که سه سال در ایران زندگی کرده بود، بعدها نوشت، "ایرانی‌ها آن‌چه که می‌گویند غیر از آن است که فکر می‌کنند و آن‌چه که فکر می‌کنند متفاوت از چیزی است که بر زبان می‌آورند." در دانشنامه‌ی آلمانی مایر که در سال ۱۸۹۰ در آلمان چاپ شده هم ایرانی‌ها را این‌جور معرفی کرده‌اند، "تند و

پرگو هستند و بسیار تعارف می‌کنند. تشریفات و زرق و برق را دوست دارند. خیلی به ظاهر اهمیت می‌دهند. ولی با این همه، صمیمیت ندارند. بدقول و متقلب هستند. خسیس و دزدند، و دروغگوترین آدم‌های دنیا هستند."

مهندس یکی از آن پوسترهای گفتار نیک، پندار نیک، کردار نیک را هم توی تعمیرگاهش زده بود. یکی از آن چیزهای ضروری که هر ایرانی باید در اولین فرصت یاد بگیرد، ترجمه‌ی این پوستر است؛ حتا پیش از آنکه اسم خودش را بتواند به انگلیسی بگوید. این شگرد برای بازاریابی حرف ندارد. همین که با یک خارجی بر سر فرهنگ ایرانی صحبت می‌کنیم، زرتشت را می‌کشیم وسط و ثابت می‌کنیم که ما مخترع راستی و درستی هستیم، چون توی متن‌های باستانی‌مان خیلی از راستگویی حرف زده شده. داریوش هم توی سنگ‌نوشته‌هایش دم از راستی زده و دعا کرده که خدا کشورش را از دروغ در امان بدارد. ولی این ایرانی‌های عاشق راستی و درستی یادشان می‌رود که غربی‌ها با فضولی و کنجکاوی، ته و توی همه چیز را درمی‌آورند. این ایرانی‌ها هیچ وقت از خودشان نپرسیده‌اند که اگر راستی و درستی این همه در بین ایرانیان فراوان بود، دیگر چه لزومی داشت که زرتشت و کوروش و داریوش و هر کس دیگری که اثری ازش به دست ما رسیده، این همه خواهش و التماس از خدا و فرشته‌ها و مردم بکنند که راستگویی را پاس بدارند؟ این یک اصل است که همیشه آن چیزی را دعا می‌کنند که نداشته باشند. ما و عرب‌ها دعای باران داریم. ولی آیا مردم نروژ و منچوری هم دعای باران دارند؟ این نشان می‌دهد که ایرانی‌ها چندان هم راستگو نبوده‌اند. این دیگر چیزی نیست که اسلام به ما یاد داده باشد. هر پیغمبری شعاری می‌دهد که جامعه‌اش به آن احتیاج شدید دارد. برای مثال لوط می‌گوید لواط نکنید. این نشان می‌دهد که آن مردم این‌کاره بوده‌اند. عیسا می‌گوید از سودپرستی دست بردارید. زرتشت هم یک خط در میان تکرار کرده که راست بگویید. اگر همه ایرانی‌ها راستگو و درستکار بودند، مگر زرتشت مریض بوده که بیاید چیزی که توی خونشان بوده را هی به آنها یادآوری کند؟

قبول که تک و توکی از ما می‌خواهند با دروغ کارشان را راه بیاندازند. ولی یک آدم ساده‌ای مثل زبیگنیو این میان چوبش را می‌خورد. هر کسی که با یک خارجی ازدواج کند، در کمتر از یک سال به همسرش ویزا می‌دهند. ولی زبیگنیو را چهار سال دواندند. خودش اینجا بود و عروس ندیده‌اش در ایران. به زبان حقوقی و به طور خیلی مؤدبانه بهاش می‌گفتند که دروغ می‌گوید. او هم به اداره‌ی مهاجرت بند می‌کرد که آنها با وکیل دستشان توی یک کاسه است تا او را سرکیسه کنند. دلیلش این بود که وکیل چند بار او را به دفترش کشانده بود و ازش چیزهایی پرسیده بود که پیش‌تر اداره‌ی مهاجرت پرسیده بود. گفت که لابد افسر مهاجرت از وکیل خواسته که از زیر زبانش بکشد که آیا ازدواجش با محبوبه مصلحتی بوده یا به خاطر آوردن محبوبه به کانادا با او معامله کرده است. وگرنه دلیلی ندارد که وکیل همان چیزهایی را بپرسد که افسر مهاجرت پیش‌تر از او پرسیده بوده. زبیگنیو خودش را هم سرزنش می‌کرد که قُدبازی کرده و لج آنها را درآورده است. چرا که آنها دوست دارند ما خودمان را پیششان کوچک کنیم. دوست دارند گریه‌ی ما را ببینند. می‌گفت، "ما مردای ایرانی یه عادتی داریم که پیش غریبه‌ها خودمونُ می‌گیریم. من اگه بمیرم هم جلو اینا نمی‌ذارم اشکام در بیاد. می‌رم تو دست‌شویی هر کاری بخوام می‌کنم، ولی به اینا نقطه ضعف نشون نمی‌دم. تازه یک بار سرشون داد زدم. گفتم شما زن منُ گروگان گرفتین."

داشت دیوانه می‌شد. می‌گفتند که ازدواجش مصلحتی است. هر نظریه‌ای می‌بافت ولی اصل ایرادی که به کارش گرفته بودند را نمی‌گفت شاید بشود کمک به‌اش کرد. برای افسر مهاجرت دشوار بود باور کند که زبیگنیوی همجنس‌گرا یک‌باره گرایش جنسی‌اش تغییر کرده و دگرجنس‌گرا شده باشد.

شاید این ازدواج برای محبوبه مصلحتی بود، ولی برای زبیگنیوِ بی‌چاره نبود. هنوز یک سال نشده بود که محبوبه بنای ناسازگاری گذاشت. زبیگنیو موقعی خبر ناسازگاری محبوبه را به من گفت که دیگر کارشان به جاهای باریک کشیده شده بود. پرونده در دادگاه بود و محبوبه هم برای خودش وکیلی گرفته بود از همان دفتر وکالتی که وکیل مهاجرتشان کار می‌کرد. زبیگنیو به همین دلیل معتقد بود که وکیل مهاجرت دستی بر آتش دارد. می‌گفت، "دیگه فایده نداره. زورم به اینا نمی‌رسه."

پرسیدم "منظورت از اینا کیه؟ مگه چند تا هستن؟"

دهانش را آورد دم گوشم و به پچ پچه گفت مطمئن است که وکیلش قاپ محبوبه را دزدیده است. زبیگنیو برای هر اتفاقی بلافاصله یک نظریه سر هم می‌کرد و تمام توانش را برای اثبات نظریه‌ی سرهمبندی شده‌اش به کار می‌گرفت. به خودش باورانده بود که چون وکیلش تنها کسی بوده که همه‌ی اسرارش را می‌دانسته و پرونده‌اش را داشته، پنهانی با محبوبه تماس برقرار کرده و زیر سرش نشسته تا از او طلاق بگیرد.

زبیگنیو باز هم خودش را گول می‌زد. به جای اینکه با خودش رو راست باشد و بگردد دلیل اصلی فروپاشی ازدواجش را پیدا کند، باز هم سرش را زیر برف می‌کرد و وانمود می‌کرد که یک نیروی بسیار نابرابر می‌خواهد زنش را با نامردی از چنگش در آوَرَد. با اینکه تا مغز استخوانش می‌سوخت، باز هم نمی‌خواست به روی خودش بیاورد. می‌گفت محبوبه از یک محیط بسته آمده، نمی‌داند اینجا چه گرگ‌هایی دارد. ژست پدربزرگانه هم می‌گرفت که، "خونواده‌ش به هوای من فرستادنش. دُرُس نیس که حالا ولش کنم تو جنگل ونکوور بگم گور باباش، بره گم شه. برای من که دیگه چه اهمیتی داره؟ وقتی با پر رویی تو چشمم نگاه می‌کنه، میگه دوسِت ندارم، من برای چه خودمو جر و واِدر بکنم؟ ولی یه اخلاق بدی

دارم که وجدانم راضی نمی‌شه. می‌گم حالا خودش خره، حالیش نیس. ولی خدا خوشش نمی‌آد. گناه داره. این وکیل بی‌ناموس نمی‌دونم چه خوابی براش دیده."

از فریبا خواستم که با محبوبه صحبت کند ببیند حرف حسابش چیست. فریبا محبوبه را به بهانه‌ی دیدن به یک قهوه‌خانه برد تا با او صحبت کند. وقتی که برگشت کلافه بود. گفت، " کدوم حرف حساب آخه؟ ما خودمونُ به بی‌راهه می‌زنیم. نباید هم ازشون انتظار داشت که با هم بسازن. خانمه تحصیل‌کرده‌س. برای خودش برو بیا داشته. هنرمنده. چه جوری می‌تونه با زبیگنیو که بعد از پونزده سال زندگی تو کانادا هنوز بلد نیست اسم خودشُ به انگلیسی درست تلفظ کنه تفاهم داشته باشه؟ زبیگنیو هنوز تو قرن چهارده هجری اسلامیه، محبوبه تو قرن بیست و یکم فرنگی. کجای کاری تو؟"

فریبا می‌گفت که بعد از صحبت کردن با محبوبه، به این نتیجه رسیده که حق با اوست. فریبا حتا مرا هم متهم کرد که مثل هر مرد ایرانی دیگر بی‌درنگ به این نتیجه می‌رسم که محبوبه از اول پایبند زبیگنیو نبوده و می‌خواسته هر جور شده به کانادا بیاید. برای همین هم با خودش فکر کرده بوده که ازدواج با زبیگنیو بهترین راه است. فکر کرده بوده کانادا رفتنش که جور می‌شود؛ حالا اگر ازدواجش هم موفق از آب در نیامد، اگر هم زبیگنیو آن دامادی که او تصور می‌کرده، از کار در نیاید، طلاق می‌گیرد. در هر حال او به خواسته‌ی اصلیش که خارج شدن از ایران بوده، رسیده است. در حالی که محبوبه همه تلاشش را کرده بوده که زبیگنیو را آدم کند، ولی این مرد هنوز توی غار مردسالاری خودش مانده است.

فریبا پرید به یک شاخه‌ی دیگر و حرف را کشید به زبیگنیو، "ببینم تو هیچ‌وقت فکر کردی چرا این زبیگنیو اسم مستعار خودشُ گذاشته زبیگنیو؟ خودش هیچ می‌دونه زبیگنیو از کجا می‌آد؟ مال چه زبونیه؟"

زن‌ها خیلی هوای همدیگر را دارند. فریبا می‌گفت، "باید به محبوبه حق بدیم. حرف یکی دو ساعت سر و کله‌زدن با همدیگه نیست که بگیم حالا تحمل کنه. یک عمر زندگی است. محبوبه خیلی هم از زبیگنیو جوون‌تره. تا کی باید خودش رو مثل زن‌های توی ایران

اسیر مردی بکنه که درکش نمی‌کنه؟ اینا چه چیز مشترکی با هم دارن؟"

فریبا توجه نمی‌کرد که محبوبه خوب می‌دانست که دارد با یکی ندیده ازدواج می‌کند. او حاضر شد با یک عکس ازدواج کند؛ حالا باید خیلی هم خوشحال باشد که آن عکس حرف می‌زند، پول در می‌آورد، لابد کارهای دیگری هم بلد است بکند. فریبا با ترشرویی گفت، "بسه، بسه. تو هم فوری به اون کارهای دیگه‌تون نناز. فکر کردن چه شاهکاری می‌کنن حالا. زنه ششتای وزن زبیگنیو کتاب خونده. زبیگنیو چی داره که بهاش بده؟ به قول تو تنها هنرش همون دولشه. نمی‌شه از دختره انتظار داشت که یه عمر دور دول یارو طواف کنه که."

گفتم که نمی‌دانم این خانم چه‌جور کتاب‌هایی خوانده که ندیده عاشق شده. فریبا تاریخ هنر اروپا و ایران را فوت آب است. ولی انگار آن همه کتاب نتوانسته این‌قدر به طرف بفهماند که عکس، حتا اگر شاهکار هنری هم باشد، نمی‌تواند ملاک ازدواج باشد.

فریبا ولی پیچیده‌تر فکر می‌کرد. زن‌ها بهتر همدیگر را می‌شناسند. مُخ زن‌ها خیلی از مال ما پیچیده‌تر است. ما یا رابطه می‌گیریم، یا به هم می‌زنیم. فقط به همان لحظه فکر می‌کنیم. ولی زن‌ها این‌جوری رفتار نمی‌کنند. آنها شطرنجی زندگی می‌کنند. یک حرکتی امروز می‌کنند که سی سال بعد بتوانند طرفشان را کیش مات کنند.

حالا زبیگنیو کودن را بگو که بند کرده بود به وکیل بیچاره. محبوبه خودش یک‌تنه چهل تا وکیل را می‌توانست ببرد سر چشمه و تشنه برگرداند. بر خلاف نظریه‌ی زبیگنیو، محبوبه با وکیل سفیدپوست کانادایی رابطه برقرار نکرد. بلکه با یک پسر عرب لبنانی دوست شده بود و بعد از طلاق گرفتن هم با او ازدواج کرد. همه‌ی دردی که زبیگنیو می‌کشید هم به همین خاطر بود. یکی دیگر به نفع اسلام!

زبیگنیو بعد از طلاق مثل مار به خودش می‌پیچید که از محبوبه انتقام بگیرد. نمی‌توانست کار او را فراموش کند و زندگیش را از نو شروع کند. ولی حتا به من که دوست نزدیکش بودم هم دروغ می‌گفت. می‌گفت می‌خواهد حقش را از محبوبه بگیرد، چرا که او

برای گرفتن طلاقش پرونده‌ی مهاجرت زبیگنیو را پیش کشیده و باعث شده که شهروندی او زیر سؤال برود. تنها شب آخری که با هم بودیم و حسابی مشروب خورده بودیم، دلیل اصلی نفرتش از محبوبه را لو داد، آن هم پس از ساعت‌ها کش و قوس رفتن و کلنجار با خودش.

به گفته‌ی زبیگنیو، محبوبه همه را سر کار گذاشته بود، حتا دوستان خودش را. آنها هم مرتب پیغام و پسغام به مشاور خانواده و دادگاه و وکیل می‌فرستادند که محبوبه را از دیو دو سری که زبیگنیو زِپِرتی باشد نجات دهند. چون به باور آنها زبیگنیو با محبوبه بدرفتاری می‌کرد. یک عده که از زندگی ما و پیچیدگی‌های رابطه‌ی زن‌ها و مردهایمان هیچ نمی‌دانند، خودشان را نخودِ هر آشی می‌کنند. کار را که نمی‌توانند درست کنند، بماند؛ خراب‌ترش هم می‌کنند. وقتی که همه چیز را حسابی گُه‌مالی کردند، آن وقت می‌نشینند و می‌گویند که اینها آدم نمی‌شوند. اینها از نوع رابطه بین زن و مرد ایرانی همین اندازه می‌دانند که تا یک زنی بگوید اوخ، فوری دورش را بگیرند و داد بزنند، "آهای، بشتابید که مردسالاری پدر این زن را درآورده." حتا نمی‌پرسند که شاید طرف اسهال دارد و آخ و اوخ می‌کند.

نمونه‌اش ماجرای ورزش صبحگاهی زبیگنیو ست. او هر روز ساعت پنج صبح لباس ورزشی می‌پوشید و از خانه خارج می‌شد و ساعت هشت برمی‌گشت. محبوبه را هم با خودش نمی‌برد. محبوبه به او بدبین شده بود. ترسیده بود که شاید معشوقه‌ای، صیغه‌ای چیزی قایم کرده باشد. در واقع دیگ به دیگچه می‌گفت رویت سیاه.

محبوبه بعد از چند ماه به وزارت حمایت از خانواده رفته بود و آنها برایشان مشاوره گذاشته بودند. در جلسه‌ی مشاوره زبیگنیو پافشاری می‌کرده که فقط برای ورزش صبحگاهی می‌رود. هفت روز هفته، توی برف، باران، توفان و بدون یک روز تعطیلی. مشاور از او می‌پرسد که چرا محبوبه را با خودش نمی‌برد. زبیگنیو دلیل‌می‌آورد که صبح زود دلش نمی‌خواهد خواب محبوبه را به هم بزند، ورزش او سنگین است و برای محبوبه سخت است و ماند این‌ها. دلیل‌های زبیگنیو فقط برای خودش پذیرفتنی بوده و مشاور پیشنهاد می‌کند که محبوبه را با خودش ببرد. این دیگر بستگی به خودش که نرمش سبک کند یا سنگین.

وقتی زبیگنیو می‌بیند که دیگر راهی ندارد، از مشاور می‌خواهد که چند دقیقه در خلوت با او صحبت کند. محبوبه از اتاق بیرون می‌رود. زبیگنیو به مشاور می‌گوید که او صبح‌ها روزنامه پخش می‌کند. همان کاری که من برایش پیدا کرده بودم. این کار را چند ماه پیش از آمدن محبوبه شروع کرده بود. از بس می‌نالید که پول وکیل زیاد است، مغازه‌اش درآمدی ندارد و باید برای آمدن محبوبه خودش را آماده کند. به او گفتم بیا همکار ما بشو. خوب ما به هر کسی که از راه برسد نمی‌گوییم که شغلمان پخش روزنامه است. به کسی چه ربطی دارد که ما چه کار می‌کنیم. فریبا به دوست‌هایش می‌گوید که ما در کار انتشار روزنامه هستیم. راست هم می‌گوید. این هم بخشی از انتشار است دیگر. هر کاری پله‌ها و رتبه‌های عمودی خودش را دارد. کار انتشارات هم از مدیر و سردبیر و نویسنده‌ها شروع می‌شود و در پایین‌ترین رده به روزنامه پخش‌کن‌ها می‌رسد.

ولی این‌جور حفظ ظاهر کردن هم حدی دارد. هر کس دیگری هم که جای محبوبه باشد شک می‌کند. هر روز دم سحر گرمکن و کلاه ورزشی بپوشی و بزنی بیرون و به زنت هم بگویی که تو نباید با من بیایی. حتا یک بار هم اجازه ندهی؟ به خانواده‌ی خودت که نمی‌توانی دروغ بگویی؛ نباید بگویی. مهم این است که با دروغ‌گویی نمی‌توانی به کارت ادامه بدهی. دیر یا زود ته کار در می‌آید.

در این‌سرزمین تا زنی مسلمان جیکش در بیاید گروه‌های هوادار زنان شوهر طرف را بازخواست می‌کنند. بابا، شاید خانم موش دیده باشد و جیغ می‌زند. از آن طرف هم هر که یک کم ادای حرف‌های گنده‌ی تو خالیِ روشن‌فکری در آورد، فوری برایش غش و ضعف می‌کنند. اینها خر را از روی خایه‌اش می‌شناسند. نگاه نمی‌کنند که آیا این حرف‌ها در عمل هم نتیجه‌ای داشته یا نه. تا دیدند که یک آخوند خوش خنده دو تا لبخند ملیح زد و جلو دوربین‌های تلویزیونی چند تا عشوه‌ی دیپلماتیک تقلبی آمد، باورشان شد که منجی بزرگ و بنیادگذار دموکراسی اسلامی کسی جز او نمی‌تواند باشد. یادشان می‌رود که این بابا هر که باشد آخوند است. سیل آدم‌هایشان هم راه افتادند که از این اتفاق تاریخی تکرارنشدنی گزارش و فیلم و نمایش تهیه کنند. نصیب ما هم شد آن گزارشگر هُرهُری. آن‌قدر مخ پدرم را کار گرفت که دست آخر او را هم خام کرد. به پدرم می‌گفت که باید از این فرصت استثنایی استفاده کند و حقیقت را آشکار کند. باید چهره‌ی واقعی حاج باقر را به جامعه نشان دهد. پدرم می‌شناخت اینها را. بعد از آن همه تجربه‌های زندگی بر باد دهنده دیگر با این‌جور طناب‌ها به چاه نمی‌رفت. خیلی با احتیاط برخورد می‌کرد. با وجود این، جوّ غلطانداز جامعه او را هم گرفت. گمان کنم یک دلیلش هم این بود که آدم همیشه دل‌تنگ زندگی گذشته‌اش می‌شود. هر چقدر هم عقلش به او بگوید که نمی‌شود، باز هم یک باره ویرش می‌گیرد که از آن کارها بکند. کسی که زمانی سیگار می‌کشیده، همیشه ته دلش چیزی هست که آن هوس را زنده نگه دارد. بیشتر میل به دیدار دوباره‌ی آن شخصیتی است که دیگر در ما مرده است.

هتل‌داری که زمانی رقاص بوده، آخوندی که زمانی لواطکار بوده، وزیر فرهنگی که زمانی جیب‌بُر بوده، همه گاهی وسوسه می‌شوند که سری به گذشته‌ی خود بزنند. پدر من هم استثنا نیست. گذشته‌ی او اما چیزی نبود که از بابت آن شرمگین باشد. به گذشته‌اش بیشتر مثل جنگجویی نگاه می‌کرد که نقشه‌ی عملیات را بد ریخته و شکست خورده باشد. اما می‌شود دید شب‌هایی که با دوستانش در تدارک آن نقشه‌ی شورش و خیزش بودند، چه شورها داشته‌اند. شب‌هایی که دیر به خانه می‌آمد. شب‌هایی که مادرم را از ما جدا کرد.

پدرم هم به تحریک آن گزارشگر یک بار دیگر هوس تکرار آتش‌بازی‌های جوانیش را کرد. فکر می‌کنم بشریت باید خیلی خوشحال باشد که گزارشگرها بازجوی زندان نیستند. به خصوص آن یکی که پدرم را به تور انداخته بود، با زبان خوش، مار را از سوراخ بیرون می‌کشید. داستانی را که پدرم هرگز برای کسی نگفته بود، او توانست در عرض چند روز آمد و رفت از زبانش بکشد. وقتی که برای اولین بار وارد کتاب‌فروشی شد، هیچ بویی از داستان حاج باقر و زن‌بازی‌ها و آدم‌کشی او نبرده بود. هیچ کس جز پدرم و حاج باقر از آن ماجرا خبر نداشت. پدرم یک‌هو تحریک شد و به‌اش گفت که یک داستانی دارد که در وقت مناسب به او خواهد گفت. پیشنهاد پدرم همان و پیله کردن گوردون برای ساخت یک فیلم مستند از روی آن همان.

دست آخر گوردون به پدرم قول شرف داد که فیلم را تنها با موافقت او پخش کنند. ولی پس از مصاحبه با پدرم، گزارشگر فضول یک‌باره تصمیم گرفت به سراغ حاج باقر برود تا به قول خودش داستان را از دیدگاه او هم بیاورد. می‌گفت نباید یک طرفه به قاضی رفت. مردکه‌ی بی‌شعور نمی‌دانست که اینجا ایران است. قاضی و قاتل و متهم و بازپرس همه یکی هستند. تو می‌روی پیش حاجی باقر و ازش می‌پرسی که دیدگاهش چیست؟ این آخوند از بس مار خورده، افعی شده. تا به‌اش بگویی ف تا خود بند تنبان فاطی را هم برایت تفسیر دولا پهنا می‌کند. خوب، نتیجه چی شد؟ آخوندی که از کریستوفر هیچنز هم به خدا بی‌اعتقادتر بود فوری فهمید که سر نخ ماجرا کجاست. بلافاصله آمد سراغ پدر بی‌چاره‌ی من. البته که

دیگر خودش را گنده‌تر از آن می‌دید که بخواهد قدم رنجه کند و به مغازه‌ی پدرم برود. آدم‌هایش را فرستاد.

آن وقت من هم آمدم در خارج با حاج باقر مبارزه کنم. جلو رفتم، عقب آمدم، زور زدم و دست آخر یک وبلاگ راه انداختم. آن هم با اصرار فریبا. هر روز غر می‌زد، "اگه عُرضه‌ی کار دیگه‌ای نداری، دست کم یه وبلاگ راه بنداز. نه خرجی بر می‌داره، نه تخصص می‌خواد. اگه راست می‌گی و حرفی برای گفتن داری، برو همان تو حرفتُ بزن."

وبلاگی که قرار بود تریبون مبارزه برای آزادی و عدالت باشد، تا آمدم چشمم را باز کنم، شده بود یک پستو برای چس ناله‌های سد من یک غاز حقیرانه‌ی حضرت خودم. یک نمونه‌اش نوشتن ماجرای آن پیرمرد رنجور و تکیده‌ای بود که آمده بود علف‌های هرز حیات را هرس کند. البته آن نوشته یکی از کارهای خوبی بود که از نوشتنش پشیمان نیستم. به هر حال یک چیزی بود که برایم اصالت داشت. خود خایه مالی نبود. چس ناله هم نبود. فکر کنم پیش از ظهر بود که فریبا آمد و گفت که پیرمردی آمده درِ خانه و می‌گوید با ده دلار علف‌های هرز باغچه‌ی جلو خانه را می‌کند. داشتم اتاق مزدا را رنگ می‌کردم. فریبا دوست نداشت این جور کارها را به کارگر بدهد، چون معتقد بود که من به چه درد می‌خورم اگر نتوانم آن جور کارها را خودم بکنم. ولی آن روز خودش پیشنهاد داد که کار را به پیرمرد بدهیم. می‌دانستم که کندن آن علف‌ها دست‌کم سه ساعت کار می‌برد. ساعتی که گذشت، فریبا رفت سری بزند ببیند کار به کجا رسیده است. برایش فنجانی قهوه هم برد. وقتی برگشت، گفت، "پیرمرد بی‌چاره گفته که اگر پونزده دلار بدیم، علف‌های حیات پشت رو هم می‌کنه." حیات پشت از باغچه‌ی جلو بزرگتر بود و علف‌هایش هم بیش‌تر. فوری گفتم، "نه. پونزده دلار نه، اگه راست می‌گه و کار رو انجام می‌ده، بیست دلار می‌دم." فریبا پیام را رساند. پیرمرد بی‌چاره آن روز را تا غروب کار کرد، ولی هنوز حیاط پشت تمام نشده بود. پنج دلار هم انعام دادیم و گفتیم تا همان‌جا کافی است. اولین بار بود که کار باغچه را به کارگر می‌دادیم. همان‌طور که داشتم اتاق را نقاشی می‌کردم، به کار و کارگر و کارفرما فکر می‌کردم. حالا خودم را جای کارفرما می‌دیدم. به یاد

بیانیه‌ی لنین افتادم که برای روز تولد خودش در تاریخ ۲۲ آوریل ۱۹۱۷ منتشر کرده بود. در مقدمه‌ی بیانیه آورده بود،

"طبقه ثروتمند استثمارکننده‌ی دیگران است و استثمارگر همه تلاش و نیرنگ‌ها را به کار می‌گیرد تا این امتیاز خود را از دست ندهد... و ما به پا خواسته‌ایم تا به این وضعیت چند هزار ساله پایان بدهیم، زیرا که عدالت و برابری خواست نهایی بشر است..."

شب که خواستم وبلاگ را به روز کنم، ماجرای آن روز توی سرم می‌چرخید. تصمیم گرفتم، از کارفرمای کوچولوی درون خودم انتقام بگیرم و خلاصه‌ی بیانیه‌ی لنین را آنجا بگذارم. درست است که من ثروتمند نبودم، اما برای آن پیرمرد بودم. پیرمرد که لکنت زبان هم داشت، چنان ضعیف بود که وقتی پلاستیک علف‌ها را جابه‌جا کرد، زانویش دولا شد. به چشم خودم دیدم که زانویش دولا شد، طوری که ترسیدم پایش بشکند. برای همین بهاش گفتم کار را همان‌جا ول کند و برود به سلامت. خیلی خوشحال شد و یک دنیا تشکر کرد. کار یک روز را با دست‌مزد سه ساعت کرده بود و ممنون هم بود. برای او شاید من بیل گیتس یا دانلد ترامپ بودم. حرف‌های لنین را روی وبلاگ گذاشتم. فردا که پاسخ و نگاه‌های خوانندها را روی وبلاگم دیدم، متوجه شدم که پست یک هفته‌پیش بخشی از شعرهای رکوییم آخماتوا بوده و خواننده‌ای ایراد گرفته بود که قسم حضرت عباس را باید بپذیرد یا دُم خروس را.

فریبا فکر می‌کرد اگر خودم را مشغول وبلاگ کنم، دو خوبی دارد. یکی اینکه دیگر به فکر برگشتن به ایران نمی‌افتم، چون نوستالژیم را این‌جوری درمان می‌کنم. در حقیقت، فریبا معتقد بود که باید هر کاری می‌توانیم بکنیم تا به فکر برگشت ایران نیفتیم. دیگر اینکه از خودم راضی و متشکر می‌شوم، چرا که دست کم پیش خودم به خودم می‌قبولانم که دارم مبارزه می‌کنم. بعد از آنکه در آخرین تلاشمان برای برگشت به ایران شکست خوردیم، فریبا پیشنهادش را داد. خوب، کلاه را که نباید همیشه سر دیگران گذاشت. آدم‌هایی هم هستند که کلاه را مرتب سر خودشان می‌گذارند، به خصوص وقتی پای بی‌عرضه‌گی و بی‌غیرتی در کار باشد.

یک شب که یک ویدئو در باره‌ی اعدام یک دختر شانزده ساله را از اینترنت دیدیم، هر دو گریه‌مان گرفت. اول فریبا گفت، "کاش ایران بودیم. دلم می‌خواد الآن اونجا بودم."

فکر برگشتن به ایران یک بار به سرمان زده بود و تا مدتی اعصاب‌مان را خرد کرده بود. در یکی از دوره‌های آشتی بعد از چینی‌شکنی این اتفاق افتاد. تنها احساسی بود که بعد از مدت‌ها به طور مشترک پیدا کرده بودیم. یک بار دیده بودم که مادری داشت دختر چهار پنج ساله‌اش را تنبیه می‌کرد، توی ایران البته. اینجا که کسی همچو غلطی نمی‌تواند بکند. دختر دور نمی‌شد که مشت مادرش بهاش نرسد. بلکه بر عکس، بر می‌گشت و به دست و پای مادر می‌پیچید. در واقع از دست مادر به خود مادر پناه می‌برد. حالا حکایت ما بود. ولی نمی‌دانستم ته این حس برگشتن چیست. چرا می‌خواستیم برگردیم؟ نمی‌دانستیم. دیوانه‌گی‌مان ولی جدی بود.

اول کار خودمان به هم می‌خندیدیم. چون هر کدام فکر می‌کردیم که دیگری دارد شوخی می‌کند. از طرفی هم به عمد خودمان را جدی نشان نمی‌دادیم، از ترس اینکه طرف مقابل فکر کند که خل شده‌ایم. گاهی شوخی ، گاهی جدی، برنامه رفتن را ریختیم. اولین چیزی که فریبا پرسید این بود، "گیرم که رفتیم، از کجا نون در بیاریم؟"

من بیشتر به فکر خودم بودم و اینکه چه پرونده‌ای برایم درست کرده باشند. نزدیک یک هفته، با هم بحث می‌کردیم و نمی‌توانستیم تصمیم بگیریم که برویم یا بمانیم. تا اینکه فریبا یک شب که توی رخت‌خواب هم رفته بودیم ولی هنوز خوابمان نبرده بود، بلند شد و

گفت، "اینجوری نمی‌شه. من دارم دیوونه می‌شم از بس شب و روز فکرم مشغول این قضیه شده. تا حالا تنها نتیجه‌ای که برام داشته این بوده که دیگه از کارم متنفر شدهم. دیگه دلم هیچ به این کار لعنتی نمی‌ره. بلند شو بریم بشینیم همین امشب تکلیف‌مون رو روشن کنیم."

همان نیمه‌شب، چای گذاشتیم و رو به‌روی هم سر میز داخل آشپزخانه نشستیم. به نوبت، یکی مسأله طرح می‌کرد، و دیگری راه حل می‌داد. تا تنور داغ بود، من هم شرط کردم که وقتی برگردیم، فریبا از من نخواهد کار دیگری بکنم. می‌خواستم فقط کتاب‌فروشی را دوباره راه بیندازم. قبول کرد. هر دومان گفتیم، مرگ یکبار، شیون یکبار. فریبا گفت، "ببین، این یه فکر موقتی یا وسوسه‌ی بچه‌گونه نیس! چیزی نیس که یادمون بره. همیشه تو کله‌مونه. هر کاری می‌کنیم، هر جا می‌ریم، ولکنمون نیس."

گفتم، "راه برگشتمون به این‌ورا هم که بازه. چند سالی می‌مونیم. اگه باز هم دیدیم نمی‌شه اونجا موند، دوباره برمی‌گردیم."

این حرف من یکباره فریبا را تکان داد و صورتش در هم کشیده شد. "دوباره برگردیم؟ ما می‌تونیم برگردیم؟ بابک، فکر نکنم ها. ما رو نمی‌ذارن برگردیم. درسته که کانادا ما را راه می‌ده برگردیم، ولی مشکل ما اونجاس. اگه اونا نذارن ما در بریم چی؟"

فریبا از همان موقع دچار اختلال تنش‌زای پس از روان‌زخم شده بود. من سعی کردم یاد روزهای خروجم از ایران نیافتم، ولی او نتوانست مقاومت کند. سِفر خروجش را برای چندمین بار تعریف کرد، "من و برادرم فراری بودیم. مأمورها حکم تیر داشتن که برادرمُ بزنن اگه دیدنش. من هم ۱۰ سال زندان تعلیقی داشتم. با برادرم پنج ماه شب‌ها طبقه هشتم یک ساختمون نیمه‌ساز می‌خوابیدیم. بعضی وقت‌ها نیمه‌های شب برادرم منُ از خواب بیدار می‌کرد که سریع اونجا رو ترک کنیم چون معتادها وارد ساختمون شده بودند و هر لحظه ممکن بود مأمورا بریزن تو ساختمون و همه رو بگیرن. روزی که قرار بود فرداش ساعت شش صبح از ایران خارج بشم، همه خواهرا و برادرا جمع شده بودن خونه‌مون چون خواهرم داشت زایمان می‌کرد. من نمی‌تونستم به کسی بگم که قراره فردا خارج بشم، به‌خصوص به خاطر یکی از شوهر خواهرام که

فردای اون روز مصاحبه برای مدیریت یه مدرسه داشت. می‌ترسیدم که به خاطر گرفتن اون پُست منُ لو بده. خیلی دلم می‌خواست با همه حرف بزنم و خداحافظی کنم، ولی نمی‌شد. درست سرِ شام، درد زایمان خواهرم شروع شد. با شتاب خواهرمُ برداشتن که برسونن به بیمارستان. من هم کیفمُ برداشتم و دنبالشون راهی بیمارستان شدم. ساعت چهار صبح بچه به دنیا اومد و من باید ساعت پنج بیمارستونُ ترک می‌کردم و می‌رفتم فرودگاه. می‌خواستم قبل از رفتن بچه خواهرمُ ببینم و با خواهرم خداحافظی کنم. برادرم پونصد تومن به پرستار اتاق نوزدان داد و اجازه گرفت که من نوزاد رو برای اولین و آخرین بار ببینم. ولی خواهرم به خاطر خونریزی شدید هنوز تو اتاق زایمان بود و بهام اجازه ندادن وارد اتاق بشم. با خواهرم از پشت شیشه خداحافظی کردم. خواهرم با چشماش و دستاش التماس می‌کرد که بذارن برم تو تا برای آخرین بار همدیگه رو در آغوش بگیریم. دست آخر خداحافظی کردیم، خواهرم از روی تخت با دست و لب و چشم و ابرو، و من اون طرف پنجره با دستهای لرزونی که روی شیشه می‌لغزیدن."

بعد دوباره با خوش‌بینی احمقانه‌ای خودمان را گول زدیم و به خودمان باور اوراندیم که ایران امروز ایران آن زمان نیست.

آن شب وقتی به رخت‌خواب برگشتیم، دوباره خوابمان نمی‌برد. گفتم، "حالا که تصمیم به رفتن گرفته‌ایم، دیگه هیچ نمی‌تونم تصور کنم که چطور تونسته‌ام این همه وقت سرِ اون کار لعنتی بمونم. اگه این قانون دو هفته مهلت برای استعفا نبود، از همین فردا سر کار نمی‌رفتم. گوشی رو برمی‌داشتم، بهاشون می‌گفتم منتظر من نمونن."

گمان نمی‌کنم که بیشتر از یک ساعت از خوابیدنم گذشته بود که با تکان دادن و صدا زدن‌های فریبا از خواب بیدار شدم. فریبا می‌پرسید، چه‌ام شده بود که توی خواب داد و بیداد می‌کردم. وقتی فهمیدم که خواب بوده‌ام، نفس راحتی کشیدم. خواب دیده بودم همان مأموری که موقع خروج از ایران توی فرودگاه جلوم را گرفته بود و می‌گفت که مدرک‌هایم جعلی هستند، دوباره همان‌جا بود و داشت سین جیمم می‌کرد. گفتم، "این دفعه که به خیر گذشت. تا ببینیم توی فرودگاه واقعی چی پیش بیاد."

وقتی تصمیم‌مان را با بعضی از دوستان در میان گذاشتیم، به نکته‌ی جالبی رسیدیم. خیلی از ما وقتی که می‌بینیم یکی دارد برای زندگی به ایران برمی‌گردد، کارش را نوعی توهین یا یک جور خیانت به خودمان به حساب می‌آوریم. انگار ما خارج کشوری‌ها یک تیم هستیم و داخلی‌ها تیم حریف هستند. برگشتن ما در واقع یک گل به نفع داخل کشوری‌ها حساب می‌شد. مجبور بودیم رفتن‌مان را با هزار دلیل و عذر و بهانه توجیه کنیم.

خوش به حال آدم‌هایی که یکهو می‌زند به سرشان و خودشان را خلاص می‌کنند. آن‌جور آدم‌ها خیلی کمتر زجر می‌کشند. یک فشار روانی یا جسمی یا هر جور دیگر به‌اشان وارد می‌شود، و چون تحملش را ندارند، خودشان را به دَرَک می‌فرستند. کاش من هم آن‌جوری بودم. مشکل من این است که بر عکس آن آدم‌ها، مدت‌ها همه‌ی فکر و ذکرم دنبال این بوده که راه دیگری برای ادامه‌ی این زندگی آشغال پیدا کنم. معلوم است که من می‌میرم که یک بار دیگر به تاق بستان کرمانشاه بروم و آنجا دنده کباب بخورم و عرق سگی آقا مراد که برای رد گمکنی توی قوطی کوکاکولا ریخته را سر بکشم. یک بار دیگر بشنوم که وقتی قوطی را سر میز می‌گذارد، بگوید، "خجالتم داداش، ترسیدم تو گیلاس بریزم. نکنه بو ببرن." آدم باید از دیوانه هم یک چیزی آن ورتر باشد که بخواهد دیدن دوباره‌ی موزه‌ی ریکس آمستردام یا خرابه‌های بندر سیراف را برای خودش محال کند. من عاشق این دنیای دیوانه‌ی لعنتی ستمکارم.

با زبیگنیو تصمیم به پریدن از پل گرفتیم. چون در آن لحظه هیچ راه دیگری به فکرمان نمی‌رسید. هر آن راه دیگری پیدا می‌کردم، مثل ارشمیدس، یافتم یافتم داد می‌زدم و می‌دویدم که آن راه دیگر را برای ادامه‌ی زندگیم بروم. چه‌کار می‌توانستم بکنم؟ ول کنم بروم شمال کانادا، یوکان، جایی مثل کوهپایه‌های اوگیلوی که تا چشم کار می‌کند جنگل باشد و قاتی بومیان اینوییت و سرخپوست بشوم؟ نه

تلفنی بگیرم و نه آدرس پستی داشته باشم و نه اینترنت یا هیچ ارتباط دیگر، و همه چیز را فراموش کنم؟

فراموشی، آری، همین است. مشکل اصلی همین است، فراموش کردن. ولی فراموش نمی‌شود این بدکردار. همچو اتفاقی نمی‌افتد دیگر. اگر می‌شد که مشکلی نمی‌ماند. اگر با گم شدن من و رفتنم به یک سرزمین دور مشکل حل می‌شد که دیگر واویلا نداشتم. مگر همین من نبودم که از آن سرِ دنیا بلند شدم، آمدم این سرِ دنیا که همه‌چیز را از نو شروع کنم؟ کشور نو، زبان نو، فرهنگ نو، خانواده‌ی نو، دوستان نو، کلاه نو، آشغال نو؟ خوب، چه شد؟ راحت شدم؟ ولم کرد؟ آن لعنتی دست از سرم برداشت؟ نه. چسبیده به‌ام. وقتی از یک جا در می‌روی به جای دیگر، این‌طور نیست که از شرِّ اولی خلاص شده باشی و دومی را از صفر بسازی. نه بابک جان. اولی می‌شود قوز، دومی بالاقوز، برای ما البته.

آدم سفید غربی ولی می‌تواند. آنها به گربه‌ی مرتضا علی می‌مانند. هر جور که بیندازیش بالا، باز هم وقتی برگردد پایین، چهار چنگولی، روی پاهایش به زمین می‌افتد. هیچ بلایی سرش نمی‌آید. وقتی هم مهاجرت می‌کند، نتیجه‌اش این می‌شود که افریقای جنوبی و آپارتاید درست می‌شود. اسرائیل درست می‌شود. برده‌داری آمریکایی و جدایی نژادی درست می‌شود. در بهترین حالتش، کانادا و استرالیا به وجود می‌آید. شبه قاره‌ی هند مستعمره می‌شود و بعدش هم که از دستشان در می‌رود، همه‌ی نیرویشان را به کار می‌گیرند تا آن را تکه پاره کنند و از توی شکمش یک دوقلوی حرامزاده در بیاورند که به جای احترام به مادرشان که هند باشد، برای حجاز غش و ضعف کنند. آدم غربی از اصل به این خاطر مهاجرت می‌کند که تصرف کند، مالک بشود و حکمروایی کند. آدم غیر غربی هم مهاجرت می‌کند. غیرغربی‌ها وقتی بین خودشان مهاجرت می‌کنند، چیزی را به هم نمی‌زنند. ممکن است که با ساکنان و بومیان جنگ کنند و حتا همدیگر را هم بکشند، ولی پیوندهای اجتماعی، فرهنگی و اقتصادی موجود را نابود نمی‌کنند.

آدم غربی هر جا برود، اول همه چیز را از پایه به هم می‌زند. همه‌چیز را از پایه طبق مرام خودش در می‌آورد. غیر غربی‌ها وقتی می‌روند به غرب، در واقع هیچ وقت به غرب وارد نمی‌شوند. تعداد غیر غربی‌هایی که به غرب پناه برده‌اند خیلی بیشتر از غربی‌هایی

است که به جاهای دیگر رفته‌اند. ولی از حضور این همه غیرغربی در غرب تنها تغییری که ایجاد شده چند تا سالن یوگا و رستوران سوشی‌فروشی و مانند اینها بوده. غیرغربی انگار که طاعون داشته باشد، نمی‌تواند با دنیای اطرافش قاتی شود. در نتیجه محله‌ی چینی‌ها درست می‌شود، یا گِتوی یهودی‌ها، بیغوله‌های کولی‌نشین اروپا و محله‌های سیاه‌پوست‌های آمریکا مثل غده‌های سرطانی بیرون می‌زنند. حتا بومیان هم هر جا که غربی‌ها وارد شوند به حاشیه رانده می‌شوند، مثل سرزمین‌های حفاظت‌شده‌ی سرخ‌پوست‌ها در کانادا.

تا حالایش که با همه غلطی که کرده‌ام توانسته‌ام یک قوز برای خودم دست و پا کنم و یک بالاقوز. زیر این دوتا به اندازه‌ی کافی زاییده‌ام، همین مانده که دوباره بروم و یک بالا بالاقوز هم بگذارم روی سر همه‌ی اینها. بروم هروئینی بشوم؟ الکلی؟ اینها هم برای من بی‌خیالی نمی‌آورند. شاید هم بیاورند، ولی مسئله‌ی اصلی این است که عرضه‌ی این کارها را ندارم. باید شجاعت این را داشته باشی که خودت را به گاییدن بدهی. من شجاعتش را ندارم. از بس خودخواهم.

گاهی تنها چیزی که هم راست است، هم علمی است، هم فلسفی است و هم اخلاقی است همان جمله‌ی شازده کوچولوی آنتوان دو سنت اگزوپری است، "آدم بزرگ‌ها چقدر احمقند." اگزوپری کمی اشتباه می‌کند. بیشتر آدم‌ها، آنهایی که خودشان را موفق حساب می‌کنند، احمقند و زرنگ. ولی آدم‌هایی مثل من و فریبا احمقیم و احمق. دو پشته احمقیم. بین ما دوتا هم من بیشتر. حالا که آن روز غروب را دوباره، شاید هم هزار باره، به یادم می‌آورم می‌بینم که چقدر احمقم، بوده‌ام و خواهم بود. آنچه آن روز از ما سر زد دیگر چینی‌شکنی نبود؛ خودشکنی بود.

غروب بود که از مصاحبه برای استخدام در یک شرکت برمی‌گشتم. جوری که مصاحبه پیش رفت، معلوم بود که استخدامم نمی‌کنند. دم در که رسیدم، مزدا که شوخیش گرفته بود، شیلنگ آب را برداشت و شروع کرد به آب پاشیدن روی من. کیفم را که رزومه و مدرک‌های کاری دیگرم تویش بود زیر بغلم زدم و سعی کردم که به سرعت وارد خانه شوم. ولی مزدا، شیلنگ آب در دست، آب می‌پاشید و می‌خندید. پساپس رفتم تا جایی که آب به‌ام

نرسد. فریبا از توی راه پله ما را می‌دید ولی اعتنا نمی‌کرد، چون داشت تلفنی با دوستش حرف می‌زد. هر چه سر مزدا داد زدم که شیر آب را ببندد، فایده نداشت. چند بار که حمله کردم تا شیر را ببندم، در اثر آب سردی که با فشار به سر تا پایم می‌پاشید، مجبور به عقب‌نشینی شدم. مزدا به داد و فریاد و تهدیدهای من می‌خندید و همچنان آب می‌پاشید. فریبا با بی‌خیالی به ما نگاه می‌کرد و با دوستش تلفنی حرف می‌زد و می‌خندید، انگار نه انگار که ما را می‌بیند. حالا می‌فهمم که پس از چندین دقیقه که تحمل کردم، یک‌باره حالم عوض شد. شاید دیوانگی آنی که می‌گویند همچو چیزی باشد. مزدا که انگار چیزی به‌اش الهام شده بود، شیلنگ آب را انداخت و فرار کرد. به دنبالش از پله‌ها دویدم بالا. فریبا همچنان داشت با تلفن حرف می‌زد. گوشی را از دستش کشیدم و کوبیدم زمین. فریبا که انگار تازه متوجه بازی ما شده باشد، جیغ زد و دنبال من دوید. پیراهن مرا از پشت گرفت و کشید. خودم را از دستش آزاد کردم و دنبال مزدا رفتم. مزدا از فرصت استفاده کرده بود و رفته بود جایی قایم شده بود. توی اتاقش نبود. درِ اتاق را محکم به هم زدم و رفتم اتاق خواب خودمان را ببینم. فریبا دوباره سر راهم را گرفت و در حال داد زدن می‌خواست جلو مرا بگیرد که مشتش به صورتم خورد. هلش دادم به عقب. وارد اتاق خوابمان شدم، ولی مزدا آنجا هم نبود. توی حمام و دست‌شویی هم نبود. فریبا داد می‌زد، "چه‌کار با بچه داری؟ چه مرگت شده؟"

داد زدم، "می‌خوام تنبیهش کنم، بی پدر مادرُ."

فریبا جواب داد، "اون چه گناهی کرده. بیا منُ تنبیه کن. بیا اگه راست می‌گی."

فریبا همراه با داد و فریاد می‌خواست مرا بگیرد. از اینکه دست رویم بلند کرده بود، بیشتر عصبانی شده بودم. دستش را گرفتم و پیچاندم. با صدایی آرام و شمرده گفتم، "برا من بزن بهادر شدی، هان؟ درستت می‌کنم."

فریبا سعی می‌کرد خودش را از دستم در بیاورد. با همه‌ی دیوانگی مواظب بودم که به‌اش ضربه‌ای نزنم. دستش را که رها کردم دوباره روبه‌رویم ایستاد و نفس نفس زنان گفت، "به من بگو چه‌ت شده. چند روزه که یک چیزیت شده. باید با هم حرف بزنیم."

هلش دادم و داد زدم، "برو کنار. من با تو حرفی ندارم. می‌خوام اون توله سگُم تربیت کنم."

همین که راه افتادم بروم، یقه‌ی پیراهنم را از پشت گرفت و کشید. یقه‌ی پیراهن به حنجره‌ام فشار آورد و به سرفه افتادم. چرخیدم و دوباره هلش دادم عقب. پیراهنم جر خورد. گفت، "بیا حرف بزن، بی‌شرف. باید با من حرف بزنی."

گفتم، "همین جوری می‌خوای حرف بزنی؟ نه. من دیگه با تو حرفی ندارم."

خواستم بروم، ولی فریبا ولکن نبود. جیغ و داد می‌کرد و زور می‌زد که جلوم را بگیرد. هر دو خیس عرق شده بودیم و نفس نفس می‌زدیم. یک لحظه دیدم که مزدا دارد ما را نگاه می‌کند و به پهنای صورتش اشک می‌ریزد. وقتی دید دارم نگاهش می‌کنم، با هق هق گفت، "ساری بابا. من چه‌کار کردم؟ من کار بدی کردم. ببخش منُ، بابا."

انگار یک بشکه آب سرد ریخته باشند روی شعله‌ی آتش. می‌خواستم زانو بزنم و بنشینم. کار حتا از می‌خواستم و نمی‌خواستم هم گذشته بود، باید می‌نشستم. انگار تا آن‌وقت داشته‌ام فیلمی را می‌دیده‌ام و حالا ناگهان متوجه شده‌ام که فیلمی در کار نیست، بلکه خودمم. نشستم. در واقع زانوهایم خم شدند، بدون اینکه من بخواهم.

فریبا دست مزدا را گرفت و از خانه بیرون رفتند.

صدای بسته شدن در را که شنیدم، بی اختیار گریه‌ام بلند شد. ناتوان‌تر از آن لحظه هیچ وقت نبوده‌ام. چهره‌ی لعنتی مدیر استخدامی شرکت مثل یک آینه‌ی دق جلوم مجسم شده بود.

چند ساعت گذشته بود که فریبا و مزدا برگشتند. من هنوز از جای خودم تکان نخورده بودم.

مزدا به اتاقش رفت. فریبا بالای سرم دست به کمر زد و پرسید، "معلومه تو چته، مردیکه؟ دوباره تخمات چپ و راست شده؟"

این از جمله‌های رمزی بین ما بود. وقتی می‌گفت، منظورش این بود که ناراحتی من برای آن است که از نظر جنسی ارضا نمی‌شوم. گفتم، "نه‌خیر. شخصیتم چپ و راست شده. به خاطر رفتار تو."

فریبا با ریشخند گفت، "این شخصیت نداشته‌تون چه‌جوری به هم خورده؟ بگین ما هم بدونیم."

خیلی چیزها را مدت‌ها بود که می‌خواستم به‌اش بگویم و فرصتش پیش نیامده بود. ولی آن وقت، هر چه فکر کردم، چیزی یادم نیامد. فریبا هم تا تته‌پته کردن مرا دید، بلبل زبان شد و شروع کرد به از بر خواندن یک کیفرخواست آتشین علیه من، در حضور مزدا. چند بار در زمان حاملگی نسبت به ویار او با نهایت سنگدلی بی‌اعتنایی کرده بودم. حتا موقع زایمان، دسته‌گل را بعد که از آنجا بیرون آمده بودیم، خریده بودم، که در واقع رخت بعد از عروسی برای گِل منار خوب است. دریغ از اینکه یک بار در مهمانی‌ها و جلو بقیه به او ابراز عشق کرده باشم. در تر و خشک کردن بچه هیچ کمکی نکرده بودم. هیچ نفهمیده بودم که بچه چطور بزرگ شده. نه عرضه‌ی پول درآوردن دارم، نه اخلاق خوبی دارم که بی‌پولیم را جبران کند. به آخرهای فهرستش که رسید، من خیلی‌های آن را فراموش کرده

بودم. با شروع گریه‌ی فریبا از اتاق بیرون رفتم. پشت پنجره‌ی آشپزخانه ایستادم و خودم را با تماشای چمن‌های حیاط سرگرم کردم. چند ساعت بعد که دیگر پاهایم هم داشتند از درد می‌ترکیدند، به اتاق خواب برگشتم. مزدا همان‌جا خوابش برده بود. او را به اتاقش بردم. وقتی رفتم پتویی از اتاق خواب بردارم که بروم روی مبل توی سالن بخوابم، فریبا که روی تخت دراز کشیده بود و هنوز هر چند دقیقه یک‌بار اشک یا آب بینی‌اش را تمیز می‌کرد، گفت، "من تصمیم خودمُ گرفتم. فردا می‌ریم درخواست طلاق می‌کنیم."

پتو را برداشتم و بی هیچ جوابی از اتاق بیرون رفتم. ساعت چهار صبح مثل همیشه، بلند شدیم، ولی بی هیچ حرفی لباسمان را پوشیدیم و رفتیم روزنامه‌ها را پخش کردیم. در تمام مدت پخش روزنامه، هیچ کلمه‌ای بینمان رد و بدل نشد.

به خانه برگشتیم. فریبا، انگار که با دیوار حرف می‌زند، گفت که یک چرت کوتاه می‌زند و بعد می‌رویم کار را تمام کنیم. می‌دانستم که تمام کردن کار به آن آسانی نیست که او خیال می‌کرد. به پشت پنجره‌ی آشپزخانه برگشتم. چمن‌ها بلند شده بودند. از شب گذشته هر چه فکر کرده بودم که چه کار باید بکنم، چیزی به فکرم نرسیده بود. فکرهایم را ادامه دادم. اما تنها چیزی که ذهنم را به خودش مشغول کرده بود، این بود که چمن‌های حیاط خیلی بلند شده بودند. کتری را آب کردم که چای درست کنم. تا آب جوش بیاید، به پشت پنجره برگشتم. چمن‌ها اجازه‌ی هیچ فکر دیگری را بهام نمی‌دادند. ساعت نُه صبح بود. باید پیش از بیدار شدن فریبا، راه حلی، دفاعیه‌ای، پاتکی، یا دست کم راه چاره‌ای که فریبا را از کارش منصرف کند، پیدا می‌کردم. هر آن ممکن بود بلند شود که برویم درخواست جدایی را به دادگاه بدهیم. این بار آشکار بود که با بردن چای یا صبحانه نه تنها نظرش عوض نخواهد شد، بلکه ممکن بود جری‌تر هم بشود. کار از معذرت‌خواهیِ زبانی هم گذشته بود. به حیاط رفتم. سرم از بی‌خوابی و فکر زیاد سنگین شده بود. انگار سلول‌های مغزم زیر بار زیاد بی‌حس شده بودند. ماشین چمن‌زنی را روشن کردم و شروع کردم به زدن چمن‌ها.

جالب است که هیچ یادم نمی‌آید چطور شد که آشتی کردیم. آشتی کردن دو تا آدمی که به آن شکل دعوا کرده‌اند خودش باید موضوع یک کتاب شود. دعوای سگ بود با گرگ. این هم یکی دیگر از هنرهایی است که نزد ایرانیان است و بس. هیچ فرهنگ دیگری نمی‌تواند دو تا آدم با آن همه اختلاف را با هم آشتی دهد.

بعد از هر بار بگو مگو، وقتی که تب درگیری فرو می‌نشست، تازه به فکر می‌افتادیم که چه جور آشتی کنیم یا به شکلی با هم کنار بیاییم. در اینجا که مثل ایران نمی‌توانستیم ریش سفیدهای خانواده را به میانجی‌گری بکشانیم.

آشتی کردنمان هم نه به شیوه‌های معمول در فرهنگ ایرانی‌ها می‌مانست، نه به روش‌های کانادایی شبیه بود. شاید به این دلیل آشتی می‌کردیم که هیچ کداممان جای دیگری نداشتیم. فکر می‌کنید این همه ایرانی که در اینجا با هم رفت و آمد می‌کنند خیلی همدیگر را دوست دارند؟ در اینجا ایرانی‌های کمونیست و شاه‌خواه و حزب‌اللهی و ناسیونالیست و بهایی و یهودی همه با هم کار و زندگی می‌کنند، از گل بالاتر هم به یکدیگر نمی‌گویند. بعید نیست اگر حاج باقر و پدرم هم از سر اتفاق در جایی مثل اینجا گیر می‌افتادند، به ناچار با هم آشتی می‌کردند. در واقع این قدرت جغرافیاست که رفتار ما را شکل می‌دهد.

ما در این مملکت آدم‌های دیگری می‌شویم. اگر هم نشویم، دست کم وانمود می‌کنیم که چیز دیگری هستیم. تعجب من از این است که گوردون، گزارشگر انگلیسی، چطور نتوانست این نکته را بفهمد.

این که کشف من نیست. خود غربی‌ها می‌گویند در رُم رومی باش. آن آدم بی ملاحظه نمی‌توانست بفهمد که این مَثَل فقط برای رُم نیست؛ در قُم هم قُمی باش.

ولی خودمانیم، قمی بودن کار آسانی نیست. غربی بودن خیلی آسان‌تر است. برای غربی شدن کافی است آدم همان سه چیزی که ما شعارش می‌دهیم را رعایت کند: پندار نیک، گفتار نیک، کردار نیک. ولی ایرانی بودن خیلی پیچیده‌تر از این حرف‌هاست. شاید دو سه هزار سال پیش ما هم آن‌طور بوده باشیم. ولی حالا دیگر آن‌قدرها ساده نیستیم. این اروپایی‌ها رفتارشان ساده است، ولی چیزهای پیچیده‌ای می‌سازند. ما بر عکس؛ رفتار و شخصیت‌مان پیچیده است ولی چیزهای ساده را هم حتا نمی‌توانیم بسازیم. آن‌ها رآکتور اتمی می‌سازند، ولی ما خودمان رآکتور اتمی هستیم.

گوردون این چیزها را نمی‌دانست. یک‌راست رفت پیش حاج باقر. می‌خواست به قول خودش حرفه‌ای رفتار کند. به حاج باقر گفته بود، "حاج آقا، یک منبع ناشناس به ما گزارش داده که شما در زمان طلبه‌گی با خانمی به نام فرشته رابطه داشته‌اید. شیوه‌ی کار ما این است که به همه‌ی طرف‌های گزارش‌مان امکان بدهیم که حرف‌شان را بزنند. آیا شما حاضرید در این باره صحبت کنید؟ تأیید می‌کنید؟"

خوب، اگر این را به کسی که توی دنیای آزاد زندگی کرده نشان بدهی، هیچ اشکالی نمی‌بیند. حرفه‌ای بودن یعنی همین. ولی کودن‌ترین ایرانی هم می‌داند که به این نمی‌گویند حرفه‌ای بودن. به این می‌گویند خریت ِ ناب و یک آب هم رویش.

حاج باقر با خون‌سردی از گوردون خواهش کرده بود که یک لحظه تشریف داشته باشد، و بلافاصله با تلفن همراهش با کسی تماس گرفته بود. پنج دقیقه بعد، دوربین، فیلم، نوار، دفترچه یادداشت و دار و ندار گوردون توی کیسه‌های پلاستیکی پاسداران انقلاب لاک و مهر شده بود. گوردون هم دست‌بند به دست، با دهانی که مثل غار علی صدر باز مانده بود، به تابلوی الله بالای میز حاج باقر خیره مانده بود.

برای گوردون، همه‌ی مصیبت شش ساعت طول کشید. شش ساعت جهنم را تحمل کرد، ولی چندین سال است که دارد با شاخ و برگ

دادن به آن نان می‌خورد. از ایران که خارج شد، دم و ساعت مصاحبه کرد، گزارش نوشت، سخنرانی کرد و هی به خودش تبریک گفت که چه قهرمانی بوده و خودش خبر نداشته. می‌گفت به خودش افتخار می‌کند که در زیر آن همه فشار و تهدید حاضر نشده منبعش را لو بدهد. خوب البته دَمش هم گرم که این زرنگی را داشت که همان شش ساعت بازداشتش را سرمایه‌ای کند و بشود کارشناس آزادی بیان و روزنامه‌نگاری در ایران. ما که بخیل نیستیم. من که اگر ده سال هم توی هلفدونی باشم، عرضه ندارم حتا یک آب نبات چوبی از قِبلش در بیاورم.

تنها از یک کار گوردون کونم می‌سوزد. از اینکه مستقیم و غیر مستقیم پدر بی‌چاره‌ی مرا بدهکار خودش می‌کند. انگار که باید از او سپاسگزار باشد که او را لو نداده. آخر مردک، تو او را لو ندادی، ولی همین که تو به حاج باقر گفتی که فرشته‌ای توی زندگیش وجود داشته کافی بود که او مطمئن شود که منبع آن کاوه بوده است. پدرم این را همان اول به گوردون گفت. حالا هیچ به روی خودش هم نمی‌آورد که آتش‌سوزی کتاب‌فروشی هیچ پیوندی با شیرین‌کاری او داشته است. می‌گوید شش ماه بعد از آن جریان بوده. معلوم است که طرف اول کمی دورخیز می‌کند. اول حساب و کتاب‌هایش را می‌کند که چه ضربه‌ای می‌تواند وارد کند، یا اینکه چه جور ضربه‌ای لازم است.

حالا حاج باقر با خودش چه حساب و کتاب‌هایی کرده بود، ما نمی‌دانیم. او خودش می‌دانست تنها چیزی که برای پدرم مانده همان کتاب‌هاست. خوب، خیلی هم ماهرانه کار کرد. این دفعه بدون اینکه دست خودش را به خون آلوده کند، به هدفش رسید. می‌دانست که پدرم بدون کتاب‌فروشی، که تنها بهانه‌اش برای ادامه‌ی زندگی بود، دوام نمی‌آورد. همین‌طور هم شد.

در را که باز کردم تلفن داشت زنگ می‌خورد. فوری گوشی را برداشتم. صدای مادرم بود. دیر به دیر تلفن می‌زد. بیشتر خودم به او زنگ می‌زدم. گفتم، "چه عجب مامان جان، یاد غریبه‌ها کردی." صدایش گرفته بود. حالش را پرسیدم. حافظ خواند. گفت، "ساقیا در گردش ساغر تعلل تا به چند، دور چون با عاشقان افتد تسلسل بایدش."

می‌دانستم که تعبیرش از این بیت همیشه این بود که حافظ در واقع دارد آرزوی مرگ می‌کند. فکر کردم که لابد کسی از دوستان مادرم مرده و او این‌طوری می‌خواهد بگوید که دیگر علاقه‌ای به زندگی ندارد. گفتم، "مامان، دوباره چه خبر شده؟ کسی بلایی سرش اومده؟"

پرسید که تنها هستم یا کسی پیشم هست. گفتم تنها هستم. حالا می‌دانم که می‌خواست خبر را مستقیم به خودم ندهد. گفت، "عزیز مامان، الاهی من تصدق سرت بشم. کاش می‌تونستم پیشت باشم."

بی‌تاب شده بودم. از میان حرف‌هایش خوب می‌گرفتم که اتفاقی افتاده، اتفاقی خیلی بد. بی اختیار صدایم را بلند کردم، "چرا به من نمی‌گین مامان. چی شده. چه اتفاقی افتاده؟"

پیدا بود که بغض گلویش را گرفته. ولی خیلی شمرده گفت، "انّا لله و انّا الیه راجعون"

نشستم. انگار ضربه‌ای به سرم خورده باشد، چشم‌هایم تار شد. سرم می‌سوخت. همه چیز را فهمیدم. بقیه‌ی حرف‌هایش را نمی‌دانم چه

گفت. یادم نیست خودم چه می‌گفتم. فهمیدم که پدرم سکته کرده بود. روی میز سرش را گذاشته بوده، همان‌جا تمام کرده بود. نیم ساعت بعد فهمیده بودند. حالا مادرم نمی‌خواست تلفن را قطع کند. حرف می‌زد. می‌خواست مطمئن شود که من دچار شوک نشده‌ام. گفت اگر می‌توانستی یک سر بیایی ایران بد نبود. گفت که گمان نمی‌کند کسی با من کاری داشته باشد. در آخر به‌اش قول دادم که تنها در خانه نمی‌مانم. گفتم می‌روم پیش دوستم.

پول نداشتم که بلیت برگشت ایران را بگیرم. هنوز با فریبا ازدواج نکرده بودم. با دوستان دیگرم هم آن‌چنان احساس نزدیکی نمی‌کردم که بخواهم ازشان پول قرض کنم. از حرفهای مادرم، تنها کلمه‌ی "راجعون" مثل صدای چکش مسگرها توی سرم دینگ دانگ می‌کرد. دست از سر مرده‌مان هم برنمی‌دارد. راجعون به چی؟ به کی؟ آن همه مأمورهای حکومت اسلامی کمّان بود که حالا مادرم هم به الله ارجاعمان می‌دهد.

همه‌ی امیدم به محمود بود که از همفکرهای پدرم بود و یکی از دوستان مشترک او و پدرم از ایران مرا به او معرفی کرده بود. رابطه‌ام با او کم و بیش رسمی بود. به هر حال به دفترش رفتم. می‌دانستم که نمی‌توانم از او هم تقاضای وام کنم. ولی احتیاج داشتم که با کسی حرف بزنم، فارسی حرف بزنم. حال و احوال کرد. معلوم بود که خیلی سرش شلوغ است. تنظیم مصاحبه، ترجمه‌ی یک خبر، خرابی یکی از کامپیوترها، یک بی‌شرفی که چهار ماه بود پول آگهی را نداده بود. ده دقیقه‌ای نشستم. نتوانستم بیشتر بمانم. بلند شدم که بروم. محمود گفت، "ببخش بابک جان، اینجا این‌جوری به هم ریخته است. بیشتر بیا ببینیمت."

دستم را که برای خداحافظی دراز کردم، بغضم ترکید، ولی به جای گریه، قاه قاه می‌خندیدم. دستم را پس کشیدم و خودم را دوباره ول کردم روی صندلی. محمود هم با خنده‌ی بریده‌ای مرتب می‌گفت، "از چی می‌خندی، بابک. بگو ما هم بخندیم." اشک‌هایم که در آمد، محمود از پشت میزش بیرون آمد و دستش را روی شانه‌ام گذاشت. مرتب می‌پرسید، "چی شده. بابک جان، تو انگار حالت خوب نیس."

درست همان‌جایی که نمی‌خواستم خودم را باختم.

اما نگفتم چه شده است و بیرون رفتم. محمود به دنبالم آمد. گفت می‌خواهد برود قهوه بخورد و من هم باید با او بروم. گفتم در اصل می‌خواسته‌ام جای دیگری بروم، سر راهم رفته بودم به او سر بزنم. محمود دستم را گرفت و کشید به سمت ماشینش که جلو در پارک بود. رفتیم به یکی از قهوه‌خانه‌های زنجیره‌ای.

قهوه‌خانه‌ی زنجیره‌ای، رستوران زنجیره‌ای، فروشگاه یا هر چیز زنجیره‌ای دیگر مرا به یاد مسجد می‌اندازد. برای من ایده‌ی همه‌ی این کاسبی‌های زنجیره‌ای از مسجد می‌آید. کسی که مسجد را به آن شکل یونیورسال بنیاد گذاشت می‌دانست که فروش کالای دین به این شکل با تولید انبوه خیلی آسان‌تر انجام می‌شود. خوب، کلیسا و معبد بوداییان و سیک‌ها و آتش‌کده‌های زرتشتیان هم یک جور فروشگاه زنجیره‌ای هستند. اما من تنها مسجد را تجربه کرده‌ام. مسجد نقش دروازه‌ی یک‌طرفه‌ای را بازی می‌کند که فرد را با بلیت یکسره به سفر آخرت می‌فرستد. یکی از کارکردهای مسجد این است که با اجرای آیین ختم که شامل فاتحه‌خوانی و خرماخوری است فرایند گذار از دنیا به آخرت را رسمیت می‌بخشد. تنها مسجد است که برای من نیای استارباکس به شمار می‌رود. برای همین هم قهوه‌ی استارباکس حالم را به هم می‌زند. دل و روده‌ام را دچار آشوب می‌کند.

خواستم خودم را از اصرارهای محمود آزاد کنم. گفتم که حالم خوب نیست، چیزی نمی‌خورم. گفت، "پسر جان، من که از اول دارم به تو می‌گم حالت خوب نیست. معلومه که حالت خوب نیست. به من بگو چی شده خوب."

نمی‌دانم چرا نمی‌توانستم بگویم، زبانم نمی‌چرخید. انگار با نگفتنِ خبر می‌شد وقوعش را به تأخیر انداخت.

می‌دانستم که دوستان بلافاصله تلاش خواهند کرد که مهربانی‌شان را به من نشان دهند، آن هم با ترتیب دادن مراسم پُرسه در مسجد ایرانیان. اما از محمود انتظار نداشتم که از آن جور پیشنهادها بکند. کرد. به دردم کُشد گر گِلی دوست زد. با ناباوری نگاهش می‌کردم. آخر تو دیگر چرا؟ مگر بین حاج باقر و مسجد و عزرائیل تفاوتی هست؟ هر کسی که نداند، دست کم محمود می‌دانست که کسانی مثل پدرم، و خود محمود حتا، هر چه می‌کشند از همین مسجد و

تشکیلاتش می‌کشند. مسجد برای ما تنها جایگاه عزرائیل نیست، خود عزرائیل است. حضور مسجد یعنی حضور مرگ.

شنیدم که کسی چای ماسالا سفارش می‌داد. چای ماسالا که مزه و بوی هند می‌داد، و بسیار دوست داشتم، اما نه در استارباکس. در همان آن به یاد هَوم یَشت در یسنه افتادم که دیدار زرتشت را با هَوم، اَشَوَنِ دور دارنده‌ی مرگ، شرح می‌دهد. بی اختیار گفتم، "اَشَوَنِ دور دارنده‌ی مرگ."

محمود متوجه نشد. گفت، "افسوس. مرگ دیر یا زود به سراغ همه می‌آد."

بلند شدم. باید به خانه می‌رفتم و خودم را به نوشابه‌ی هوم می‌رساندم. هوس افشره‌ی شِنگ داشتم. شربت شِنگ را به خاطر زکام و حساسیت بهاره‌ای که گاه‌گاهی به سراغم می‌آید، در خانه داشتم و تنها دوای دردم بود. گاهی هم هوسانه می‌خوردم. مادرم از شیراز برایم سفارش می‌داد و هر بار که بهاش تلفن می‌زدم، ازم می‌پرسید. پیش از آنکه تمام شود، برایم دو بطری جدید پست می‌کرد.

می‌دانستم که کسانی هَوم اوستایی را همان گیاه شِنگ می‌دانند. برای من همین کافی بود. برای من شِنگ همان اَشَوَن دور دارنده‌ی مرگ بود. در یسنه آمده است، زمانی که زرتشت داشت آتش بامدادی را روشن می‌کرد، هَوم بر او پدیدار شد. زرتشت پرسید، "کیستی ای مرد که با جان تابناک و جاودانه‌ی خویش، به دیدگان من نیکوترین پیکری می‌نمایی که در جهان اَستومند دیده‌ام؟"

ـ "منم هَوم، اَشَوَنِ دور دارنده‌ی مرگ. ای سپیتمان! به جست‌وجوی من بر آی و از من نوشابه برگیر. مرا بستای؛ آنچنان که واپسین سوشیانت‌ها مرا خواهند ستود."

کاوه حالا مرده بود. اگر او یا پدربزرگم هَوم، آن اَشَوَن دور نگاه‌دارنده‌ی مرگ را نوشیده بودند، آیا امیدی بود که زندگی ما جور دیگری پیش برود؟ شاید هم نه. ولی اگر به هَوم اعتقاد داشته باشی، دست کم می‌توانی دلخوش باشی که دینت هوادار زندگی است؛ که دینت بی‌مرگی را یک آرزوی نیکو، یک ارزش به شمار می‌آورد. در آموزه‌هایش خط به خط با عزرائیل و جهنم و آتش تهدیدت نمی‌کند. تازه، کاش این همه تهدید به جهنم و آن چیزها

برای منظور خردمندانه‌ای بود. همه‌ی تهدیدها برای این است که اطاعت و عبادت و بندگی کنی و هر بلایی سرت بیاورند، جیکت در نیاید. در صورتی که در اوستا تهدیدی نیست. همه‌اش تشویق به راستی و پیروی از اَشَه است. همه‌اش پرهیز دادن از دروغ و ناراستی و دُروَندی است. زرتشت نمی‌گوید که بیایید جلو خدای من راست و دولا شوید. می‌گوید بروید زمین را آباد کنید، بروید به همدیگر کمک کنید، به جانوران و حیوان‌هایتان برسید، کشاورزی کنید، راست‌گو باشید.

وقتی رسیدم خانه، دیدم که افشره‌ی گیاه شِنگ دارد ته می‌کشد، برای دو سه بار مصرف بیشتر نمانده بود. فکر کردم چرا هر بار باید این را از ایران سفارش بدهم. توی همین مملکت که از شیر مرغ تا جان آدمیزاد خرید و فروش می‌شود، بی‌گمان افشره‌ی شِنگ هم پیدا می‌شود. رفتم از فرهنگ واژگان معادل انگلیسی آن را پیدا کردم. در انگلیسی به آن می‌گویند اِفِدرا و به افشره‌ی آن می‌گویند اِفِدرین. چینی‌ها هم یک جور چای با آن درست می‌کنند به نام ما- هوانگ.

صبح روز بعد، راه افتادم به دنبال شربت یا چای شِنگ کانادایی یا چینی. معلوم است که این گیاه در کانادا به هم نمی‌رسد. خوش‌بختانه ونکوور پایتخت چینی‌ها در آمریکای شمالی است. تا دلت بخواهد فروشگاه چینی، عطاری چینی، پزشک سنتی چینی و مانند آنها هست. در داروخانه، خانم چینی‌تبار پشت پیش‌خوان در یک چشم به هم زدن چندین نوع اِفِدرین را ردیف کرد، از پودر آن گرفته تا قرص و شربت، با اسم‌هایی مانند "یخ سیاه"، "فشنگ زرد" و "سرخ داغ". تازه کشف کردم که بازار آن حسابی گرم است و به عنوان داروی لاغری، ضد سرماخوردگی، انرژی‌زایی، بالابردن فشار خون، و ضد حساسیت خریداران فراوانی دارد. یکی از شربت‌ها را گرفتم. بعد که آن را امتحان کردم، دوست نداشتم. این آن چیزی نبود که از عرقیات فروشی یزد و شیراز می‌خریدیم.

خوب باید هم این‌طور باشد. هر چیزی که به دست شرکت‌های پول‌سازی بیفتد همین سرنوشت را پیدا می‌کند. "فشنگ زرد" و "سرخ داغ" کجا و آن افشره‌ی آیینی دور نگاه‌دارنده‌ی مرگ و پیرو راستی و درستی کجا؟ در میان مزداپرستان، نه تنها هَوم مقدس است، بلکه هاونی که در آن گیاه مقدس را برای گرفتن افشره

می‌کوبند هم احترام و ارزش والایی دارند. هَوم را هر کسی نمی‌تواند آماده کند. اگر اِفِدرا همان هَوم باشد، شایسته‌تر همان که آن تولید انبوه سرمایه‌دارانه و کاسب‌کارانه‌اش برای همیشه ممنوع شود.

مرگ پدرم مرا واداشت که در کانادا به دنبال هَوم باشم. سوگواری پدر تبدیل شده بود به یک جور وسواس پیرامون هَوم و آیین‌های آن. پیش از شنیدن خبر مرگ پدرم، هر بار با خودم در باره‌ی مرگ ناگزیر او فکر می‌کردم، حدس می‌زدم که حالم خیلی بد خواهد شد، اما نشد. شاید به این دلیل که کله‌ام از کار افتاده بود. این بهترین سازوکار برخورد با مرگ نزدیکان است. وقتی فکرت از کار بیفتد تحمل درد خیلی آسان‌تر می‌شود.

از دور و بری‌ها یک جورهایی خجالت می‌کشیدم. خجالت می‌کشیدم بگویم که پدرم مرده است. فکر می‌کردم یک جور باختن است؛ ضعف است. بعد از دیدار محمود، دلم نمی‌خواست کس آشنایی را ببینم. اما چند شب بعد، وقتی برای گرفتن روزنامه‌ها به محل پخش رفتم، فریبا را دیدم. قرار گذاشتیم که برای ناهار در یک رستوران همدیگر را ببینیم. به فریبا گفتم که پدرم مرده است. او به هیچ رو حرفی از گرفتن مراسم، یا مسجد رفتن و مانند آنها نزد. انگار همچون رسم و آیین‌هایی وجود ندارند. گفت، "بنشین خاطره‌هایی که ازش داری را بنویس. اینجوری می‌توانی یادش را بهتر زنده کنی."

از فریبا خوشم آمد. یک ماه پس از آن، همخانه شده بودیم.

نمی‌دانم چه چیزی فریبا را یکباره به سویم هل داد. از آن روز، تو گویی ناگهان دیگ مهرورزیش به جوش آمد و همه‌ی کارش شد پلکیدن دور و بر من، و تر و خشک کردنم. من هم انگار گم شده‌ام را پیدا کرده باشم، از هر کار و قرار و سرگرمی دیگری می‌زدم تا خودم را به فریبا برسانم. خوب، خودمان فکر می‌کردیم عاشق همدیگر شده‌ایم، مثل آن همه آدم دیگر که دم و ساعت عاشق می‌شوند. ولی حالا که دیگر از آن حال و هوا افتاده‌ام، فکر می‌کنم دلیلش چیز دیگری بود. فریبا که دیده بود من هیچ کس و کاری ندارم، در ناخودآگاهش به حس مادرانگی، حس پرستاری خودش جواب می‌داد. من هم فریبا را جایگزین تکیه‌گاهی کرده بودم که از دستم رفته بود. فریبا را جایگزین پدرم کرده بودم. به هر حال، این دو نیاز تا مدتی ما را سخت به هم نزدیک کرده بود.

کم و بیش یک‌سالی عاشقانه با هم بودیم. بعد از آن هر خری که ما را یکی دو روز زیر نظر می‌گرفت برایش آشکار می‌شد که آن‌چه بین من و فریبا جریان داشت هر آشغالی می‌توانست باشد به جز عشق. مزدا هنوز پوشک می‌پوشید، کمتر از دو سالش بود. یک شب وقتی به خانه رسیدم، فریبا داشت لباس‌ها را توی ماشین لباس‌شویی می‌ریخت. من هم رفتم سراغ کامپیوتر که وبلاگم را به روز کنم و جواب پیام‌هایم را بدهم. صدای زنگ ماشین لباس‌شویی خبر داد که لباس‌ها شسته شده است. فریبا لباس‌ها را در آورد و شروع کرد به تا کردن، چیدن در کمد یا زدن به گیره‌های لباس. من هنوز داشتم پای کامپیوتر کار می‌کردم که صدای گریه‌ی مزدا بلند

شد. فریبا لباس‌ها را نیمه‌کاره رها کرد و مشغول عوض کردن پوشک بچه شد. بعد مرا صدا کرد که پوشک کثیف را جمع کنم و توی سطل مخصوصش بیندازم. من هم که سرگرم وبلاگنویسی بودم از دهانم پرید و گفتم، "تو که دستاتُ کثیف کردی، پوشک را هم جمع کن دیگه."

همین که این حرف از دهان من در آمد، فریبا مثل ترقه از جا در رفت، "خوب کلفَتی گیر آوردی، نه؟ باشه، این کارَم خودم می‌کنم. شما به کامپیوتر بازی‌تون برسین."

بعد از خواباندن مزدا، فریبا مشغول مرتب کردن لباس‌ها شد، ولی بر خلاف همیشه، غر زدن‌هایش را ادامه داد، "این زندگی ما با هم عاقبتی نداره. من حالا این کارا رو می‌کنم چون سگ‌جونم. می‌رم جلو. همین‌جور کار می‌کنم. ولی یه روز، یه روزی که دیگه خیلی هم دور نیست، می‌زنم به تاپ و توپ همه چیز. اون موقع دیگه کسی نمی‌تونه جلودارم بشه. حالا تو بشین پای اون کامپیوتر و به ریش من بخند. به خودت بگو به به، چه کلفتی گیر آوردم."

از پای کامپیوتر بلند شدم و به طرفش رفتم. گفتم، "تو به من بگو چه کاری بکنم، چشم. من می‌کنم. بابا من هم دارم یه کاری می‌کنم. تفریح که نمی‌کنم."

جواب نداد.

همین‌جور بود، عین یک جاده‌ی یک‌طرفه. هر وقت سر بحثی را باز می‌کرد، تا یک جایی می‌رفت جلو، ولی همین که می‌خواستی باهاش به یک نتیجه، یک جور توافق برسی، دنباله‌اش را قطع می‌کرد. ول می‌کرد. یا می‌خوابید، یا مشغول خواندن چیزی می‌شد، یا از خانه می‌زد بیرون. البته من هم همین‌طورم. یک روحیه‌ی گندی داریم که جرأت یک‌سره کردن کار را به‌امان نمی‌دهد. وقتی می‌دانیم که یک چیزی آن‌جور که باید باشد نیست، باز هم کژدار و مریز ادامه‌اش می‌دهیم.

آدم‌های با فرهنگ اصیل روی یک اصل و اساس‌هایی می‌ایستند. اگر زندگی زناشویی‌شان به خوبی و خوشی پیش نمی‌رود، دنباله‌اش را می‌برند، هر کسی می‌رود سی خودش. ما عرضه‌اش را نداریم. زندگی‌مان هم همین‌جور است. یک زندگی نکبت‌بار را هی کِش می‌دهیم تا وقتی که خودش در یک مردابی، گندابی پایان پیدا کند.

فرهنگ‌های سالم این‌گونه نیستند. ایرانیانی که تخت جمشید را ساختند نمی‌توانستند این‌جوری باشند. آن ستون‌های استوار، با آن فاصله‌های حساب شده، نظمی که در کنده‌کاری‌ها و مجسمه‌ها و حکاکی‌ها هست، آن معماری دقیق نشان می‌دهد که آن‌ها قاطع و محکم و کمال‌جو بوده‌اند. اگر ما بودیم، می‌گفتیم حالا اگر سر یکی از سربازها با دیگری کمی اختلاف دارد، اشکال ندارد. اگر فاصله‌ی دو ستون چند اینچ کمتر یا بیشتر از فاصله‌ی برنامه‌ریزی شده است، طوری که نمی‌شود. حوصله نمی‌کردیم تکه‌ی خراب شده را دور بیندازیم و از نو دست به کار شویم. این فرهنگ باری به هر جهت در آن موقع هنوز توی پاچه‌مان نرفته بود. وقتی فردوسی می‌گوید

از ایران و از ترک و از تازیان

نژادی پدید آید اندر میان

نه دهگان، نه ترک و نه تازی بود

سخن‌ها به کردار بازی بود

منظورش دفاع از جداگری نژادی نیست. او می‌داند که از این ترکیب نتیجه این است:

ز پیمان بگردند و ز راستی

گرامی شود کژی و کاستی

خوب، بفرمایید بگویید کدامیک از این پیش‌بینی‌ها نادرست است؟ اولین کاری که ایدئولوژی با پیروانش می‌کند این است که به آن‌ها یاد می‌دهد از راستی برگردند، کژی و کاستی پیشه کنند. در نهان از هیچ کاری روگردان نیستند. خوب، ایرانی‌ها هم استثنا نیستند. قرن‌هاست که هر چه خشک مغزان دستور داده‌اند، مردم گفته‌اند به روی چشم. ولی بدبختی دیگر این است که اگر ایرانی کونِ خودش را هم برای آیین‌های وارداتی پاره کند، که کم هم نکرده است، باز هم به‌اش می‌گویند مجوس. جالب است که تنها مسلمانان نیستند که مسلمان بودن ایرانی‌ها را به پشمشان حساب نمی‌کنند. حتا عرب‌های غیر مذهبی هم وقتی می‌خواهند ما را تحقیر کنند، مجوس صدایمان می‌کنند. نمونه‌اش ولید جنبلاط، که به اصطلاح یک سوسیالیست لبنانی است، سوسیالیست پیشرو؛ ولی عاقلان دانند! او در چهارم ژانویه ۲۰۰۷ به طور رسمی ایرانیان را مجوس خواند. تازه او که

از خانواده‌ی شیعه‌ی دروزی است. جالب این است که این بابا خودش هم عرب نیست. اینها در اصل کُرد هستند و در آخرین مهاجرت خانوادگی از حَلب به لبنان رفته‌اند. معلوم نیست پیش از آن از کجا به حلب کوچ کرده بوده‌اند. نام خانوادگیش هم نه تنها عربی نیست، بلکه در اصل از زبان کردی است که با دیگر زبان‌های ایرانی هم خانواده است. نام خانوادگیشان تا وقتی که به لبنان مهاجرت نکرده بودند، جان‌بولاد بود، یعنی ترکیبی از دو کلمه‌ی جان و پولاد. بعد که شدند عرب دوآتشه، آن را به جنبلاط تعریب کردند. اگر نسبش را در بیاوریم بعید نیست که کشف شود زمانی نیاکانش مجوس هم بوده باشند. اما نکته‌ی مهم این است که در فرهنگ و زبان آنها یک ایرانی‌ستیزی نژادپرستانه وجود دارد که آدم‌ها را از آدمیت و حتا اصل و نسب خودشان هم بیگانه می‌کند. حرف‌های ولید جنبلاط را در وبسایت رسمی حزب سوسیالیست پیشرو لبنان (www.psp.org.lb) خواندم:

"قال رئیس اللقاء الدیمقراطي النائب ولید جنبلاط في حدیثٍ خاص للموقع الإلكتروني للحزب التقدمي الإشتراكي أنه على "ما یبدو تقوم بعض الجهات المشبوهة التي تستخدم أسماء مستعارة ومزیفة أمثال علي تاج الدین بالسعي لشراء مساحات واسعة من الأراضي والعقارات لا سیما في مناطق جزین وعالیه وسوق الغرب والمناطق الأخرى بهدف إستكمال إنشاء الدولة المجوسیة في لبنان من خلال مستوطنات وغیتویات ومراكز عسكریة ومربعات أمنیة ..."

جالب است که مثل همه‌ی آدم‌های متمدن روی وبسایتشان جایی برای فرستادن پیام هم گذاشته بودند. نشستم و نامه‌ی مفصلی برایش نوشتم. "البته که ما به سابقه‌ی مجوس و زرتشتی‌مان افتخار می‌کنیم. نمی‌خواهم مقایسه کنم که ما در زمان زرتشتی بودنمان چه بودیم و آنها که نبودند چه بودند. نکته این است که شما با مجوس نامیدن ما نمی‌خواهید ما را به ریشه‌هایمان پیوند بزنید. چرا که اگر به چنین منطقی باور داشتید، به همین اساس باید می‌پذیرفتید که همزمان با مجوس بودن ایرانیان، عرب‌ها هم بت‌هایی همچون لات و منات و عُزّی را می‌پرستیدند. پس ما هم اکنون می‌توانیم به شما آقای جنبلاط بگوییم که شما هم عبدالّلات و عبدالعُزّی هستید. مهم این است که شما با دادن صفت مجوس می‌خواهید ایرانیان را به موجوداتی فرودست تقلیل دهید تا بعد بشود هر جنایتی علیه آنها را

توجیه کرد. باید از اینها پرسید، مگر مجوس چه مشکلی دارد؟ مجوس‌ها یک اقلیت مذهبی و نژادی هستند که شمار آنها در سراسر جهان به سد هزار تن هم نمی‌رسد. بیشتر آنان هم نه ایرانی، که شهروند هندوستان هستند، و در آنجا به پارسی معروفند. این اقلیت ستمدیده‌ی شکیبا که آزارش به کسی نمی‌رسد. اینها همواره از دین‌های دیگر صدمه خورده‌اند، ولی هرگز آسیبی نزده‌اند. خوب، حالا می‌بینیم گاه و بیگاه هر گاه مؤمنان مشکلی پیدا می‌کنند به مجوس‌ها توهین می‌کنند. جالب این است که کسانی که شما آقای سوسیالیست پیشرو آنها را مجوس می‌خوانید، خودشان را ایرانی نمی‌دانند. آیا این درستی پیش‌گویی یزدگرد ساسانی را نشان نمی‌دهد؟ آیا این همان کژی و ناراستی و اهریمن‌خویی نیست که در جان و روان شما دمیده است؟"

بعد همه‌ی ماجرا را روی وبلاگم گذاشتم. ولی جنبلاط نه نامه‌ی مرا جواب داد و نه آن را روی وبسایتش گذاشت.

کاریش نمی‌شود کرد. ما دیگر ما نیستیم. ولی این چه ربطی دارد به کج و کولگی فرهنگی؟ آیا اگر فارس ناب مانده بودیم، کارمان درست بود؟ گمان نمی‌کنم. مشکل این نیست که چند رگه شده‌ایم. مشکل این است که باورهای تقلیدی مثل بمب اتم همه‌ی توان بالندگی و نوزایی را از ما گرفته. هر کاری بخواهی بکنی، باید در باورهای مذهبی برایش توجیهی پیدا کنی، وگرنه کلاهت پس معرکه است. حالا اگر بخواهی از آن دایره‌ی تنگ پایت را آن ورتر بگذاری، باید با هزار جور شامورتی بازی و پشتک وارو زدن یک جوری به آن ربطش بدهی، وگرنه کارت، حرفت، ایده‌ات شیطانی است.

درد ما دردِ نژاد نیست که بگوییم ناب مانده یا با عرب و ترک قاتی شده. دردِ ما دردِ فرهنگ است. این فرهنگ است که ما را اخته کرده. اگر پاک ماندن نژاد همه چیز را درست می‌کرد، زرتشتی‌های ما که نژادشان پاک مانده دست کم یک کاری کرده بودند ـ نه کار نظامی، بلکه کار ادبی، علمی، فرهنگی چیزی. آنها هم که نژادشان را پاک نگاه داشته‌اند، اخته شده‌اند. چون فرهنگ ناپُرسای اسلامی به طور غیر مستقیم آنها را هم از زایندگی انداخته است. مهم نیست که شما دینتان را تغییر داده باشید یا نه. کافی است که در جامعه‌ای زندگی کنید که همه یک صدا را بشنوند. صدا خیلی

مهم است. آن آواهای دینی که در شبانه‌روز چند نوبت سر می‌دهند، توی گوش هر کسی که برود، او را از اندیشه و آفرینش‌گری ساقط می‌کند. کله را پوک می‌کند. صدا خیلی کارها می‌تواند بکند. صدا مثل ویروس است. هر سَونِ صدای کاهن و کشیش و دین‌مردان که توی هوا پخش می‌شود از راه گوش وارد کله‌ی آدم می‌شود و می‌رود آن تو، سلول‌های مغز را ناکار می‌کند. حالا حسابش را بکن که اگر یک ملتی نه یک روز و دو روز، بلکه هزار و چند سد سال این ویروس‌ها را هی در کله‌اش فرو کرده باشند، دیگر مغز و کله‌ای برایش نمی‌ماند. زرتشتی هم که در چنان جایی زندگی کرده و بزرگ شده باشد، مثل همانها می‌شود."

چرا راه دور برویم. نگاه کنیم به همین کارگاه ادبی خود ما که دیدیم چه آفرینشگرانی در آن گرد می‌آمدند. دو ماه توی سر و کله‌ی هم زدیم، آخرش طوری شد که یادمان رفت از اصل برای چه جلسه گذاشته بودیم. آخرین جلسه‌ای که رفتم، بحث بر سر سیاست‌های خارجی آمریکا در خلیج فارس بود. کدام آدم عاقلی کارگاه داستان‌نویسی را با چنان موضوعی برگزار می‌کند؟ باید هزار و چهار سد سال صبح و ظهر و غروب اذان در گوشَت خوانده باشند تا بتوانی بین گوزِ سیاست خارجی آمریکا و شقیقه‌ی داستان‌نویسی پیوندی برقرار کنی، و در آن جلسه بنشینی، و هیچ برایت سؤال پیش نیاید که چه جور کارگاه داستان‌نویسی شده قهوه‌خانه‌ی مش ماشاالله.

دیگر نتوانستم تحمل کنم. گفتم من دیگر نیستم. از استاد شاهرخی خداحافظی کردم و زدم بیرون. حتم دارم که او هم دلش می‌خواست در برود، ولی نمی‌توانست. چون اگر او شرکت نمی‌کرد، کارگاه بسته می‌شد. محمود هم مرتب امیدواری به‌اش می‌داد که اگر مدتی صبر کند، کارگاه روی غلتک می‌افتد. محمود می‌گفت اگر شما بروید، آن گروه سیاسی کارگاه را مصادره می‌کند برای هدف‌های خودش. خوب، الآن که بدتر است، چون کارگاه را با استاد شاهرخی یک‌جا مصادره کرده‌اند. کرم از خود درخت هم هست. استاد نباید اجازه بدهد که هر کس هر جور می‌خواهد با او بازی کند. خود استاد هم یک چیزیش می‌شود. آدم باید بتواند جایگاه خودش را تشخیص بدهد. تقصیر من هم بود. باید همان وقت به

شاهرخی می‌گفتم که این جماعت آن چیزی نیست که فکرش را می‌کند. محمود هم می‌خواست همه چیز را به هم جوش بدهد. بعضی‌از ایرانی‌ها همه‌ی عمرشان در این تلاش هستند که اسب را با خر جفت کنند تا قاطر به دنیا بیاید. از این جلسه چشمم آب نمی‌خورد که هیچ موجودی در بیاید. دست آخر استاد شاهرخی را هم از خلاقیت و هنر می‌اندازند و تبدیلش می‌کنند به نوچه‌ی یک حزب ورشکسته‌ی محفلی. یکی از آنها همان روز اول مرا کنار کشید و توی گوشم گفت، "ما باید یک تحقیق بکنیم. از کجا بدانیم که استاد شاهرخی مأمور رژیم نباشد؟"

چشم ما روشن. حالا خر بیار و باقالی بار کن. بعضی‌ها مادرزادی به درد پادویی حزب می‌خورند. بدبختی این است که دنیا برای بیشتر این حزبی‌ها در یک بُرش زمانی خاص یخزده است. هنوز همان اعلامیه پخش‌کن حزبی هستند. آنها هنوز حسرت آن شور و هیجان را دارند. برای من اینجور نیست. دلیلش هم این است که زمان انقلاب کلاس پنجم دبستان بودم و بزرگ‌ترها مرا در کارهای چریکی‌شان بازی نمی‌دادند.

معلوم است که یادآوری آن روزها دیگر برایم چندان هیجان‌انگیز نیست. از آن گذشته، اگر درست باشد که اولین احساس آدم از هر چیز تأثیرگذارترین آن است، پس باید اعتراف کنم که اولین تصویر من از انقلاب به هیچ رو چیزی حماسی یا هیجان‌انگیز نبود. مدرسه‌ها تازه باز شده بودند. همان یکی دو هفته‌ی اول مهر ماه. من همیشه حدود نیم ساعتی پیش از آنکه زنگ بخورد توی مدرسه بودم. آن روز وقتی رسیدم دیدم که حال و هوای مدرسه عادی نیست. ناظم‌ها و مدیر و چند تا پلیس و آدم‌های غریبه‌ی کت و شلواری از این بر به آن بر می‌رفتند. گاهی دو نفری، گاهی بیشتر با هم پچ پچ می‌کردند، با شتاب از یک کلاس به کلاس دیگر می‌رفتند و بر می‌گشتند توی دفتر. به طرف کلاس رفتم تا کتاب و دفترم را توی کشو میزم بگذارم. ولی دمِ در مش عباس، مستخدم مدرسه، جلوم را گرفت و گفت، "برگرد. برو تو حیاط. آقا مودیر گفته هیشکی نباس بره تو گلاس. دارن تعگیگات مکنن."

گفتم، "باشه. فقط کتابامو بذارم، میام بیرون."

مش عباس اجازه نداد. از پنجره نگاهی به داخل کلاس انداختم. باور کردنی نبود. عکس‌های شاه و شهبانو و ولی‌عهد به ردیف کف کلاس چیده شده و روی هر کدام یک سنده‌ی گنده گذاشته شده بود. هم حالم به هم خورده بود، هم ترسیده بودم، و هم خنده‌ام گرفته بود. به مش‌عباس نگاه کردم. با چین و چروک‌های صورتش سعی می‌کرد خودش را عصبانی و ناراحت نشان دهد. ولی گوشه‌ی لب‌هایش داشت بی‌اختیار کش می‌آمد. دوباره صورتم را به شیشه

چسباندم و دستم را سایه کردم که بهتر ببینم. مش‌عباس دستم را گرفت و عقب کشید، "اِه بچه برو تو حیاط. مگه تا حالا گُه ندیدی؟ نیگا نداره که دیگه!"

این ماجرا در بیشتر کلاس‌ها تکرار شده بود. توی راهرو چند جا که جای پای برهنه‌ای معلوم بود، با گچ دورش را خط کشیده بودند و یک مرد کت پوش و کراواتی از آنها عکس می‌گرفت. از عکس‌ها و سنده‌های رویشان هم عکس گرفت. پلیس و آدم‌های کت و کراواتی توی دفترچه‌هایشان چیز می‌نوشتند. هر چند دقیقه یک‌بار، مش عباس دانش‌آموزانی که لحظه به لحظه تعدادشان زیادتر می‌شد را عقب می‌زد. تنها من و چند دانش‌آموز خوش‌شانس دیگر توانسته بودیم از پنجره سنده‌های روی عکس‌ها را ببینیم. کسانی که بعد آمدند اجازه‌ی نزدیک شدن به کلاس‌ها را نداشتند. حالا همه باید از ما چند نفر که سحرخیز بودیم و چشممان به عکس‌های گُه‌مالی شده‌ی خانواده‌ی جلیل سلطنت روشن شده بود می‌پرسیدند. ما هم هر کدام نگین حلقه‌ای از دانش‌آموزان شده بودیم و با آب و تاب، ولی خیلی آرام، از رنگ و شکل و چنبره و درازی سنده‌های هر کدام از عکس‌ها سخن می‌راندیم. لابد مأمورها هم داشتند توی دفترشان همین چیزها را می‌نوشتند.

آن روز زنگ مدرسه تا حدود ساعت ده صبح به صدا در نیامد. از نیایش و ورزش صبح‌گاهی هم خبری نشد. مدیر مدرسه و ناظم‌ها و آموزگارها همه در یک صف روبه‌روی صف‌های دانش‌آموزان روی سکو ایستاده بودند. همین که صف‌ها تشکیل شد، مدیر مدرسه با دستش به پلیسی که جلو دفتر ایستاده بود اشاره کرد. او هم بی‌سیمش را جلو دهانش گرفت و در آن چیزی گفت. در کمتر از یک دقیقه، صدای رژه از پشت دیوار مدرسه همه را میخکوب کرد. کمی بعد، سربازها در یک ستون منظم وارد مدرسه شدند. یک نفر که در کنار آنها و خارج از صف حرکت می‌کرد، به آنها فرمان می‌داد. انگار هر چه زور در بدنش داشت را توی صدایش ریخته بود تا به آنها فرمان در جا و ایست و آزاد بدهد. سربازها به کلاه‌خود و تفنگ و ساز و برگ دیگر مجهز بودند. یازده نفر بیشتر نبودند ولی صدای پایشان از صدای پای همه‌ی ما دانش‌آموزها بیشتر بود. آنها هم رفتند و در یک صف پشت سر آموزگارها ایستادند. مدیر مدرسه پشت تریبون رفت و سخنرانی کرد. خیلی

قلمبه، سلمبه‌تر از روزهای دیگر حرف می‌زد. از میان حرف‌هایش دستگیرم شد که عناصر اخلالگر خرابکاری کرده‌اند. حدس می‌زدم که منظورش از خرابکاری باید همان گُه‌کاری روی عکس‌ها باشد. ولی "عناصر اخلالگر" برای من و بیشتر بچه‌ها یک معما بود.

از آن روز انقلاب به مدرسه‌ی ما آمد. زنگ تفریح که شد، دور هم جمع شدیم و برای مبارزه‌ی انقلابی نقشه ریختیم. محمود که صندلیش سمت راست من بود، می‌گفت باید شب که همه خوابند، برویم و روی مجسمه‌ی شاه توی میدان مرکزی برینیم. ولی چند چیز باعث شد که نظر او رد شود. یکی اینکه گیر آوردن نردبان به آن بلندی برای ما مشکل بود. دیگر اینکه خانواده‌هایمان اجازه نمی‌دادند شب از خانه خارج شویم. رسول پیشنهاد کرد که وقتی همه سر کلاس هستند و مدیر مدرسه هم توی کتاب‌خانه است، یکی از ما برای دست‌شویی رفتن اجازه بگیرد و یواشکی برود توی کشو میز مدیر مدرسه بریند؛ که البته کسی جرأت نکرد داوطلب شود. به همین شکل نقشه‌های زیادی برای ریدن و شاشیدن در جاهای مختلف پیشنهاد شد. نقشه‌های ریدمانی و شاشیدمانی ما به دلیل سن پایینمان عملی نشد. ولی بزرگ‌ترها که می‌توانستند، چنان ریدمانی کردند که فرهنگ و هنر و اقتصاد و اخلاق و هر چیز دیگری، از جمله خودشان، را در خود مدفون کرد.

برای دیگران زنده ماندن و زیر تهدید جانی نبودن یک چیز بدیهی است. به همین دلیل هم فکرشان را صرف این می‌کنند که برای زندگی‌شان برنامه بریزند. مشکلِ من این بود که هدف اصلی‌ام زنده ماندن بود. به خارج که فرار کردم، یا به زبان محترمانه‌ترش، به کانادا که مهاجرت کردم، در واقع به هدفم رسیدم. دیگر انگیزه‌ای نمانده بود که بنشینم برای زندگیم برنامه بریزم. برای همین هم زود به پوچی رسیدم.

هر کسی با یک هدفی می‌آید اینجا. یکی برای درس، یکی برای کار بهتر، یکی برای سرمایه‌گذاری، یکی برای خوش‌گذرانی. من آمدم که جانم را نجات بدهم. خوب حالا که جانت را نجات دادی، می‌خواهی چه‌کار کنی؟ شاید برای همین بود که نتوانستم با این سرزمین خو بگیرم.

مدت‌ها گذشت تا برای خودم یک سرگرمی نیم‌بندی سر هم کردم. آن را هم اگر فریبا یادم نمی‌داد، به فکرم نمی‌رسید – وبلاگ‌نویسی. ولی برای پیشرفت در کار و شغل، هیچ. انگار باید دیواری سیمانی را با ناخن سوراخ می‌کردم. هر بار زور زده‌ام که از روزنامه پخش‌کنی نجات پیدا کنم، بالاترین کاری که گیر آورده‌ام یا کارگری پمپ بنزین بوده، یا خدمت‌رسانی به مشترکان تلفن.

روزی که داشتم می‌رفتم نامه‌ی پایان کار و آخرین حقوقم را بگیرم، پمپ بنزین را از بالای تپه می‌دیدم که مثل عقرب بود. مغازه سرِ آن بود؛ دوازده پمپ بنزین که در سه ردیف قرار داشتند حالت چنگال‌ها، و تونل دراز و خرطومی ماشین‌شویی شکل دم و نیش

عقرب بود. همیشه از همان راه سر کار می‌رفتم، ولی هیچ‌وقت آن را به شکل عقرب ندیده بودم. پمپ بنزین که تنها یک پمپ بنزین نبود. خواربار فروشی هم بود، قهوه‌فروشی هم بود، و از اینها گذشته، ماشین‌شویی نیمه اتوماتیک هم داشت. روز اول، لباس رسمی پوشیده بودم، کت و شلوار و کراوات. هنوز تازه‌وارد بودم و این‌جور تی‌شرت‌پوش نشده بودم. گری که مدیر بود توی دفتر دو سه متریش نشسته بود. گفت منتظر بمانم تا سرکارگر بیاید و راهنماییم کند و کار را یادم بدهد. کارگرها یکی یکی از راه رسیدند. گری همه را صدا کرد و مرا به آنها معرفی کرد. جکسون، سرکارگر سیاه‌پوست، گوشه‌ی کتم را گرفت و طوری که همه بشنوند گفت، "عجب کت محشری!"

کارگرها خندیدند. تنها گری بی‌تفاوت ماند. بعد جکسون از انبار پشت مغازه لباس کار برایم آورد و وظیفه‌هایم را، مثل وقتی که اصول دین را در گوش مرده‌های مسلمان تلقین می‌کنند، یک‌ایک در گوشم خواند. چیزی از شروع کارم نگذشته بود که فهمیدم ماهیت همه چیز عوض شده است. پمپ‌های بنزین که تا پیش از آن وسیله‌ی مناسبی برای بنزین زدن بودند، حالا تبدیل به هیولایی شده بودند که من باید روزی دو بار نازشان می‌کردم، تمیزشان می‌کردم. مشتری‌ها هم تنها مشتری نبودند، بلکه موجودات پر توقعی بودند که باید مراقب بود پَرشان به‌ات نخورد.

پیش از آنکه وارد دفتر گری بشوم که فرم پایان کارم را بگیرم، نگاهی به ماشین‌شویی انداختم. پسر جوانی را به جای من استخدام کرده بودند. در میان ماشین‌هایی که توی نوبت بودند، یکی‌شان شبیه ماشینی بود که من ازش خاطره‌ای داشتم، یک ماشین کادیلاک به رنگ قهوه‌ای روشن. پیرمردی که آن روز پشت فرمان بود شیشه را پایین نکشید که قبض پرداخت پول ماشین‌شویی را به من یا جکسون نشان دهد. خشک مثل چوب نشسته بود و مستقیم به جلو نگاه می‌کرد. من و جکسون هر کدام در یک سمت ماشین ایستاده بودیم و شیلنگ آب و صابون دستمان بود تا پیش از اینکه ماشین روی ریل اتوماتیک قرار بگیرد، آب و صابون به‌اش بپاشیم. جکسون شروع به پاشیدن کف و صابون کرد. به او گفتم از پیرمرد بپرسد چه نوع شستنی خریده است. سه جور ماشین‌شویی داشتیم:

شستن بدنه‌ی ماشین، شستن بدنه و زیر ماشین، شستن بدنه و زیر و واکس ماشین. جکسون داد زد، "فقط آب صابون بپاش بره." ناگهان چشمم به تکه کاغذی افتاد که زیر برف‌پاک‌کن گذاشته شده بود. داد زدم، "دست نگه‌دار، جکسون. رسیدش اونجاست."

و دست دراز کردم که آن را بردارم.

"دست نزن، ولش کن بره."

خودم را پس کشیدم. پیرمرد سفیدپوست مثل کوه محکم نشسته بود، بی آنکه کوچک‌ترین اعتنایی به ما ماشین‌شورها بکند. جکسون کلید استارت ریل ماشین‌شویی را زد و ماشین لینکلن قهوه‌ای روشن با غرور تمام وارد تونل شد. آب‌پاش‌های اتوماتیک شروع به پاشیدن آب بر روی ماشین کردند و تسمه‌های پاک‌کننده شروع به لاس زدن با بدنه‌ی ماشین کردند. قبل از اینکه ماشین بعدی را به جلو بکشیم، جکسون پرید توی اتاقک انباری و با سیگاری بر لب و ابری از دود گِردِ سرش بیرون آمد. اخم‌هایش آن‌چنان در هم بود که جرأت نکردم ازش بپرسم که چرا نگذاشت قبض رسید پیرمرد را از زیر برف‌پاک‌کن بردارم. او هم دندان‌هایش را به هم قفل کرده بود و لام تا کام نگفت. تا اینکه موقع استراحت ناهار رسید. گفت، "اون مرد نمی‌خواست با من حرف بزنه یا رسیدُ دست من بده."

پرسیدم، "چرا؟"

جکسون مکثی کرد. دست روی پیشانیش گذاشت و گفت، "به خاطر رنگ پوستم."

جکسون از سیاهان جامائیکا بود. نتوانستم کلمه‌ی مناسبی پیدا کنم که به او بگویم. خجالت کشیدم که توی چشم‌هایش نگاه کنم. با خودم زمزمه کردم، "از خداوندگار سفیدپوستم عیسا پرسیدم، نیایش به چه درد می‌خورد؟"

جکسون پرسید که چه گفتم. توضیح دادم که لنگستون هیوز آن را گفته. گفت، "چه خوب. همکارمون شاعر هم هس."

از سر کنجکاوی به سمت ماشینی که شبیه ماشین آن پیرمرد بود رفتم ولی از بدشانسی پیش از اینکه بهاش برسم وارد تونل شد.

وارد فروشگاه شدم. پشت پیش‌خوان پسرکی ایستاده بود که پس از رفتن من استخدام شده بود و نمی‌دانست که من آنجا کار می‌کردم.

گفتم که به گری بگوید که من می‌خواهم او را ببینم. فروشنده لیوان مقوایی قهوه‌اش را انداخت توی سطل آشغال. آن سطل، سومین سطلی بود که من هر روز صبح خالی می‌کردم. سطل دفتر مدیر سطل اول بود. بعد سطل دست‌شویی را خالی می‌کردم. سطل قسمت قهوه‌فروشی آخرین سطل بود. علاوه بر این‌ها، شش سطل دیگر هم توی محوطه‌ی پمپ‌ها بود که باید خالی می‌شد؛ دو تا هم در قسمت جاروبرقی و دو تا هم در قسمت ماشین‌شویی. اگر مارک که مسئول شیفت شب بود کارش را خوب انجام می‌داد و سطل‌ها را خالی می‌کرد، کار من خیلی سبک‌تر می‌شد. سطل‌های محوطه‌ی پمپ‌ها در واقع بشکه بودند؛ آن‌قدر دراز بودند که دست به ته‌شان نمی‌رسید. برای اینکه آشغال‌های آنها را در بیاورم مجبور بودم نه تنها دست، که سر و کله را هم تا کمر توی سطل کنم. استخراج آشغال از سطل‌ها خودش یک سفر به سرزمین رؤیاها بود. وقتی سرم را توی سطل می‌کردم، چشم‌هایم را می‌بستم و هر چه توی دستم می‌آمد برمی‌داشتم. در همان حالی که لیوان‌های یکبار مصرف قهوه‌خوری، پوست موز، پاکت خالی سیگار یا ساندویچ‌های نیم‌خورده را جمع می‌کردم، در ذهنم با شعر و ادبیات ور می‌رفتم. یک بار به نظرم رسیده بود که بین غزل سعدی با مطلع "خوش می‌رود این پسر که برخاست" و سانِت شماره‌ی بیست شکسپیر یک همخوانی معنایی هست. به خصوص در آن چند بیت که شکسپیر می‌گوید:

"تو مردی زیبا هستی و همه‌ی مردان رام تواند؛

...

اول قرار بود زن باشی، ولی طبیعت در آفرینش تو مرتکب اشتباه شد."

خلاصه به نظر خیلی‌ها این سانِت نشانه‌ی تمایل‌های همجنس‌گرایانه‌ی شکسپیر به یکی از دوستان جوانش است. شکسپیر و سعدی خیلی به هم شبیه‌اند. خالی کردن سطل‌های زباله چیزی بین بیست تا سی دقیقه طول می‌کشید، ولی برای من انگار ماه یا سالی می‌گذشت.

گری پشت میز کامپیوترش نشسته بود. پرسید، "خوب، این چیزی که می‌خواستی اسمش چی بود؟"

گفتم نامه‌ی سابقه‌ی کارم را می‌خواهم. توی کامپیوترش پنجره‌هایی را باز می‌کرد و می‌بست و هی با خودش نوچ نوچ می‌کرد. دست آخر یک فرمی را چاپ کرد که توی آن چیزهایی در باره‌ی نوع کار، حقوق و بیمه و مانند آن تویش بود. من که فرم سابقه‌ی کار را پیش‌تر دیده بودم گفتم که آن چیزی نیست که من می‌خواستم. فرم سابقه‌ی کار یک فرم دولتی است که توی آن را کارفرما پر می‌کند، نه یک چیز دیمی که هر چه دلت خواست تویش بنویسی. دوباره برگشت سر کامپیوترش و گیجانه پرونده‌ها را باز و بسته می‌کرد، توی اینترنت می‌گشت. داشت صبرش لبریز می‌شد. من ولی خونسرد نگاهش می‌کردم. دیگر کارمندش نبودم که بتواند سرم داد بکشد. گمان نمی‌کنم هیچوقت یادم برود روزی که سرم داد کشید، "جاروشون کن. همین حالا. جارو کن، زود."

آن روز برای این سرم داد کشید که یکی از مشتری‌ها مقداری پوست پرتقال و تهسیگار و کاغذ باطله ریخته بود کنار پمپ شماره‌ی پنج و من متوجه نشده بودم، از بس که توی ماشین‌شویی سرم شلوغ بود. گری از دفترش آمده بود بیرون که سیگار بکشد و دیده بود که آنجا آشغال ریخته است. مرا صدا کرد و شروع به داد و فریاد کرد. یکی از مشتری‌ها داشت نگاه می‌کرد. گری آنچنان با حرارت تند تند حرف می‌زد که من با انگلیسی متوسطم نود درصدش را متوجه نمی‌شدم. تنها چند کلمه از بین حرف‌هایش برایم آشنا بود: گه‌کاری، اخراج، دستمزد، و احمق.

جوابش را ندادم. جَلدی آشغال‌ها را جارو کردم. وقتی به سراغ ماشین‌شویی رفتم، دیدم یک مشتری منتظر است. معذرت خواستم و گفتم که دور و بر پمپ‌ها کمی مشغول بودم. خانمی که پشت فرمان بود لبخند زد و گفت، "اشکالی ندارد. خودت را هم ناراحت نکن. ماهیت مدیریت توی این مملکت همین است."

هیچ نگفتم، چون چیزی گلویم را فشار می‌داد. چشم‌هایم می‌سوخت. رسید را از دستش گرفتم و تند تند راهش انداختم.

ماشین بعدی که رسید، همین که احوال‌پرسی کردیم، هر دومان متوجه شدیم که ایرانی هستیم. پرسید، "شما جدید هستید اینجا؟"

بی‌خود یکباره به نظرم رسید که بگویم، "راستش، من توی فروشگاه کار می‌کنم. همکارم که اینجا کار می‌کرد امروز مریض بود. من به جاش وایسادم."

همین را کم داشتم. دوزیست نبودم، آن هم به برکت کار در پمپ بنزین شدم.

حالا گری همچنان داشت توی کامپیوترش می‌کاوید. تلفنش هر دقیقه زنگ می‌خورد، ولی جوری گُگیجه گرفته بود که نمی‌توانست گوشی را بردارد. عرق از پیشانیش شره می‌کرد به پایین. با خونسردی نگاهش می‌کردم. یکباره فروشنده وارد شد و بی مقدمه گفت، "گری، سیگارمون داره ته می‌کشه. باید سفارش بدیم."

گری جوش آورد. ماوس را کوبید روی میز و داد زد، "من، خودم به اونجور آشغالا می‌رسم. لازم نکرده به من بگی چه بکنم، چه نکنم."

من روی همان صندلی بودم که موقع مصاحبه‌ی استخدامی نشسته بودم. روی مانیتور دیدم که گزارش‌های کاری من باز است. چشم‌هایم را تنگ کردم که ببینم چه نوشته است، ولی نتوانستم. حتم داشتم که یک گزارش مفصل از ماجرای روز اعلام برندگی نوبل گونتر گراس آن تو نوشته شده است. آن روز رفته بودم توی انباری که مقداری وسایل ماشین‌شویی بردارم. یک رادیو آنجا داشتیم که همیشه برای خودش می‌خواند. یک‌هو اسم گونتر گراس به گوشم خورد. ایستادم که ببینم چه به سر گراس آمده. متوجه شدم که او جایزه‌ی نوبل ادبی را برده. آن روز صبح، گراس هنگامی خبر را شنیده بود که داشته آماده می‌شده که پیش دندانپزشک برود. خبر را هم نه مسؤلان بنیاد نوبل، که یکی از دوستانش که یک جوری بو برده بود تلفنی به او رسانده بود. صدای بوق یک ماشین به یادم آورد که کجا هستم و چه کار باید بکنم. ایستاده بودم میان انباری با یک بغل مواد پاک‌کننده و روغن ماشین و صابون و فرچه، به رادیو گوش می‌دادم و مشتری داشت سر و صدا می‌کرد. دویدم. یک ماشین حسابی کثیف دم ریل ورودی ماشین‌شویی ایستاده بود. به خاطر تأخیر ازش معذرت خواستم. بی‌فاصله هر چه را دستم بود همان‌جا گذاشتم و شیلنگ آب و صابون را برداشتم. چشمم به گری افتاد که داشت به آن‌طرف می‌آمد. فوری از مشتری عذر خواست و

بعد صورتش را مثل یک علامت سؤال به سمت من گرفت. گفتم، "متأسفم گری. رفته بودم از انبار این خرت و پرتا رو بیارم."

گری غرید، "این کارا مال وقتیه که مشتری نیس. مشتری نباید اینجا دنبال تو بگرده. بار آخرت باشه."

حالا گری بلند شده بود و افتاده بود به جان فرمها و کاغذهایی که توی قفسه‌ی پشت میزش بایگانی شده بود. سرانجام سرِ جایش نشست. گوشی تلفن را برداشت و به دوستش که مدیر پمپ بنزین دیگری بود زنگ زد. بعد گفت که فرم را برای روز بعد آماده می‌کند و من باید فردا بروم آن را بگیرم. حاضر نبود اعتراف کند که نمی‌داند فرم سابقه‌ی کار چه هست.

یکی از چیزهایی که توی فرم سابقه‌ی کار می‌آید دلیل پایان کار است که با یک حرف رمز مشخص می‌شود. گری آخرین ضربه‌اش را هم آنجا زد. من متوجه نشدم تا وقتی که مسؤل بیمه‌ی بیکاری برایم توضیح داد. رمزی که گری استفاده کرده بود به معنی اخراج به دلیل تخلف بود. جالب این بود که همان روزی که گری مرا به دفتر صدا کرد و خبر پایان کارم را داد، خودم تصمیم داشتم استعفا بدهم. او پیش‌دستی کرد. آن روز یکی از دستگاه‌های ماشین‌شویی خراب شده بود و مجبور شده بودیم قسمت ماشین‌شویی را تعطیل کنیم. گری گفت که با تأسف ناچار است که مرا از کار کنار بگذارد، چون کار رونقی ندارد و دستگاه‌ها هم هر روز خراب هستند. حالا نوشته بود که من اخراج شده‌ام چون در کارم خلاف کرده‌ام. به این ترتیب مزایای بیمه‌ی بیکاری شامل من نمی‌شد. از روز بعد کار پخش روزنامه را شروع کردم.

آن تصمیمی که باید مدت‌ها پیش گرفته می‌شد، اما هیچ‌یک از ما عرضه‌اش را نداشت، سرانجام گرفته شد.

در آخرین جنگ چینی‌شکنی، فریبا بهانه‌ای پیدا کرد و توانست باقی‌ماندهٔ ظرف‌های توی آشپزخانه را هم بشکند. از مدتی پیش به این نتیجه رسیده بودیم که دیگر چینی و بلور نخریم. بیشتر ظرف‌هایمان یا استیل بود، یا ملامین. ولی به هر حال تک و توکی هم که مانده بود، آن شب از بین رفت. شبی که آخرین جنگ در گرفت، فریبا لم داده بود روی مبل و سخت سرگرم تأمل و اندیشه در آگهی‌های تبلیغاتی بود. بیشتر از یک ساعت می‌شد که یک کلمه هم حرف نزده بود. با یک خودکار سرخ دور یک گردن‌بند که یک ماهی قرمز در حال شنا بر روی موج‌های طلایی روی آن حک شده بود را خط کشیده بود. با بی‌حالی بلند شد و آگهی تبلیغاتی را به من نشان داد و گفت، "یادت می‌آد فیلمی را که من دیشب از تلویزیون می‌دیدم؟"

گفتم، "فیلم یا غیر فیلم را که چه عرض کنم. ولی سد البته که من یادم می‌آد تو دیشب تلویزیون می‌دیدی. از اون گذشته، پریشب هم می‌دیدی، صبح می‌دیدی، ظهر می‌دیدی، پسین می‌دیدی، سر شام و آخر شب می‌دیدی؛ این تنها کاریه که تو می‌کنی."

فریبا با تحکم جواب داد، "من دارم جدی باهات حرف می‌زنم، بابک. جولیا یه گردن‌بند گردنش بود لنگه‌ی این."

منظورش از جولیا هنرپیشه‌ی نقش اول چندین فیلم هالیوودی بود که خیلی‌ها برایش غش و ضعف می‌رفتند. آگهی را از دستش گرفتم و نگاهی به گردن‌بند انداختم و گفتم، "لابد طراحشون هم یه نفره."

به فریبا برخورد. "تو احمقی."

آگهی را محکم از دستم کشید و آن را روی میز پرت کرد. کمی بعد گفت، "بابک، می‌تونی آینه کوچیکه‌ی منُ از تو کشو میز توالت بیاری برام؟"

با احترام جواب دادم، "البته بانوی من." و رفتم هر چه لوازم آرایش توی کشو میز توالت بود را آوردم روی میز قهوه‌خوری جلو رویش ریختم.

فریبا داد زد، "چی، چی، چی‌کار می‌کنی؟ معلومه تو چته؟"

با خون‌سردی جواب دادم، "تا چند لحظه دیگه همه‌ی اینا به ترتیب لازمتون می‌شه، خانم. منم حوصله ندارم هی برم و بیام، یه دونه یه دونه بیارمشون."

فریبا چند لحظه چشمش را روی من میخکوب کرده بود. سرانجام دستور داد، "همین الآن همه‌شونُ برگردون سر جاشون." و با پایش آنها را روی میز به عقب هل داد.

گفتم، "حرفی نیست. وظیفه‌ی من بود که یک بار اینا را بیارم؛ یک بار هم برشون گردونم. این کارَم می‌کنم. ولی یه لحظه دیگه نفرمایین اینُ بیار، اونُ ببر ها!"

فریبا جواب داد، "تو یه چیزیت هس. خیلی هم جدی یه چیزیت هس. یه مشکلی داری."

گفتم، "نه عزیزم، من مشکلی ندارم. ولی می‌دونم مشکل چیه. تلویزیون محترم شما خاموشه. مشکل اونه."

تلویزیون را روشن کردم و ادامه دادم، "یه ذره کانال‌ها را بالا پایین بفرمایین. همه چی حل می‌شه."

چند ثانیه بعد تصویر زن و مردی روی صفحه دیده می‌شد که داشتند همدیگر را با حرارت تمام می‌بوسیدند. "نگفتم؟ ببین چه جور همه چیز عالیه؟ حالا تلویزیونتونُ تماشا کنین، موهاتونُ حالت بدین، ناخناتونُ لاک بزنین، و همه‌ی اون چیزای دیگه رو هم بمالین به خودتون. در عوض اجازه بدین من هم کمی به کار و کاسبیم برسم."

برگشتم سر میز کامپیوتر و خودم را با وب‌گردی سرگرم کردم.

فریبا داد زد، "گفتم اینها را برگردون همونجا که بودن."

با بی‌اعتنایی گفتم، "نه. یه لحظه دیگه دوباره لازمتون می‌شن."

فریبا یک‌باره خم شد روی میز و مشتش را پر از شیشه‌های لاک ناخن و کِرم و پودر و بقیه چیزها کرد و با زور تمام به دیوار کوبید. همزمان داد زد، "نمی‌بری، هان؟" و یک مشت دیگر را پرت کرد. بعد از جایش بلند شد و به سمت آشپزخانه رفت. دربه‌در به دنبال این بود که ظرف چینی یا بلور یا شیشه‌ای گیر بیاورد و بشکند. هر چه شکستنی در آشپزخانه باقی مانده بود را به در و دیوار کوبید و شکست. از جایم تکان نخوردم و خودم را با خواندن مقاله‌ای اینترنتی سرگرم کردم. آنقدر نشستم تا فریبا رفت خوابید. بعد با همان سبکی که نوشته‌های وبلاگم را می‌نوشتم، این نامه را برایش نوشتم:

من که دیگر نمی‌دانم به کدام سمت می‌روم. سمتم سیاهی است و تو این را نمی‌فهمی. می‌نویسم اینها را شاید به چیزی برسم. گم شده‌ام. هیچ نمی‌دانم چه می‌کنم؛ چرا می‌کنم؛ چه‌کاره‌ام. می‌دوم، سگ‌دو می‌زنم. شغل عوض می‌کنم. هیچ‌کاره‌ام. هیچ دوستی برایم نمانده است، نه مادرم مادری کرد، نه برادر و خواهری دارم. پدرم مرد، ندیدمش و نمی‌دانم چه آرزوهایی را به گور برد. دق‌مرگ شد. به هیچ حلقه‌ای تعلق ندارم. پنج، شش تا آدرس ایمیل دارم؛ روزی چند بار به همه سر می‌زنم. هیچ، مگر یاوه. دست و پا چلفتی‌تر از کِرم کوری شده‌ام که دور خودش گره می‌خورد. بهانه می‌گیرم. با تو هیچ جا نمی‌روم. کجا داریم که با هم برویم؟ حوصله‌ات را ندارم. از من بیزاری. به زور تحملم می‌کنی. ول نمی‌کنی بروی. تهدید می‌کنی. بدبختت کرده‌ام. روزنامه پخش می‌کنم. کارگر پمپ بنزین می‌شوم. کارمند شرکت تلفن می‌شوم. می‌زنم بیرون. گُه گرفته‌ام. بد دهانی می‌کنم. دیگر زحمت لبخند زورکی هم نمی‌توانم به خودم بدهم. پس از سی و پنج سال، هنوز عرضه ندارم یک هفته به یک تور گردشی ببرمت. به همه مشکوکم. همه دروغ می‌گویند. تو هم. شراب هم زورکی می‌خورم. کاشکی جوابی پیدا می‌کردم. بگو مگو می‌کنیم. سر چیزهایی به جان هم می‌افتیم که همیشه بعدش فکر می‌کنم مسخره بوده‌اند. اما آن چه چیزی است که باید بخشش را

بکنیم و نمی‌کنیم؟ مشکل تو با چه حل می‌شود؟ خانه می‌خواهیم؟ درآمد می‌خواهیم؟ ولی آن چیزی که تو می‌خواهی چیست؟ سر در نمی‌آورم. گم شده‌ام و چه توقع‌های بی‌جایی از من داری. این وبلاگ هم شده مثل بچه‌ی حرامزاده، که نه می‌شود سر راه گذاشتش، نه نگه‌داریش کرد. خودم هم دیگر حوصله‌ی این نوشته‌ها را ندارم. هیچ وقت نمی‌شود چیزی را که دوست داشته‌ای، پیش از آنکه بگویی برایت خریده باشم. می‌دانم. هیچ‌وقت غافلگیرت نکردم با هیچ هدیه‌ای. همیشه حراج‌ها وقت با هم بودن را از ما می‌گیرند. تو می‌دوی که با خریدهای ارزانت بتوانی کمی بیشتر صرفه‌جویی کنی. من همیشه فکر می‌کنم تو که چیزی لازم نداری. نمی‌دانم دوست داری چه چیزی برایت هدیه بیاورم. حتا نمی‌دانم غذای مورد علاقه‌ات چیست. جلو دوستان خانوادگی برج زهرمارتر از آن هستم که بتوانم عشقم را به تو نشان دهم. چقدر خوب است آدم صبح شنبه آفتابی این ماه ژوئن با زن و پسرش وسایل باربکیو را پشت ماشین بگذارد و یک توپ فوتبال و چند تا قوطی آبجو بردارد و بزند بیرون، کنار دریاچه؛ دست بیندازد گردن زنش، لبش را ببوسد و صاف توی چشم هم نگاه کنند، جلو چشم همه به زنش بگوید عاشقتم. چه قدر! وقتی نمانده است. گم شده‌ام.

نامه را روی میز کنار تخت‌خواب گذاشتم و زدم بیرون.

نمی‌دانستم باید خودم را در کدام گورستان گم کنم. هیچ چیزی هم برنداشته بودم، به جز کیف پولم که چند تا کارت تویش بود و مقداری پول نقد. اما می‌دانستم که این بار نباید مثل پیش‌تر برگردم. می‌خواستم خودم را گم کنم. به این فکر می‌کردم که باید به جایی بروم که هیچ نشانی از هیچ چیز آشنایی، از خودم، از کسانم، از زندگیم نباشد. در آن نیمه‌های شب، تنها جایی که در ونکوور کسی به آدم کاری ندارد و می‌شود نشست و هر غلطی کرد، پارک ویکتوری اسکوئر است. توالت عمومی هم که در ونکوور از آب در کویر کمیاب‌تر است در آنجا وجود دارد. باید می‌دیدم که چه خاکی می‌توانم توی سر خودم کنم.

روی نیمکتی روبه‌روی ستون یادبود جان‌باختگان کانادایی جنگ جهانی اول نشستم. تا آن موقع هیچ‌وقت به این فکر نکرده بودم که آن ستون چیست و چه فلسفه‌ای دارد. توی نور کم‌سوی چراغ‌های خیابان هیستینگز، چشمم به نوشته‌ی روی ستون افتاد. به انگلیسی سده‌های میانه نوشته شده بود: "نامشان همواره زنده می‌ماند." ستون سه گوش بود. حدس زدم که باید بر دو سوی دیگر ستون هم چیزی نوشته باشند. بلند شدم و دور ستون چرخیدم. در گوشه‌ی جنوبی نوشته شده بود: "آیا این برای شما هیچ است" و بر سمت غربی، رو به خیابان همیلتون، خوانده می‌شد: "ای کسانی که از این راه می‌گذرید."

روی نیمکتی که در گوشه‌ی غربی بود و نور کمتری به آن می‌رسید نشستم. چرتم برد.

خواب دیدم فریبا سیاهه‌ی خرید خانه را برداشت و گفت راه بیفت برویم فروشگاه کاستکو. راهش را درست بلد نبودیم. فریبا یک‌بار با دوستش رفته بود. گفت یادش می‌آید که توی بزرگراه شماره هفت بود. گفت مستقیم برویم، دیر یا زود تابلو کاستکو پیدا می‌شود.

هر چه رفتیم نشانی از فروشگاه نبود. صبر فریبا سر آمد. غر زد، "مطمئنی داری درست می‌ری؟"

گفتم، "تو گفتی توی بزرگراه باید باشه دیگه. منم دارم همین راه را می‌رم."

فریبا گفت، "نوچ. این همه راه نبود."

دیگر خبری از آبادی در اطراف جاده نبود. کمی که پیش رفتیم، یک پاسگاه کوچک پلیس دیدیم و سربازی که کنار جاده کشیک می‌داد. ایستادم که از او بپرسم. شبیه سربازهای کشیک جاده‌های ایران بود. به یاد سربازی خودم افتادم و اینکه همیشه جیب‌مان خالی بود. به جای اینکه بپرسم، دست به جیب کردم و چند تا اسکناس در دستش گذاشتم. او هم لبخندی زد و تشکر کرد. اسکناس‌ها را که گرفت، دیدم پول ایرانی است. احساس رضایت از خودم داشتم. همین که راه افتادیم، چند متر جلوتر سرو تناوری دیدم که پیرمردی با مو و ریش بلند و سفید به کنده‌اش تکیه داده بود. به طرفش رفتم. پیرمرد چهارزانو نشسته بود و با آرامش تمام کتاب می‌خواند. کوزه‌ی آبی هم کنارش بود. هیچ واکنشی به نزدیک شدن من نشان نداد. همچنان کتاب خواندنش را ادامه داد، بی‌که سر بلند کند. کتاب به زبان فارسی بود، با خط نستعلیق. سلام کردم، به فارسی. آرام، سر بالا آورد و خواند، "مرحبا ای پیک مشتاقان، بده پیغام دوست".

گفتم، "ببخشید آرامش‌تونُ به هم زدم."

صاف توی چشمم نگاه می‌کرد. گفت، "آرامش در هوا نیست که به هم بخورد، پسرم." دستش را روی سینه‌اش گذاشت و ادامه داد، "آرامش در اینجاست."

"بله، درسته. من دارم می‌رم کاستکو، ولی نمی‌دونم رد شدیم ازش، یا هنوز باید بریم."

سرش را بالا گرفت، به سرشاخه‌های بلند سرو که میان ابرها بودند خیره شد. خواند، "تو پای به راه در نه و هیچ مپرس. خود راه بگویدت که چون باید رفت."

حیران مانده بودم که این درویش میانه‌ی بزرگراه ونکوور — کوکیتلم چه می‌کند. یادم آمد که درویش‌ها هیچ وقت جواب سرراست نمی‌دهند. همیشه باید حرف‌هایشان را تفسیر و تعبیر کنی. سر و کله زدن با او را ادامه ندادم و برگشتم داخل ماشین. از دور چند تا گل‌دسته و مناره‌ی مسجد پیدا بود. نگاهی به همدیگر کردیم. فریبا گفت که بهتر است به دوستش تلفن کند و آدرس فروشگاه را بپرسد. وقتی تلفن کرد، دوستش از روی نشانه‌هایی که فریبا به‌اش داد، گفت که ما داشتیم جاده را برعکس می‌رفتیم. تشخیص داد که ما داشتیم از ابرکوه به سمت یزد می‌رفتیم. باید دور می‌زدیم و جاده‌ی ابرکوه — آباده را می‌رفتیم. حدود سه کیلومتر به سمت شمال، باید به فروشگاه بزرگی می‌رسیدیم به اسم شهروند یا همچو چیزی.

بیدار که شدم فهمیدم که آن سرو، همان سرو چهار هزار و پانسد ساله‌ی ابرکوه بوده که پیش‌تر دیده بودم. دور تنه‌اش بیش از ده متر بود. خوب، سروی که کاشته‌ی زرتشت باشد باید هم تنومند باشد. توی خوابِ من البته خبری از مسجد کناریش نبود. همان مسجدی که پیش از اسلام آتش‌کده بوده است.

ساختمان آتش‌کده بدون چندان دشواری به مسجد تبدیل شد. ولی مقدس بودن درخت، و به ویژه درخت سرو برای ایرانی‌ها به چیز دیگری تبدیل نشد. به هر جای فرهنگ ایران که نگاه می‌کنی، نشانه‌ای از سرو می‌بینی. در سنگ نگاره‌های تخت جمشید، در شاهنامه، در حافظ، در مینیاتورها. سرو چند هزار ساله‌ی کاشمر، که به قول فردوسی، یکی سرو آزاده بود از بهشت، به تنهایی برای پی بردن به این ویژگی فرهنگ ایرانی کفایت می‌کند. خلیفه عباسی، المتوکل باالله، دستور داد که آن سرو را ببُرند و برایش تخت و بارگاه بسازند. بیهقی، دمش گرم، شرحش را خوب نوشته است. سرو توی خون و روان ایرانی‌هاست. کسی، هرچند خلیفه هم باشد، نمی‌تواند مصادره‌اش کند. اگر هم در بیداری آن را از ما بگیرند، در خواب‌هایمان پیدا می‌شود.

چشمم را که باز کردم، توی پارک ویکتوری اسکوئر، دور تا دورم کاج‌های خمره‌ای بودند که در پیش سرو ناز شیراز و سرو ابرکوه حرفی برای گفتن ندارند. دیدم چند آدم خانه‌به‌دوش جلو پایم توی کیسه‌خوابشان خوابیده‌اند. من نه کیسه‌خواب داشتم، نه جرأت خوابیدن در پارک. یاد اولین باری افتادم که زبیگنیو را دیده بودم و شروع آشناییم با او. دراز به دراز افتاده بود کنار یکی از میله‌های دور ستونی که بالایش کلاه‌خود سربازهای جنگ جهانی اول نصب شده بود. رفته بود ماری‌جوانا بگیرد که دک و پوزش را خونی کرده بودند و می‌خواستند کیف پولش را بقاپند. او هم حالا تنها بود. فکر کردم بهترین کار این است که به سراغش بروم.

در راه، با خودم فکر می‌کردم که به زبیگنیو چه بگویم. او از زندگی من و فریبا چیز چندانی نمی‌دانست. فکر می‌کرد ما خیلی خوشبختیم. حالا بگویم که چه مرگم است؟ با خودم چندتا سناریو سرهم کردم، ولی دست آخر به خودم گفتم، "بابک! تو داری سر خودتُ کلاه می‌گذاری. می‌خواهی یه دروغ بگی، بعد همه‌ی نیروتُ بذاری برای مواظبت از اون؟ تو الآن باید فقط فکر کنی که با این زندگی گُه گرفته چه غلطی باید کرد."

همه چیز را برای زبیگنیو تعریف کردم، از جنگ‌های چینی‌شکنی گرفته تا حکومت مطلقه‌ی تلویزیون بر اتاق نشیمن.

زبیگنیو داشت شاخ در می‌آورد. گفت، "تو و فریبا هم؟"

چند بار به پیشانی خودش زد و عجب عجب کرد. چند ثانیه‌ای که نوچ نوچ کرد و سر تکان داد، یک‌باره دهان باز کرد و چیزی گفت

که هیچ‌کس نمی‌تواند تصورش را هم بکند. از میان آن همه مصیبت و واویلایی که ممکن است به ذهن هر خری برسد، زبیگنیو پس از اندیشه‌ورزی شدید به این نتیجه رسید که بپرسد، "حالا که میونه‌تون شکرآب شده، لابد مدتی می‌شه که همخوابی نداشتین، درسته؟"

مرا بگو که به چه امامزاده‌ای پناه برده بودم. چطور به فکرش نرسید که او خودش در طول عمر پنجاه ساله‌اش تنها یک سال زن داشته، که آن هم با شخصیتی مثل محبوبه نمی‌شود به‌اش گفت زن. باید فکر می‌کرد که همان‌جور که او مشکل همخوابیش را حل کرده، دیگران هم می‌توانند فکری برایش بکنند. درست است که هیچ‌وقت با زبیگنیو سرِ این چیزها حرفی نزده بودم، ولی با شخصیتی که او داشت، معلوم نبود که در حل مشکل جنسی‌اش هم چندان موفق بوده باشد. در کارنامه‌اش هیچ اثری از این که روزی دوست دختری داشته است پیدا نبود. می‌دانستم که اهل رابطه‌های یک شبه و یک ساعته هم نیست. می‌ماند یک راه: جلق زدن. سیستم فرهنگی کانادا هم که این کار را تقویت می‌کند. وقتی توی رادیو و تلویزیون و توی جزوه‌های آموزشی، همه جا تبلیغ می‌کنند که جلق زدن هیچ ضرری ندارد، بعید نیست حتا دکترش هم با صراحت به او گفته باشد که خودش را آن‌جوری ارضا کند. می‌گویند که این کار هیچ از رابطه‌ی جنسی واقعی کم ندارد. می‌خواهند هر چیزی را که به آدم انگیزه‌ی کار غیر عادی می‌دهد از بین ببرند. می‌گویند چه لزومی دارد که عاشق کسی بشوید که نمی‌شود به آسانی به او رسید؟ برو به یادش جلق بزن و بی‌خیالش شو. جلق زدن فرد را از شر و شور می‌اندازد و چنان کسی دیگر حاضر نیست قانون یا عرف یا وضعیت هنجار محیطش را به هم بریزد تا معشوقش را به دست بیاورد. برای همین هم زبیگنیو مثل یک اسب اخته سال‌ها سرش را زیر انداخته بود و کار می‌کرد.

از این گذشته، فقط کسی که عقلش پاره‌سنگ برمی‌دارد قبول می‌کند که استمنا و آمیزش جنسی هم‌ارزش هستند. اگر لذت کتاب خواندن در اتوبوس به اندازه‌ی کتاب‌خانه باشد، آن دو تا کار هم هم‌ارزشند! به همین سادگی.

تکیلا خوردیم، خیلی.

مست و پاتیل که شدیم، زبیگنیو سفره‌ی دلش را باز کرد. فکر می‌کردم که او باید سنگ صبورم شود، ولی بر عکس شد. از طلاق محبوبه مدتی می‌گذشت و به خیال من زبیگنیو دیگر باید خودش را سرِ هم کرده باشد و با آن قضیه کنار آمده باشد. تازه آن شب فهمیدم که چقدر داغان است. کمی به لیوانش نگاه کرد، توی دستش پِرش داد و بی مقدمه گفت، "باید تکلیفمُ با محبوبه روشن کنم."

"تکلیفت را که دادگاه روشن کرده. تمام شده رفیق. برو پی کارت. فراموشش کن."

"نمی‌تونم. تا باهاش تصفیه حساب نکنم دلم به هیچ کار دیگه‌ای نمی‌ره."

در این مملکت مردم به همان آسانی که ماشین‌نشان را عوض می‌کنند، همسر یا همبسترشان را هم عوض می‌کنند. سعی کردم این اصل پیش پا افتاده‌ی زندگی در کانادا را بهاش بفهمانم. گفت، "تو نمی‌دونی این بی همه چیز با من چی‌کار کرده."

ساکت بهاش نگاه می‌کردم. ادامه داد، "اگه مثل بقیه صاف و پوست کنده گفته بود که ما برای هم درست نشده‌ایم و بیا از هم جدا بشیم که حرفی نداشتم. فوقش یک مدت ناراحت می‌شدم، ولی دست آخر برایم عادی می‌شد. ولی این سلیطه منُ گایید می‌دونی؟ گایید."

نمی‌گفت که محبوبه چه ضربه‌ای به او زده است. ولی از من مشورت می‌خواست که راهی بهاش یاد بدهم که با او تصفیه حساب کند. گفتم تا من ندانم که محبوبه به طور مشخص چه کار کرده نمی‌توانم کمکی بکنم. مدتی کش و قوس رفت و در آخر گفت، "کاری کرده که شهروندی منو باطل کنن. می‌خوان اخراجم کنن."

گفتم، "اخراجت کنن؟ باید بهات جایزه هم بدن. یه زن خوشگل، تحصیل‌کرده، هنرمند آوردی اینجا، دو دستی تقدیم این مملکت کردی. چه خدمتی از این بهتر؟"

"بعد از بیست سال، با یه تی‌پا می‌خوان بندازنم بیرون، می‌فهمی؟ اون هم با حرف همین زن متمدن تحصیل‌کرده. نمی‌دونم این چه گُهی بود من خوردم. من بی‌عرضه رو چه به زن گرفتن!"

نمی‌دانستم منظورش از اخراج چیست. اخراج از کار که نمی‌توانست باشد، چرا که مغازه مال خودش بود. اخراج از کانادا

هم نباید باشد، چون شهروندی کانادا را داشت. پرسیدم، "با حرف محبوبه؟ چه حرفی می‌تونه بزنه که باعث اخراج تو بشه؟"

نوشته‌ای از محبوبه نشانم داد که به نظرم بر عکس نامه‌ی من به فریبا بود. نوشته‌ی محبوبه البته نامه نبود، بلکه در واقع یک جور ادعانامه یا کیفرخواست بود که به شکل نامه نوشته شده بود. محبوبه آن را در دادگاه خوانده بود و ضمیمه‌ی پرونده شده بود، برای همین هم یک نسخه‌اش را به زبیگنیو داده بودند. نوشته بود:

"تو پادشاه کله شق‌ها هستی. حرف خودت را رک و راست می‌گویی، ولی حاضر نیستی حرف طرف مقابل را بشنوی. یادم می‌آید همان روز اول از تو پرسیدم که برای آینده چه برنامه‌ای داری. گفتی که در باره‌ی آن فکر نکرده‌ای. گفتی که آینده‌ات منم و به هیچ چیز دیگری فکر نمی‌کنی. خوب، چطور شد که شش ماه نگذشته رفتارت عوض شد؟ شش ماهی از آمدن من گذشته بود که یک شب توی خودت رفته بودی. هیچ نمی‌گفتی، ولی برج زهر مار بودی. شب تا صبح نخوابیدی. من توی خواب و بیداری می‌پاییدمت. تا صبح شاید ده بار رفتی توی بالکن و سیگار کشیدی. صبح سر میز صبحانه نیامدی. حتا چای نخوردی. ازت پرسیدم، "دوباره سر درد داری؟"

ادایم را در آوردی و گفتی، "دوباره سر درد داری؟"

تلوخوران به دست‌شویی رفتی. فکر کردم رفتی که دوش بگیری و صورتت را اصلاح کنی. اما بیرون آمدی بی آنکه حتا صورتت را آب زده باشی. دوباره رفتی توی بالکن و نشستی به سیگار کشیدن. انگار نه انگار که باید سر کار می‌رفتی. من به سر کارم رفتم و نفهمیدم تو کی از خانه بیرون رفتی.

گفتی که من عوض شده‌ام. نه، تو عوض شدی. من تنها نوع لباس پوشیدنم را عوض کردم. انتظار داشتی اینجا هم مثل ایران مانتو و روسری بپوشم؟ تو فکر می‌کردی من چه‌جور زنی هستم؟

در همه‌ی این مدت، کار تو شده بود پاییدن من. روزی که به‌ات خبر دادم که توی آرایشگاه کار گیر آورده‌ام، لام تا کام نگفتی. مطمئنم که اگر درآمدت اجازه می‌داد، راضی نمی‌شدی که من سر کار بروم. دلت می‌خواست توی خانه بنشینم و خانه‌داری کنم. چند روزی که از کارم گذشت، گاه و بی‌گاه سر کار پیدایت می‌شد، به

بهانه‌های مختلف. یک‌بار برای گرفتن خمیر ریش، یک‌بار برای شامپو، یک‌بار داشته بودی رد می‌شدی و آمده بودی سر بزنی. تا اینکه به قول خودت مچم را گرفتی که داشتم با یک مرد سفید گل می‌گفتم و گل می‌شنفتم. فوری از مغازه بیرون رفتی، ولی از پنجره می‌دیدمت که توی پیاده‌رو جلو و عقب می‌رفتی. همین‌که سرِ آن مشتری را اصلاح کردم پشت آمدم که ببینم چه مشکلی پیش آمده. چشم‌هایت سرخ بود، انگار دو پیاله خون. به اندازه‌ای عصبی بودی که نمی‌توانستی حرف بزنی. دست آخر گفتی، "به اون دوست پسرت گفتی که یه شوهر بیچاره هم داری؟"

انتظار داشتی که به مشتری بگویم، "متأسفم، تشریف ببرید آرایشگاه بعدی. من اجازه ندارم به سر شما دست بزنم؟"

می‌گفتی اگر من خرده شیشه نداشتم، پس چرا با دیدن تو دستپاچه شده بودم. معلوم است که وقتی بی‌هوا پیدایت می‌شود، وقتی کارت را بی‌دلیل تعطیل کنی که بیایی مرا بپایی، من هم فکر می‌کنم که خبری شده، یا مشکلی پیش آمده. طبیعی است که کمی دستپاچه بشوم. اگر ده دقیقه پیش از آن رسیده بودی، می‌دیدی که داشتم زیر ابروی یک خانم را برمی‌داشتم. آن‌وقت لابد می‌گفتی که همجنس‌گرا هستم. تو فکر می‌کنی که من کجا کار می‌کنم، روسپی‌خونه؟"

خوب این نامه‌ی محبوبه دست بالا می‌توانست دلیلی برای جدا شدن باشد. ولی اخراج از کانادا؟ باور کردنی نبود. اگر بخواهند با هر شکایتی که زن می‌کند، شوهر را از کانادا اخراج کنند، این مملکت باید تا حالا شده باشد زنستان. بی تعارف بهاش گفتم که به نظرم یا کسی خواسته او را بترساند یا اینکه او به من راستش را نمی‌گوید.

زبیگنیو بلند شد. یک شات دیگر تکیلا توی لیوان آبجو ریخت. نشست و جرعه‌ای خورد. سرش را خاراند. بلند شد. سعی می‌کرد به من نگاه نکند. انگار با خودش حرف بزند، نالید، "اشتباهم این بود که فکر کردم محرم زندگی‌مه. همه‌ی جیک و پیک زندگی‌مو بهاش گفتم. او هم نامردی نکرد و همین که پای دادگاه و طلاق پیش اومد، تا می‌تونس از اسراری که خودم بهاش گفته بودم علیه خودم استفاده کرد."

زبیگنیو حاضر نبود به من بگوید جیک و پیکی که محبوبه علیه او استفاده کرده چی هست. گفتم، "آخه اسرار زندگی تو چه ربطی به شهروندیت داره؟"

رفت کنار پنجره به دیوار تکیه داد و گفت، "داره بابا، ربط داره دیگه."

کنجکاو شده بودم. به شوخی گفتم، "حالا فهمیدم. غلط نکنم، یا برای رژیم جاسوسی کردی، یا تو جنگ عراق با ایران جنایتی چیزی کردی."

برگشت و سر میز نشست. گفت، "ببین، تو نزدیکترین دوستمی. اینا رو فقط به تو می‌گم. تو رو به جون مادرت قول بده بین خودمون بمونه."

به‌اش اطمینان دادم که دهانم قرص است. صدایش می‌لرزید و عرق از پیشانیش سرازیر شده بود. تعریف کرد، "وقتی تو یونان می‌خواستم درخواست پناهندگی کنم، به‌ام گفتن باید تشکیل پرونده بدم و مشکلمُ توضیح بدم. هر چی فکر کردم چیزی که محکمه پسند باشه پیدا نکردم. با اون سواد و سر زبون نداشته‌ی من، تو هیچ حزب و گروهی راهم نمی‌دادن. اگه هم همچی ادعایی می‌کردم، همین که دو بار سین جیم می‌شدم لو می‌رفتم. من چه می‌دونستم کادر فلان حزب کیا هستن، یا میتینگ فلان و بهمان چی بوده. یه عده‌ای هم ادعا می‌کردن که مذهبشونُ عوض کردن یا چه می‌دونم یه مذهبی دارن که اگه رژیم بفهمه اعدامشون می‌کنه. من که جزء اونام نبودم. یکی از بچه‌ها بود که خیلی کله‌ش کار می‌کرد. پسر خوبی هم بود. ازش خواهش کردم یه چیز خوبی برام بنویسه. گفت یه چیزی برات می‌نویسم که ردخور نداشته باشه. اومد و اینو برام نوشت."

زبیگنیو ناگهان ساکت شد. یک شات دیگر تکیلا ریخت و به آن خیره شد. چند لحظه صبر کردم ولی همین‌طور لالمانی گرفته بود. پرسیدم، "خوب چی نوشت؟"

زبیگنیو به خودش پیچید. جا به جا شد. صورتش شده بود مثل لبو. دست آخر حرفش را پی گرفت، "دلیلش هم این بود که این تنها چیزیه که دیگه کسی سؤال‌پیچت نمی‌کنه. سرراسته. من هم برام مهم نبود که تو پرونده چی بنویسم. می‌خواستم هر طور شده از اون

اردوگاه لعنتی در برم. گفتم تو یه چیزی بنویس که به من پناهندگی بدن، هر چی می‌خواد باشه. اون هم نوشت."

تکیلایش را بالا برد که بخورد ولی نخورده آن را روی میز گذاشت. خیلی به خودش می‌پیچید. پرسیدم، "خوب، چی برات نوشت؟"

با صدای خفه‌ای گفت، " همجنس‌گرا."

سعی کردم کمی سبکش کنم، بلند خندیدم و گفتم، "اووه، تو هم چه سخت می‌گیری. انگار چی شده. خیلی‌ها همین کارُ کردن. تازه، همجنس‌گرا کلی کلاس داره. نگفته بچه‌باز که."

و خندیدم. زبیگنیو برّ و برّ نگاهم کرد، و بعد مثل ماشین دیزلی که با تر و تر استارت می‌کند، خندید. اول با هق هق، ولی کمی بعد بدون کنترل، دیوانه‌وار قاه قاه می‌زد. انگار داشت احساسات انباشته شده‌ی چندین ساله را بیرون می‌داد.

من هم کم و بیش همراهیش کردم. از بس خندید، اشکش راه افتاد؛ به سرفه افتاد. آرام که شد، تکیلایم را بالا بردم و گفتم، "به بی‌خیالی و سلامتی".

گیلاس‌هایمان را به هم زدیم. و چند لحظه‌ای در سکوت نشستیم. گفتم، "حالا گیرم که همجنس‌گرا. اینجا که ایران یا عربستان نیست. چرا اذیتت می‌کنن پس؟"

زبیگنیو ادعا می‌کرد که محبوبه می‌دانسته که او به خاطر همجنس‌گرایی از کانادا پناهندگی گرفته بوده، و از همین موضوع برای اثبات بی‌اعتباریش در دادگاه استفاده کرده بود. قاضی هم پرسیده بود که چطور یک‌باره گرایش جنسی زبیگنیو عوض شده، دگرجنس‌گرا شده و زن می‌خواهد؟ و نتیجه گرفته بود که یا از اول همجنس‌گرا نبوده، یا اینکه ایشان زن نمی‌خواهد، بلکه کلفت می‌خواهد.

سعی کردم زبیگنیو را تشویق کنم که پرونده‌ی محبوبه و دادگاه و همه‌ی آن چیزها را ببندد و زندگیش را دوباره شروع کند. سرم داد زد، "تو از اصل می‌دونی من از چه مرگمه؟ گمونم کله‌ت گرمه، هیچ چی حالیت نیس."

بلند شدم که به دست‌شویی بروم. زبیگنیو صدا کرد، "همونجا که هستی فکر کن، هیچ جا برای فکر کردن بهتر از سرِ سنگِ دست‌شویی نیس."

متوجه شدم که در کنار دست‌شویی یک آب‌پاش کوچک گذاشته شده، از همان‌ها که برای آب دادن به گلدان استفاده می‌کنند. بیرون که آمدم، پرسیدم، "راستی این آفتابه رو برای همون استفاده‌ای که در ایران ازش می‌شه اونجا گذاشتی؟"

گفت، "ها، پس چی. من عادت ندارم با کون گُهی برم تو خیابون."

بعد پرسید که به چه نتیجه‌ای رسیدم. مدت‌ها بود که آفتابه ندیده بودم. یک‌باره فضای میهن همه‌ی ذهنم را پر کرد. تعجب کرده بودم که چطور بعد از بیست سال زندگی در کانادا، زبیگنیو هنوز نتوانسته کونش را با دستمال توالت آشنا کند. ولی او در این یکی حاضر نبود سر سوزنی کوتاه بیاید. سؤال خودش را فراموش کرد و شروع کرد به سخنرانی مفصلی در ستایشِ آفتابه. گفت که از محبوبه شنیده بوده که این روزها در ایران دوباره زندگی فرنگی‌وار باب شده. ولی یکی باید جرأت کند به این مردم بفهماند که سبک زندگی غربی همه‌اش هم خوب نیست. یک چیزهای خوبی دارد، ولی خیلی از عادت‌هایشان هم بد است. دست کم بعضی از کارهای ما بهتر از مال این‌هاست. برای ما جا انداخته‌اند که توالت فرنگی از مستراح ما بهتر است. با کبکبه و دبدبه یک صندلی ته سوراخ می‌گذراند و آب به‌اش وصل می‌کنند. هر وقت می‌خواهند شکمشان را خالی کنند، سر آن می‌نشینند و تالاپ و تلوپ سنده‌های نیم پوندی و یک پوندی‌شان را از آن بالا ول می‌کنند توی آب. بعد با یک تکه دستمال کاغذی سر و ته قضیه را هم می‌آورند. انگار نه انگار که آن کون هنوز گُهی است. قسم می‌خورم که غربی‌ها از این دوش‌گرفتن تا آن دوش‌گرفتن، همه‌اش چیزی حدود یکی دو ساعت تمیز هستند؛ یعنی در فاصله‌ی دوش‌گرفتن تا اولین ریدن. ولی همین که رفتند دست‌شویی و برگشتند دیگر باید با احتیاط از کنارشان رد شوی، چون بوی گُه ممکن است گیجت کند و تعادلت را از دست بدهی. البته که خودشان این را قبول ندارند. آنها عادت کرده‌اند. نه تنها هیچ متوجه آن نمی‌شوند، بلکه دیگر به آن معتاد هم شده‌اند. از آن گذشته، وقتی آن سنده‌های گنده را ول می‌کنند توی کاسه‌ی دست‌شویی، آبی که دیگر شاش و گه هم قاتیش شده به همه جایشان

می‌پاشد. آدم که نمی‌تواند خودش را به نفهمی بزند. بابا برای همه پیش می‌آید که یک وقتی یک قطره از این آبِ شاشی بپرد به تخم چشم آدم. پیش می‌آید دیگر. شوخی که ندارد. حالا اگر کسی اینها را قبول نکند و بگوید که چنین چیزی نه پیش آمده و نه پیش خواهد آمد، می‌گوییم شما درست می‌گویید. ولی یک جنبه‌ی دیگر مسئله هنوز باقی مانده. آیا یک همچو آدمی می‌تواند انکار کند که در توالت‌های عمومی و سرِ کار خیلی‌ها ایستاده می‌شاشند؟ این شاش هم به خودشان می‌پاشد، هم به اطراف. تازه وقتی می‌شاشند دیگر دستمال کاغذی را هم استفاده نمی‌کنند. هیچِ هیچ. خوب، شاش بو ندارد؟ بابا من دیگر نیم‌قرن تجربه دارم. اگر یک ساعت هم سر پا بایستی که جیشت کامل بریزد، باز هم همین که زیپ شلوارت را می‌بندی، یک قطره از خدا می‌داند کجا ول می‌شود توی شورتت. برای همین است که اینها از ملکه گرفته تا وزیر مهاجرت و کشیش، همه بو می‌دهند. کون‌شورها. باور نمی‌کنی؟ خیلی خوب. فرض کنیم همه‌ی اینها کشک. گیریم که همه‌ی آدم بزرگ‌ها خودشان را خوب تمیز کنند، هرگز هم کونشان گُهی نباشد و همیشه بوی گل بدهند. بچه‌ها را چه می‌گویید؟ بچه‌های پوشَکی را نمی‌گویم‌ها. بچه‌های مدرسه‌ای. خدا نکند که طرف‌های غروب یکی از این بچه‌ها از کنارت رد شود. از صبح تا بعد از ظهر لابد دو تا سه بار رفته دست‌شویی، ماتحتش حسابی گه‌مالی شده. بچه که چه عرض کنم. بگو توالت سیار.

آخر آدم باید به حدی از رشد عقلی رسیده باشد تا بتواند تشخیص دهد که برای پاک کردن آن مقدار گه چقدر دستمال بردارد، بعد آن را در چه جهتی و با چه قدرتی به ماتحتش بمالد. تقصیر بچه نیست، ها! این فرهنگ عیب دارد، بس که لجوج و یک‌دنده است. نمی‌خواهد قبول کند که فرهنگ‌های دیگر هم گاهی یک مزیتی دارند. بچه‌های توی ایران که یادت هست. ما خودمان هم بچه بودیم دیگر. همه بوی گل می‌دهند، چون از آفتابه استفاده می‌کنند. آفتابه بهترین وسیله برای شستن کون گُهی است.

زبیگنیو چنان جدی بود و با حرارت از آفتابه دفاع می‌کرد که جرأت نکردم یک کلمه حرف روی حرفش بزنم. شاید هم از این که من فهمیده بودم که از آفتابه استفاده می‌کند خجالت کشیده بود و با این حرف‌های قلمبه سلمبه‌ای که خیلی هم به او ربطی نداشتند

می‌خواست کار خودش را توجیه کند. گفتم که دربست حق با او ست.

چند لحظه‌ی کِش‌دار به سکوت گذشت. سرانجام پرسید، "قرار بود که به من راه حل بدی. به چی رسیدی؟"

گفتم که باور کردن حرفش برایم سخت است. پذیرفتنی نیست که دادگاه کانادا بخواهد در موقع بررسی یک دعوا، پای یک پرونده‌ی قدیمی که به آن دعوا چندان ربطی هم ندارد پیش بکشد و دوباره دادرسی کند. گفتم، "تو داری یه چیزی از من پنهان می‌کنی. تو را من می‌شناسم."

بلند شد و با چشم‌های سرخ شده نگاهی سنگین به من انداخت و به اتاق خوابش رفت. چند دقیقه بعد که برگشت، جعبه‌ی کوچکی در دستش بود که آن را روی میز گذاشت. سیگار برگ از نوع رومئو و ژولیت هومیدور مارک هابانا. گفت که از آن مارک سیگار فقط ۲۵۰ جعبه تولید شده و دو دانه از آن را آشنایی برایش از کوبا آورده. گفت، "می‌دونی چی؟ بیا یکی یه سیگار برگ جانانه دود کنیم. من که کله‌ام دیگه کار نمی‌کنه. به قول خودت، بی‌خیال."

راست می‌گفت. کله‌ی من هم از کار افتاده بود. سیگارها را روشن کردیم و از خانه بیرون زدیم. دیگر نیمه‌شب شده بود. خیابان گرانویل را به سمت شمال رفتیم. میخانه‌ها، کلوب‌ها و کافه‌ها مهمان‌هایشان را از پس ساعت‌ها خودگریزی مثل تفاله‌های غذایی به گرانویل می‌ریختند. چند ساعت پیش که داشتم از همان مسیر به سمت خانه‌ی زبیگنیو می‌رفتم، دسته دسته می‌دیدمشان که با سر و وضع مرتب به قرارگاه‌هایشان می‌رفتند. حالا تلو تلو خوران، گاهی عربده‌کشان، گاهی دست و بالشان به سر و سینه‌ی یک‌دیگر، و با سر و لباس آشفته توی گرگ و میش خیابان ولو بودند.

به زبیگنیو گفتم، "می‌دونی این سیگار با چی بیشتر حال می‌ده؟"

گفت، "مشروب؟"

گفتم، "نه اون مشروبی که تو فکرشُ می‌کنی. یک گیاهیه که تو اوستا اومده، به نام هوم، اَشَوَن دور دارنده‌ی مرگ. شربتشُ من دارم. خیلی حال می‌ده. اینجا به‌اش می‌گن افدرین."

زبیگنیو ایستاد و دود سیگارش را یکباره از بینی‌اش بیرون فرستاد و گفت، "افدرین؟ کریستال مت منظورته؟"

گفتم، "دقیقاً نه. ولی نزدیک‌ترین چیزی که به‌اش می‌شه پیدا کرد همونه."

زبیگنیو گفت، "پس بریم بگیریم. یه داروخونه شبانه‌روزی اینجاس."

فروشنده گفت که مصرف اِفِدرین بدون تجویز دکتر ممنوع شده و همه‌ی آن اسم‌های گول زنک را از بازار جمع کرده‌اند. دلیلش هم چندین مورد ناراحتی قلبی و حتا چند مورد مرگ گزارش شده که گویا در اثر مصرف اِفِدرین بوده.

زبیگنیو پیشنهاد داد ماری‌جوآنا بگیریم و رفتیم که از خودپرداز بانک پول نقد بگیریم، چون باید از فروشنده‌های خیابانی می‌خریدیم. ماشین بانک کار نمی‌کرد. زبیگنیو عصبانی شد و چند لگد به ماشین زد. دستش را گرفتم که بکشمش عقب. دستم را پس زد و گفت، "تو کنار وایسا. من با این کار دارم."

زیپ شلوارش را باز کرد و شروع کرد به شاشیدن روی دستگاه. من خودم را کنار کشیدم. مرد خانه‌به دوشی رد می‌شد. با دیدن زبیگنیو داد زد، "چه می‌کنی، مرد؟"

با اشاره به دستگاه خودپرداز گفتم، "کاپیتالیسم، برادر! گاییده بشه کاپیتالیسم!"

مرد بی معطلی جواب داد، "آره برادر. گاییدم کاپیتالیسُم!"

راهش را کج کرد، کوله پشتی‌اش را زمین گذاشت، زیپ شلوارش را باز کرد و همان کاری کرد که زبیگنیو کرده بود. با اشاره انگشت شست به او آفرین فرستادم. دو عابر دیگر که صحنه را دیدند، به ما پیوستند و با تکرار شعار گاییدن کاپیتالیسم ادرار خود را روی نماد آن خالی کردند. در حالی که به رفتنمان ادامه می‌دادیم، دیدم که دیگر رهگذران مست و نشئه‌ی خیابان گرانویل هم با استقبال از ابتکار عمل زبیگنیو، سعی می‌کردند حساب خود را با کاپیتالیسم تصفیه کنند.

به جورجیا رسیدیم. به چپ پیچیدیم. خیلی خلوت بود. خیابان شاید سه برابر گرانویل پهنا داشت، ولی پیاده‌روش از ذهن من خالی‌تر بود.

زبیگنیو تو خودش رفته بود. ساکت به سمت استنلی پارک رفتیم.

گفتم، "از همون اولین باری که پل لاینز گیثُ دیدم، با خودم گفتم که این پل جون می‌ده برای پایین پریدن، اون هم با پاهای بسته."

گفت، "خوب گفتی ها! حرف نداره."

به زبیگنیو گفتم تنها به خاطر مزداست که تا حالا این زندگی نکبتی را تحمل کرده‌ام، وگرنه خیلی وقت است که دست و دلم به هیچ کاری نمی‌رود. نه از چیزی خوشحال می‌شوم، نه غذای مورد علاقه‌ای دارم، نه حوصله‌ی گردش و تفریح دارم، نه از لباس و پوشاک خاصی خوشم می‌آید. از ریخت هر کس و هر چیز حالم به هم می‌خورد. ولی نمی‌خواهم کاری کنم که مزدا اسیر ناپدری بشه، که بعد همه‌ی عمرش منُ نفرین کنه. هر بار که فکرشُ می‌کنم، مزدا جلو چشمم می‌آید که دارد برای معلمش توضیح می‌دهد که نتوانسته پول برای رفتن به گردش علمی تهیه کند؛ یا اینکه دارد توی مغازه‌ی لباس‌های دست‌دوم، دنبال لباس می‌گردد.

زبیگنیو که حالش هم خراب بود، صدایش را بلند کرد و گفت، "بدبخت، اگه تو نباشی خیلی بیشتر به مزدا می‌رسن. نه که الآن خیلی کمک حالش هستی؟تازه، جلوگیر کمک‌هایی که دولت باید به‌اش بکنه هم شده‌ای. اگه مزدا یتیم بشه، دولت می‌شه باباش. حسابی به‌اش می‌رسن. نمی‌گم برو با خیال راحت خودتُ بکش ها! می‌گم ناراحت مزدا نباش. به خودت فکر کن، بعد تصمیم بگیر."

زبیگنیو ادامه داد، "من هم بدم نمی‌آد که از پل بپرم. ولی یه راه دیگه‌اش هم اینه که یه کلت بگیریم و تو یه ثانیه خودمونُ خلاص کنیم. ولی قبلش باید یه کاری بکنیم، من باید یه کاری بکنم. باید حسابمُ با اون بی همه چیز تصفیه کنم."

برای اینکه فکرش را منحرف کنم گفتم که به جای آن، به نظرم باید کاری نمادین بکنیم که سر و صدا راه بیاندازد. من نظر دادم که ریشه‌ی همه‌ی مشکل‌های جامعه در این است که دو گروه همه‌ی کارهای اجتماع را در دست دارند: یکی آنها که از ابلهان استفاده می‌کنند، و دیگری آنها که ابله هستند. آنها هم که نه این هستند و نه آن، زورشان به جایی نمی‌رسد، چون که آن دو گروه دیگر سرکوبشان می‌کنند. به زبیگنیو گفتم، "آرزوم اینه که دو جور آدم‌ها را سر به نیست کنم: ابله‌ها و ابله سوارها."

زبیگنیو گفت، "اینجوری که خیلی بد می‌شه. پس من هم جزئشونم."

گفتم، "تو هم هستی. ولی اگه این کاری که من می‌گُم بکنی، دیگه داری جلوشون وامیسی."

البته که می‌دانستم چنان کاری از عهده‌ی ما بر نمی‌آید. ولی می‌خواستم فکر زبیگنیو را به دنیای بزرگ‌تر بکشانم تا این‌همه به خودش و دنیای بسته‌اش مشغول نشود. وقتی داشتم توی ذهنم دنبال یک همچو گروهی از ابله‌ها و ابله سوارها می‌گشتم، فوری به یاد کارگاه ادبی خودمان افتادم. بدی کارگاه ولی این بود که همه‌شان ابله بودند، حتا استاد شاهرخی. شاهرخی ابله بود، چرا که وقت خودش را صرف یک عده آدم هیچ‌کاره می‌کرد که خودشان هم نمی‌دانستند دنبال چه هستند. آدمی که می‌رود بالای منبر باید بداند کسی که پای حرفش نشسته چند مرده حلاج است. شاهرخی سرِ قبری گریه می‌کرد که مرده‌ای تویش نبود. شرکت‌کنندگان هیچ‌کدامشان اهل ادبیات نبودند. خودشان را گول می‌زدند. جالب این است که همه‌شان هم از دست جمهوری اسلامی در رفته بودند، یا یک جوری ضربه خورده بودند. ولی می‌آمدند فقط یاوه می‌بافتند، بدون اینکه هیچ بخاری ازشان بلند شود. گفتم برویم حسابشان را برسیم. به رگبار ببندیمشان، بعد یک یادداشت بگذاریم که: این است عاقبت ابلهان.

زبیگنیو پرسید، "چندتا ابله‌سوار تویشان هست؟"

هر کدام که گمان می‌کردم ابله سوار باشد، وقتی که دقیق‌تر فکر کردم، معلوم شد که ابلهی بیشتر نیست. از ملک‌زاده که می‌گفت باید کارگاه به شاهنامه‌خوانی بپردازد گرفته، تا کسانی که موضوع‌هایی مثل اساس‌نامه، ثبت حقوقی کارگاه، نام‌گذاری کارگاه و مانند اینها را پیش می‌کشیدند، همه ابله بودند. حتا محمود هم ابله بود. او فکر می‌کرد کارگاه باعث رونق کتاب‌خوانی می‌شود، ولی معلوم شد که کور خوانده بود. کلی کتاب خرید و همه روی دستش ماند. این ملت را چه به کتاب خواندن. فقط حرف می‌زنند.

زبیگنیو که به فکر رفت، گفتم که پیشنهادم را پس می‌گیرم. چرا که اگر بناست کاری بکنیم، باید از ابله‌سوارها شروع کنیم، نه از ابله‌ها. آن هم چیزی نیست که ما ورشکسته‌ها از پس بر بیاییم.

نسیم خنک روی پل به سردی می‌زد. ماشین‌ها همچنان تک و توک از کنارمان رد می‌شدند. گذر پیاده‌ها و دوچرخه‌سوارها ولی خالی بود. به نرده‌ها تکیه داده بودیم، پشت به خلیجک بورارد، رو به تنگه‌ی جورجیا، ساحل امبل‌ساید را دید می‌زدیم. به پشت سر، به شرق که نگاه کردم، سپیده‌ی صبح سر زده بود. روزنامه‌پخش‌کن‌ها لابد آن‌وقت در جایگاه تحویل گرفتن روزنامه بودند. فکر کردم که فریبا باید نامه‌ام را خوانده باشد. آرزو کردم که کاش از رفتن به سر کار منصرف شده باشد و مزدا را بیدار نکرده باشد.

چند ساعتی بیشتر از بیرون زدنم نگذشته بود، ولی همه چیز به خاطره‌ای در دور دست می‌مانست. حتا چهره‌ی فریبا را به زحمت می‌توانستم در ذهن خودم تصویر کنم، طرحی محو و مه‌آلود.

زبیگنیو بلند شد و یک پایش را، مثل سگی که می‌خواهد بشاشد، به کمر ستون فلزی نرده‌ها زد. با آهنگی جدی و سرزنشگر به یادم آورد که هنوز منتظر راهنمایی من است که حسابش را با محبوبه تصفیه کند. تا آن‌زمان فکر می‌کردم که شوخی می‌کند. ولی این بار از همه‌ی وجودش جدیت می‌بارید. فکر کردم بهتر است آب پاکی بریزم روی دستش و به‌اش بفهمانم که سر به سر زن‌ها گذاشتن در کانادا از بازی با دم شیر هم بدتر است. بلند شدم و صدایم را بلند کردم، "مگه شهر هِرته که خودت تصمیم بگیری حساب تصفیه کنی. حسابتُ یه بار قاضی تصفیه کرده، رفته پی کارش. اگه راست می‌گی و شهروندیت در خطره، راهش اینه که وکیل بگیری، از راه قانونی بری جلو."

صاف به چشم‌هایم زل زد و گفت، "اگه راست می‌گم؟ یعنی تو حرفُم باور نمی‌کنی؟"

رک و پوست‌کنده به‌اش گفتم که حرفش را باور نمی‌کنم. با هیچ منطقی جور در نمی‌آید. سرخ شد و با خشم داد زد، "گیرم که واقعیتش یه چیز دیگه باشه. چرا من باید همه چی رو به تو بگم؟ مگه تو همه‌ی مسائل خصوصیتُ به من می‌گی؟"

خواستم آرامش کنم؛ نشستم و با صدای ملایمی گفتم، "نه، مجبور نیستی به من بگی. ولی من هم حق دارم چیزی که به نظرم راست در نمی‌آدُ باور نکنم. من دوست توام، تو رو می‌شناسم. به‌ات می‌گم

که داری یه چیزی رو پنهان می‌کنی. حالا میل خودته. می‌خوای بگو، می‌خوای نگو."

اینجا بود که نشست. شاید بزرگ‌ترین اشتباه من هم همین بود که وادارش کردم چیزی را برایم افشا کند که برایش خیلی گران می‌آمد. دیگر از روی رفتارش می‌دانستم که وقتی می‌خواهد چیزی را پنهان کند، مرتب خودش را به این در و آن در می‌زند، مانند مرغی که قبل از تخم‌گذاشتن بی‌تابی می‌کند و بالا پایین می‌پرد.

نشست. پیش از آنکه حرفش را بزند، وارفت. انگار آتش‌فشانی که یک‌باره سرد شده باشد. تنها یک‌بار چنان ناله‌ای را از سگ پیر همسایه‌مان که داشت می‌مرد شنیده بودم. در یک آن، چنان فرو ریخت و ضعیف شد که گویی ماه‌ها اعتصاب غذا کرده باشد. گفت، "تو راست می‌گی. شهروندی و این چیزا که گفتم همه‌ش چرته. واقعیت اینه که زنه با اون پسر لبنانیه رابطه داشته. من مطمئنم.

فکر کردن آدم را ترسو می‌کند. وقتی می‌خواهی بپری، باید بی معطلی بپری. اگر به‌اش فکر کنی سرد می‌شوی.

اگر آدم دلیل درست و حسابی داشته باشد چرا بترسد؟ پشیمانی ندارد. هر کس دیگری هم که جای زبیگنیو بود همین کار را می‌کرد. کاری که محبوبه با او کرد، گرترود هم با پدر هملت نکرد. شاید هم برعکس؛ محبوبه درست همان کار گرترود را با او کرد.

البته برای کسی که می‌خواهد خودش را خلاص کند، خیلی منطقی است که در لحظه‌ی آخر به خودش بگوید حالا که همه‌چیز پشت سرم است، یک‌بار بی هیچ احساسی، با خیال راحت برگردم به زندگی آشغالی که داشتم نگاهی بیندازم. شاید هم به ذهنش بیاید که کاش یک نامه‌ای چیزی برای مادر بی‌چاره‌اش نوشته بود. یا فکر کند که بهتر است صندل‌هایش را قبل از پریدن در بیاورد تا مأمورها برای پیدا کردنش به درد سر نیفتند. لحظه‌ای که باید برای پریدن نفسم را حبس می‌کردم، خیلی کوتاه پسرم را مجسم کردم که با سرافکندگی اشک‌هایش را پاک می‌کرد و به پلیس می‌گفت که آن صندل‌ها را می‌شناسد.

باجه‌ی زرد رنگ تلفن امداد در چند قدمی ما، روی پل پیدا بود.

گاهی چیزی که هیچ پیوندی با چیز دیگری ندارد، درست در زمانی به سراغت می‌آید که هیچ انتظارش را نداری. چیزی که مرا سرد کرد، تصویر مادر یا مزدا یا فریبا نبود. تازه خودِ شعر درِک والکات هم نبود، بلکه نکته‌های فنی ترجمه‌ی آن بود. آبروریزی است! آدم تمرکزش برای کاری را با چیزی این‌همه بی ربط به هم بزند! مدتی بود که روی ترجمه‌ی آن شعر کار می‌کردم. می‌خواستم آن را در وبلاگم بگذارم. اینجا بود که من یک‌باره سرد شدم، ولی زبیگنیو مثل یک نره گاو وحشی سرش را انداخت پایین و پرید.

درست در لحظه‌ای که می‌خواستم بپرم توی آب، یک چهره صاف جلو رویم ایستاده بود: درِک والکات. چهره‌اش بود با این چند سطر شعر:

Days I have lost
Days I have held
Days that outgrow, like daughters,
my harboring arms.

چه ربطی داشت؟ نسبت او با آن حال و هوای من چه بود؟ نمی‌دانم. ولی آمد و فکرم را پریشان کرد. البته که جای شرمندگی است که به این اعتراف می‌کنم. ولی کار من از این حرف‌ها گذشته است. موقعی که آدم می‌خواهد با مهمترین کاری که در توانش هست،

تکلیف خودش را با جهان و هر چه در او هست، یک‌جا روشن کند، ناگهان ذهنش منحرف می‌شود و به یک بند شعر فکر می‌کند. از آن بدتر، به شکل‌های مختلف برگردان آن در زبان فارسی. مزخرف است. فکر می‌کردم که والکات آن روزها کجاست؟ چه حالی دارد؟ آیا برگشت به سنت لوشیا؟ پیش از مرگ مادر؟ برگشت به خانه پس از سال‌ها دوری چه حسی دارد؟

من به طور معمول خرده‌کاری‌ها را فراموش می‌کنم، ولی آن چند خط، انگار که داشتم از روی کاغذ می‌خواندم، آشکارا جلو چشمم ایستاده بود؛ فاصله‌ی بین خط‌ها، ویرگول‌ها، همه چیز. حالا هم آن را از حفظ نوشتم. هر چه فکر کردم نتوانستم برای کلمه‌ی انگلیسی outgrow جایگزین فارسی مناسبی پیدا کنم. مجبور بودم چند تا کلمه را کنار هم بگذارم تا معنی آن را برساند. حالا فکر می‌کنم شاید باید این‌طور ترجمه‌اش کنیم:

"روزهایی که، مانند دخترانم، دیگر در بازوهای پناه‌دهنده‌ام نمی‌گنجند."

شاید هم بهتر باشد که بگوییم "در پناه‌گاه بازوانم نمی‌گنجند."

چرا می‌گویم که زبان مادری‌ام جایگزین درستی برای outgrow ندارد؟ آموخته‌ایم که هر گاه در پیدا کردن واژه‌ای ناکام می‌شویم، بی درنگ زبان فارسی را سرزنش کنیم. ما مشکل خودمان را به گردن زبان فارسی می‌اندازیم. این نشانه‌ی بی‌عرضه‌گی خود ماست، نویسنده‌هایمان، مترجم‌هایمان، زبان‌شناسانمان.

تا آمدم به زبیگنیو بگویم که صبر کند، پرید. ولی من، به جای اینکه بپرم، روی پل به سمت باجه‌ی تلفن امداد می‌دویدم و داد می‌زدم،

"کمک، کمک!" ▪

همچنین از این نویسنده:
سهراوش و ارتش غیر بشری عدالت (رمان)
از بی‌راهه به خانه و خویش (پژوهش و واکاوی آرته‌گان این‌زمانی پارسی)
خانه در ناخانگی (در واکاوی و نگره‌ی آرته‌ای)

منتشر می‌شود:
شیراز برای غریبه‌ها (رمان، به انگلیسی)
بادهای بی‌چرا (مجموعه داستان کوتاه)
نیایش تاریک (مجموعه شعر)

گُزیده‌ای از نقد **فرج سرکوهی** (بر چاپ نخست)

از بوف کور هدایت به دهه ۲۰ تا داستان بلند زبیگنیو به عصر ما، موقعیت ناانسانی با دو مؤلفه استبداد سیاسی حکومت و فقر فرهنگی جامعه، بازتولید شده و سرنوشت تراژیک روشنفکر مستقل ایرانی را با تار و پود شکست در تحقق آرمان‌های انسانی، زندان و شکنجه و سانسور، پیروزی ابتذال بر خلاقیت، طرد و انزوا و تبعید و سرخوردگی در هم می‌بافد با این تفاوف معنادار که راوی بوف کور هنوز این امکان را داشت که به هنری سنتی و ایرانی، نقاشی روی قلمدان، پناه برد اما راوی تبعیدی داستان زبیگنیو، که این امکان را نیز از او گرفته‌اند، به رغم دلبستگی های رومانتیک به توهمی که از فرهنگ ایران باستان دارد، به ترجمه شعری از شاعری انگلیسی زبان و به واژه outgrow در این شعر پناه می‌برد که حتی نمی‌تواند معادل مناسب آن را در زبان فارسی بیابد شاید به این دلیل که این نسل، برخلاف نسل هدایت و گلشیری و نسل سوم، outgrow را تجربه نکرد و حتی فرصت آن را نیافت که رشد کند، فرا رود، ببالد و در قالبی که موقعیت بر او تحمیل کرده نگنجد.

بابک شکست می‌خورد اما نویسنده داستان بلند زبیگنیو اثری خلق می‌کند که بر ساختاری منسجم و سنجیده و بر پیرنگی پرکشش و جذاب بنا شده و موقعیت نسل او را در لایه‌های روایتی زیبا و خواندنی به داستانی جذاب و خوش ساختار برکشیده است.

طنزی که در زبان، حادثه، موقعیت و شخصیت‌ها ساخته شده و به ویژه توانائی نویسنده در بدل کردن خود و موقعیت تراژیک به موضوع طنز، بر جذابیت داستان زبیگنیو می‌افزاید و زبان، جز در پاره‌ای از پاراگراف‌ها، داستان را به روانی به خواننده منتقل می‌کند.

برگرفته از بی‌بی‌سی فارسی:

https://www.bbc.com/persian/arts/2011/11/111103_l41_book_7_days_3nov

بُرشی از نامه‌ی زنده‌یاد **منصور کوشان** به نویسنده:

رمانت زبیگنیو را خواندم. خسته نباشی. ... اگر چه در آغاز کمی کند پیش رفتم، اما در ادامه از خواندنش لذت بردم. به ویژه که طنز بسیار خوبی در آن داری. طنز تلخی که خنده می‌آورد و به دنبالش غبن. تبریک می‌گویم. نمی‌دانستم که چنین طنز ظریفی هم داری.

نوشتن رمانی این چنین عریان از زمانه و آن چه که پیش چشم و در ذهن همه است، جسارت بسیار می‌خواهد و تو نه تنها این جسارت را داشته‌ای که خوشبختانه از آن سربلند بیرون آمده‌ای. من خود این زمینه را تجربه کرده‌ام و دمار از روزگارم درآمد تا از گزارش و روایت روزنامه‌ای نجاتش دادم.

نوشتن از زمانه، آن هم بدون هیچ تعلیق داستانی، کاری است سخت. نزدیک به این کار را هانریش بل کرد با نوشتن در باره‌ی آن دختری که روزنامه‌ها آبرویش را برده بودند. نام رمان متأسفانه در این وقت شب یادم نمی‌آید. ....

***

گُزیده‌ای از **نقد بهروز شیدا** (بر چاپ نخست رمان)

بابک تنها است؛ انگار می‌داند که غریق «شب تیره‌ای» است که به هیچ جای آن نمی‌تواند «قبای ژنده‌ی» خود را بیاویزد.

زبیگنیو تنها است؛ انگار غریبِ «شب تیره‌ای» است که گریز از آن را در خانه‌ی کوچک خویش آرزو می‌کند.

تصویر تنهایی و مرگ زبیگنیو و تنهایی بابک در آینه‌ی «چنین گفت زرتشت» و زایش تراژدی همان است؛ همان تصویر تنهایی و رنج و بی‌معنایی و شباهت؛ همان سازِ اژدهای بزرگ روح و خواب شیر و کودکِ روح؛ «نه و آری مقدسی» که چهره نمی‌کنند؛ حضور تقدیری که جز مرگ نیست.

پل نمادِ فاصله‌ی مرگ و زندگی هم هست؛ نماد گذرگاهی که این سوی آب را که زندگی است به آن سوی آب که مرگ است، وصل می‌کند.

آن واژه-فریاد کمک انگار دو صدا را از گلوی بابک به جهان پرتاب می‌کند؛ در دو نقش بر سپیدی کاغذ ظاهر می‌شود.

صدای نخست واژه-فریاد کمک شاید این است: هنر تنها راه نجات است؛ هم از این رو است که بابک به یاری ظهور چهره‌ی یکی شاعر و شعرش زنده مانده است؛ هنر شاید تنها منزلِ شیر و کودک روح است؛ تنها آواز شورش و معنا است؛ تنها امکان «نه و آری مقدس» است.

صدای دیگر واژه-فریاد کمک شاید این است: پایانِ رمان «زبیگنیو، دگردیسی ناکام ایرانی» باز است. کمک خواهد آمد؟ زندگی بابک طور دیگری خواهد شد؟ بابک هم‌صدایی خواهد یافت؟ نکند زبیگنیو هم زنده می‌ماند؟

در واژه-فریاد کمک انگار چیزهایی به جدال طلبیده می‌شوند که در هر دو رمان ما گِردِ تنهایی پاشیده‌اند؛ از سرکوب‌ها و سکوت‌ها تا تحقیرها و نادیده‌شدگی‌ها؛ از آسمان اسارت تا جهان خالی.

در واژه-فریاد کمک انگار تقدیرِ زمان خطی مغلوب می‌شود؛ انگار رؤیای چهره‌ی شاعر و شعرش را آنجا هم می‌خواهد.

اژدهای روح سایه گسترده است؛ ای شیر – کودکِ روح کمک! پل‌ها پرتگاه مرگ‌اند؛ ای آب‌زندگیِ هنر، کمک! جهان بن‌بست ویرانی است؛ ای گشودگیِ خیال، کمک!

* تارنمای ادبی بانگ: (https://baangnews.net/18605)

چله‌ی تابستان؛ توباگو
شاعر: درک والکات
مترجم: بهروز شیدا

خورشید — ساحل‌های پهنِ نشئه‌ی آفتاب

داغی سپید
یک رود سبز

یک پل
نخل‌های زرد سوخته

از خانه‌ای که به تابستان در آن می‌خوابند
به ماه آگوست چرت می‌زنند

روزهایی که نگه داشته‌ام
روزهایی که از دست داده‌ام

روزهایی که مانند دخترانم
دیگر در پناهگاه بازوانم نمی‌گنجند.

* http://www.poemhunter.com/poem/midsummer-tobago

Title: Zbigniew, a Persian Hapless
Metamorphosis
Author: Ali Negahban
Cover: M. R. Shahini
Edition: 2
Publisher: Shahrzad Books
Publication year: 2024, Canada
www.shahrzadnamag.com
Email: shahrzadnamag@gmail.com
ISBN (print): 978-0-9869321-4-4
ISBN (eBook): 978-0-9869321-5-1

ZBIGNIEW

A PERSIAN HAPLESS METAMORPHOSIS

ALI NEGAHBAN

AF264394

9 780986 932144